THALES GUARACY

A CONQUISTA DO BRASIL
1500-1600

Como um caçador de homens, um padre gago e um exército exterminador transformaram a terra inóspita dos primeiros viajantes no maior país da América Latina

1º VOLUME DA TRILOGIA FORMAÇÃO DO BRASIL

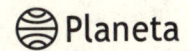

Planeta

Copyright © Thales Guaracy, 2015, 2024
Copyright © Editora Planeta do Brasil, 2015, 2024
Todos os direitos reservados.

CONSULTORIA EDITORIAL: Diego Rodrigues e Leonardo do Carmo (Obá Editorial)
PREPARAÇÃO DE TEXTO: Solange Lemos
REVISÃO: Maurício Katayama, Jumi Oliveira, Ricardo Paschoalato e Fernanda Guerreiro
MAPAS: Sonia Vaz
PROJETO GRÁFICO DE MIOLO E DIAGRAMAÇÃO: Negrito Produção Editorial
CAPA: Estúdio Foresti Design

Dados Internacionais de Catalogação na Publicação (CIP)
Angélica Ilacqua CRB-8/7057

Guaracy, Thales
  A conquista do Brasil 1500-1600 : como um caçador de homens, um padre gago e um exército exterminador transformaram a terra inóspita dos primeiros viajantes no maior país da América Latina / Thales Guaracy. – 2. ed. – São Paulo : Planeta do Brasil, 2024.
  224, [16] p. : il.

  Bibliografia
  ISBN 978-85-422-2806-9

  1. Brasil – História – 1500-1600. I. Título.

24-3298   CDD 981

Índice para catálogo sistemático:
1. Brasil – História

Ao escolher este livro, você está apoiando o manejo responsável das florestas do mundo

2024
Todos os direitos desta edição reservados à
EDITORA PLANETA DO BRASIL LTDA.
Rua Bela Cintra, 986 – 4º andar – Consolação
01415-002 – São Paulo-SP
www.planetadelivros.com.br
faleconosco@editoraplaneta.com.br

Acreditamos nos livros

Este livro foi composto em Kepler Std e impresso pela Geográfica para a Editora Planeta do Brasil em agosto de 2024.

Para Alípio, Marlene e Lara, com amor

Sumário

PREFÁCIO Para entender o Brasil 7

INTRODUÇÃO Uma história contemporânea do Brasil 11

CAPÍTULO 1 Os donos da terra 21

CAPÍTULO 2 Palavras na areia 107

CAPÍTULO 3 Berço de sangue 151

Leituras 223

PREFÁCIO

Para entender o Brasil

Laurentino Gomes

Este livro merece ser lido por todos aqueles que se interessam pela história do Brasil e buscam entender o nosso país de hoje. Jornalista veterano e respeitado nas redações brasileiras, com bem-sucedida passagem pelo mercado editorial de livros, Thales Guaracy alia conhecimento profundo do tema a um texto leve, fluido e fácil de entender para conduzir o leitor a uma viagem repleta de surpresas e encantamento. Seu roteiro tem como ponto de partida a épica aventura de Portugal pelo "Mar Tenebroso", como o oceano Atlântico era conhecido no final do século XV, rumo às terras incógnitas e cujo resultado seria a ocupação do maior país da América Latina, hoje também o maior herdeiro da cultura portuguesa no mundo.

Dono de uma capacidade invejável de pesquisa, Guaracy recorre às mais variadas fontes – da bibliografia clássica de Capistrano de Abreu às mais recentes descobertas na área da Antropologia – para apresentar aos leitores uma importante contribuição para o entendimento das circunstâncias, dos personagens e dos grandes acontecimentos relacionados à chegada dos europeus e ao primeiro século da colonização do Brasil. Logo nas primeiras páginas o leitor se surpreenderá com a descrição de acontecimentos e personagens fascinantes, em especial aqueles que dizem respeito aos primeiros e misteriosos aventureiros que desbravaram e habitaram o território dos primórdios da nossa civilização tropical. É o caso de João Ramalho, chamado de *Pirá-tininga*, em tupi "peixe seco", ou "o homem sem passado", que teria chegado ao Brasil ainda antes de Cabral, não se sabe como nem por quê.

Os navegadores e colonizadores portugueses são apenas parte do grande panorama deste livro. Com o recurso de testemunhas da época, como o mercenário alemão Hans Staden, autor do primeiro estudo etnográfico do Brasil, Guaracy também descreve em detalhes raramente vistos em livros do gênero os hábitos e costumes dos primitivos habitantes da América portuguesa, incluindo suas habitações, o cultivo das lavouras, a rotina nas aldeias, o indomável espírito guerreiro e os rituais de canibalismo que tanto assustavam os europeus.

Na introdução do livro, Guaracy define sua obra como "uma história contemporânea do Brasil". Essa "história contemporânea" poderia ser definida por duas características principais. A primeira é a linguagem acessível, generosa com o leitor, fácil de entender, típica dos bons livros-reportagens e muito diferente do texto denso, técnico e, muitas vezes, quase intransponível que em geral caracteriza as obras de cunho acadêmico no Brasil. Um segundo aspecto está no esforço bem-sucedido feito pelo autor para desmontar alguns mitos recorrentes na história oficial brasileira.

Um desses mitos sustenta que o brasileiro seria um povo pacífico, tolerante e cordial, que aceita de forma resignada as transformações políticas, sem sangue e sem sofrimento. Não é isso que se vê ao longo dos capítulos de *A conquista do Brasil*. Essa é um história violenta, cruel, repleta de sangue e sofrimento – como a de qualquer outro povo em qualquer outro período da história da humanidade. "A verdadeira história do Brasil", defende Guaracy, com fatos e personagens, "saiu da espada de guerreiros inclementes e sanguinários, da chibata dos mercadores de escravos, da rudeza de desbravadores belicosos e da ambição de nobres que encontraram no ambiente inóspito do Novo Mundo campo para enriquecer à margem da lei e do próprio mundo civilizado."

INTRODUÇÃO
Uma história contemporânea do Brasil

Por gerações, o brasileiro se acostumou a ver seu país, sua história e sua cultura como exemplos de paz e confraternização sem paralelo entre as nações. A imagem do brasileiro como um povo cordial que aceita melhor a miscigenação e é mais tolerante com as diferenças sociais e políticas, num país conciliador, que não se envolve em guerras e se mantém neutro diante de conflitos, se sobrepôs como traço cultural, sem grandes traumas nem contestações.

Os brasileiros se orgulham de pensar que o Brasil não precisou de uma guerra como a que separou os Estados Unidos da Inglaterra, nem passou por conflitos internos sangrentos como a Secessão. Manteve-se afastado de conflagrações, a começar pelas duas guerras mundiais que marcaram a primeira metade do século XX – na segunda delas, meio pró-forma, enviou expedicionários à Itália, numa fase em que o conflito já se encaminhava para o fim. O país manteve-se neutro na maioria dos grandes conflitos passados, recentes e contemporâneos. E saiu pacificamente de uma ditadura militar de 21 anos em 1985, com o restabelecimento do governo civil e, depois, da democracia.

Ao construir um modelo de concórdia, que combina com a fachada do povo pobre, mas alegre, que se expressa pelo Carnaval, o samba e o futebol, o Brasil esqueceu muita coisa. Foi o último país do mundo a abolir a escravidão, em 13 de maio de 1888. Um de seus maiores heróis nacionais, Tiradentes, foi esquartejado. O Brasil dizimou a população masculina de um país vizinho na Guerra do Paraguai. Deixou uma esteira de mortos nos porões do regime militar, que pela via do golpe havia derrubado em 1964 o presidente João Goulart.

Aliviaram-se tensões sociais latentes e sepultou-se o passado beligerante sobre o qual foi construída uma nação homogênea, mesmo em meio a tanta diversidade. O Brasil acomodou-se à versão oficial de sua história, em que foram escondidas as rupturas, as questões sociais e os fatos que não interessam tanto a sua autoimagem dentro do mundo civilizado. Essa cultura foi sedimentada a partir do período militar, que entre os anos de 1964 e 1985 procurou neutralizar não apenas os opositores da esquerda como qualquer sugestão de conflito interno.

O marco zero da história oficial do Brasil, convencionado por historiadores, educadores e escolas e que busca consolidar a identidade brasileira pelo vértice da colonização portuguesa, é a viagem de Pedro Álvares Cabral à costa brasileira em 1500. Segundo essa versão, aprendida durante sucessivas gerações nos bancos escolares e edulcorada no período do regime militar, a colonização portuguesa no Brasil começou na Bahia, em um encontro fraterno entre a esquadra de Cabral e os indígenas. E ali o frei franciscano dom Henrique Soares de Coimbra, capelão da esquadra, rezou a missa celebrizada como a inauguração de um país sob a marca do cristianismo e idealizada no quadro de Victor Meirelles.

Nessa época, de acordo com os números mais aceitos por historiadores e antropólogos, estima-se que havia no território correspondente ao Brasil atual cerca de 3 milhões de indígenas, população duas vezes maior que a de Portugal, então com 1,5 milhão de habitantes. Ao longo da costa, estima-se que havia 1 milhão de tupis. O que a história registra a partir daí é apenas a versão do colonizador sobre a terra "descoberta". Mesmo assim, os documentos oficiais de autoridades administrativas, cartas dos jesuítas e registros de viajantes envernizados de civilização europeia revelam sem culpas, como um direito quase natural, a violência bárbara da ocupação portuguesa, marcada pela escravização e, depois, pelo extermínio da civilização nativa, além do confronto mortal com outros europeus que ousaram disputar a riqueza brasileira.

Implantou-se a América portuguesa a ferro e a fogo, como aconteceu com a América espanhola. A erradicação dos nativos belicosos permitiu a dom João VI, dois séculos depois, instalar-se na colônia a salvo tanto dos tupis quanto do exército de Napoleão Bonaparte, a quem tirara um dos prazeres da conquista ao debandar com toda a corte de Lisboa em 1808, deixando o país entregue aos franceses. Como escreveu o antropólogo Darcy Ribeiro, o "povo-nação" surgiu de "processos tão violentos de ordenação e repressão que constituíram, de fato, um continuado genocídio e um etnocídio implacável".[1]

Começamos a revisar a história do Brasil, não apenas para uma melhor compreensão do que aconteceu, como para entender o país contemporâneo, suas raízes e sua identidade. Não houve propriamente uma "descoberta" do Brasil, já que o atual território brasileiro era habitado por uma civilização de traços culturais e modo de vida bem definidos, embora se permitisse dentro disso grande diversidade. A cultura, os meios de produção e a organização social e militar dos nativos locais eram bem mais sofisticados do que sugere a imagem do silvícola nu, como no paraíso bíblico. Foram tão marcantes e presentes na realidade brasileira que, mesmo com a escravização, a guerra de extermínio e as epidemias trazidas pelo europeu, deixaram forte influência na linguagem, cultura e comportamento da população.

---

1 Darcy Ribeiro, *O povo brasileiro*.

Cabral não foi o primeiro europeu a aportar no que hoje é a terra brasileira – uma questão tão discutida quanto a de que foi Cristóvão Colombo quem conquistou a América ao desembarcar na ilha de Guanahani, hoje Bahamas, em 1492. E certamente não foi o primeiro a abordar a América do Sul, onde já tinham estado viajantes de diferentes nacionalidades. A passagem de Cabral pela costa brasileira só ganhou mais importância para portugueses e sobretudo brasileiros séculos depois, quando o Brasil já era um império independente de Portugal e precisava construir para si um enredo histórico coerente com a dominação portuguesa da qual descendia sua Coroa.

Os contemporâneos de Cabral, especialmente o rei e seus conselheiros, entendiam que a fonte de riqueza ainda estava nas Índias, como chamavam metonimicamente, tomando o todo pela parte, todas as terras recém-descobertas além do "Mar Tenebroso". A Índia, assim chamada por conta do rio Indo, emprestou seu nome a toda a região, e depois à metade do mundo conhecido pelos portugueses na época, o que incluía as Índias Orientais, como os portugueses denominavam a costa africana, e depois as Índias Ocidentais – a costa do Brasil.

O termo "indígena" não aparece entre os primeiros cronistas. Nas cartas dos jesuítas, viajantes e governantes portugueses do século XVI, eles se referem aos nativos brasileiros como "gentios", os pagãos, em contraposição aos cristãos, ou mesmo "negros", como os chama o padre Manoel da Nóbrega – termo que na época não designa necessariamente a cor, mas a gente da terra, com certa conotação de inferioridade, que o jesuíta empregava também para os mouros. O padre francês André Thévet, que relata sua viagem às terras recém-conquistadas do outro lado do Atlântico no livro *Singularidades da França Antártica*, publicado pela primeira vez em Paris, em 1557, já chamava as novas terras de América, tributo a Américo Vespúcio, por conta de sua primeira viagem à atual América do Sul, em 1499. E referia-se aos nativos, tupiniquins e tupinambás, como "americanos".

Das Índias vinham especiarias de potentados que dividiam o território da Índia atual, como Goa, que Portugal conquistara em 1510; Ormuz, no golfo Pérsico; Ceilão (hoje Sri Lanka); Malaca (Malásia) e China. De lá se traziam porcelana, seda e especiarias como canela, pimenta, noz-moscada e açafrão, importantes como tempero e sobretudo conservantes dos alimentos, num tempo em que não havia geladeira. Nos 25 anos seguintes, Portugal incorporou os potentados de Damão, Salsete, Bombaim, Baçaim e Diu, além de Macau, na China – o Estado das Índias Portuguesas, que teve Goa por capital.

Já o Brasil era à primeira vista uma terra sem riquezas importantes, habitada por um povo cuja economia era de subsistência. Como os negros africanos, que os portugueses tomavam de Angola e da Guiné, os nativos podiam tornar-se no máximo escravos, o que, com o tempo, se revelaria um negócio contraproducente. A ocupação inicial do Brasil não teve relação com a cruz fundadora de Cabral, e sim com a atividade de uns poucos portugueses abandonados em solo brasileiro. "A Terra de Santa Cruz esteve de fato entregue nesse período a degredados, náufragos e piratas, dos quais alguns acabaram por tornar-se figuras lendárias", afirmou o historiador e filósofo Francisco M. P. Teixeira.[2]

A ocupação do vasto território brasileiro com o objetivo de fundar uma colônia hegemônica demorou a começar. Pero Magalhães Gândavo, considerado o primeiro historiador brasileiro, autor da *História da Província Santa Cruz a que vulgarmente chamamos Brasil*, publicada em Lisboa, em 1576, tinha essa impressão:

> [...] Havendo já setenta e tantos anos que esta província é descoberta; a qual história creio que mais esteve sepultada em tanto silêncio pelo pouco caso que os portugueses fizeram sempre da mesma província [...] Porém já que os estrangeiros a têm noutra estima, e sabem suas

---

2   Francisco M. P. Teixeira, *História concisa do Brasil*.

particularidades melhor e mais de raiz que nós (aos quais lançaram já os portugueses fora dela à força de armas por muitas vezes), parece coisa decente e necessária terem também os nossos naturais a mesma notícia, especialmente para que todos aqueles que nestes reinos vivem em pobreza não duvidem escolhê-la para seu amparo [...].

Somente a partir da década de 1550 a corte portuguesa tomou maior interesse pela exploração da América. E, diante da resistência armada dos seus habitantes, foram necessárias outras duas décadas para a ocupação se efetivar. Nesse período, os portugueses travaram uma guerra acirrada contra os indígenas, cujas diferentes povos se reuniram contra o inimigo em comum. Essa liga foi chamada mais tarde de Confederação dos Tamoios, nome com que os indígenas se intitulavam: tamoio, em língua tupi, significa "o mais velho", no sentido de "o mais antigo", ou, por precedência, o "dono da terra".

Formada entre os anos de 1554 e 1555, a Confederação dos Tamoios durou até 1567, com sua derrota final diante da campanha militar sob o comando do governador-geral Mem de Sá. O momento-chave da aniquilação em massa das comunidades litorâneas de língua tupi-guarani foi a construção da fortaleza que marca a fundação da cidade do Rio de Janeiro, no coração do território hostil, base para a vitória militar dos portugueses, com o massacre dos tupinambás. O Brasil não foi, dessa forma, descoberto e ocupado. Foi conquistado em uma luta na qual pereceram milhares de pessoas, entre indígenas e europeus, portugueses e franceses. Nela, sacrificaram-se velhos, mulheres, crianças e religiosos. Morreram guerreiros e soldados anônimos, chefes de aldeias e comandantes, entre os quais um sobrinho e um filho do próprio Mem de Sá.

Dali em diante, o caminho estava aberto para a hegemonia de Portugal, tanto sobre os franceses, que tentaram se instalar no Brasil a partir da Guanabara, quanto sobre os indígenas remanescentes, dispersos e incapazes de oferecer resistência. "É certo que os manuais escolares não esquecem a valiosa contribuição das populações nativas para a nossa formação sociocultural, mas pouco informam sobre o seu extermínio, quando não o explicam como consequência inevitável, quase natural, de um longo e difícil processo de acomodação de interesses conflitantes", afirmou Francisco M. P. Teixeira.[3]

Comparável nas Américas ao cometido na conquista do meio-oeste americano, o genocídio dos tamoios deixou poucos nativos no litoral entre o atual Espírito Santo e a costa de São Paulo. A maior parte da população indígena restante desapareceu nas duas décadas seguintes. Desse período épico, ficaram personagens quase mitológicos, como o português que tinha o poder do trovão e o cacique considerado imortal, batalhas sangrentas e versos de areia, amores improváveis que selaram alianças e esquadras que cruzaram o Atlântico com mensageiros da morte. A verdadeira história do Brasil saiu da espada de guerreiros inclementes e sanguinários, da chibata dos mercadores de escravos, da rudeza de desbravadores belicosos e da ambição de nobres que encontraram no ambiente inóspito do Novo Mundo campo para enriquecer à margem da lei e do próprio mundo civilizado.

Num lugar estranho, com feras e doenças desconhecidas, onde não valiam as velhas regras, portugueses e indígenas se enfrentaram vendo um no outro gente com uma cultura repulsiva, que consideravam feras, diante das quais se podia morrer a qualquer instante. Esse cenário, muitas vezes macabro, explica a conduta de personagens decisivos para a formação do Brasil, como os padres jesuítas Manoel da Nóbrega e José de Anchieta. Santificados como missionários que arriscavam a vida para converter indígenas "selvagens" ao catolicismo, na realidade eram homens devotados à Inquisição portuguesa, com vocação política e moral por vezes duvidosa, se considerada pelos critérios do mundo contemporâneo. Também por vezes cruéis e impiedosos, não destoavam muito dos comerciantes

---

3 Francisco M. P. Teixeira, *História concisa do Brasil*.

ávidos e aventureiros com quem eventualmente precisavam se associar para implantar seu projeto de dominação religiosa e política no Brasil.

A paradoxal imagem da civilização indígena, ora constituída pelo "bom selvagem", ora pintada como bélica e bestial por natureza – uma cultura inferior de bárbaros antropófagos voltados para a guerra –, também é resultado de uma deturpação. Os indígenas, especialmente os tupinambás, não eram nada disso: bons selvagens, antropófagos sem lei nem rei ou civilização inferior. O próprio nome indicava o orgulhoso conceito que tinham de si mesmos: tupinambá significava "filho do pai supremo", ou, na interpretação do historiador Teodoro Sampaio, a "geração do progenitor". Eram conquistadores que reivindicavam sua primazia sobre a terra, que já haviam tomado de outros povos. Possuíam uma sofisticada organização política e social, adaptada ao meio ambiente. Combatendo por sua liberdade, foram dizimados barbaramente por um inimigo igualmente feroz, militarmente mais preparado, que só viu como saída para a ocupação do território sua erradicação completa.

Da mesma forma que na América espanhola, onde se ergueram igrejas cristãs sobre os alicerces dos templos ao Deus-Sol e os edifícios de pedra dos incas foram transformados em casarões coloniais, varreram-se no Brasil as aldeias indígenas, de cujas estruturas de madeira e forros de palha nada restou. A diferença é que a América que falava português tornou-se um só país, enquanto a espanhola se fragmentou.

A partir de um passado de guerra e conflito, construiu-se uma nação que podia falar uma só língua num território de dimensão continental. Porém, isso se deveu mais à força de um império aniquilador, que sujou as mãos de sangue antes de consolidar-se. Examinar melhor essa história é fundamental para se entender o Brasil, um país complexo, nascido de um passado de conflitos, de espírito belicoso e cheio de ambições, que dominou uma natureza tão adversa quanto em outras partes do mundo. No passado estão a formação e a verdadeira essência do Brasil atual, com suas virtudes e problemas.

Erradicar a pobreza e tornar o país não só democrático, como socialmente mais equilibrado e justo, é uma tarefa histórica em uma nação acostumada desde sempre a massacrar a parte mais fraca e muitas vezes discriminada de sua sociedade. Para isso, devemos buscar o mesmo espírito daqueles que, mesmo entre os lançados à aventura como refugo de seu país de origem, no Brasil se tornaram, por insuspeitada virtude ou pura necessidade, tão grandes quanto a própria terra.

T. G.

CAPÍTULO 1
Os donos da terra

O HOMEM SEM PASSADO

Os indígenas do Brasil, incluindo os que no passado habitavam a costa do estado de São Paulo, costumam dar um novo nome em sua língua aos estrangeiros que acolhem, para identificá-los em sua própria sociedade. Para os indígenas, esse nome tem características totêmicas – refere-se a algum fenômeno e forma da natureza, animal ou vegetal, ou à primeira impressão que têm do indivíduo. O nome indígena não apenas designa a pessoa como define simbolicamente a sua personalidade: revela o que ela é. João Ramalho foi chamado de *Pirá-tininga*, ou Piratininga (em tupi, "peixe seco"). Sugere o homem chegado do oceano sem se molhar – isto é, numa caravela, embarcação que para os indígenas, no início, tinha algo de assombroso, quase sobrenatural.

As naus que cruzavam o Atlântico, em forma de casca de noz, de cujas amuradas se defecava no mar, deixavam entregues à própria sorte nas terras brasileiras tanto os amotinados como os criminosos que aceitavam trocar a prisão pelo exílio. Só aqueles que apodreciam nas medievais cadeias portuguesas se inclinavam a aceitar como preço pela liberdade a vida numa terra desconhecida e inóspita, na qual tinham poucas possibilidades de sobrevivência. Engolidos pela mata ou capturados por indígenas belicosos, a maior parte deles desapareceu anonimamente. Ramalho, porém, teve destino melhor.

Personagem legendário, ele pouco revelava de seu passado. Nada dizia mesmo às pessoas com quem conviveu ou que tiveram contato com seu testamento desaparecido, como o frei Gaspar da Madre de Deus,[1] para quem ele chegara ao Brasil ainda antes de Pedro Álvares Cabral.[2] Filho de João Vieira Maldonado e Catarina Afonso de Balbode, nascido em Vouzela, comarca de Viseu, pertencente a Coimbra, Ramalho fugiu ou foi abandonado por uma nau no litoral de São Vicente, ilha colada ao continente, assim batizada por Gaspar de Lemos, um dos comandantes da esquadra de Cabral.

Ramalho nunca revelou ou pôde revelar como chegara ao novo continente, jamais retornou a Portugal nem reviu a mulher que deixou para trás, Catarina Fernandes das Vacas. Para ele, o futuro era Pindorama, na língua dos nativos, ou a Ilha do Paraíso, como era conhecida em Portugal naquela época, e que seria ainda a Terra dos Papagaios, Terra de Santa Cruz, mais tarde Vera Cruz e depois, no período colonial, Estado do Brasil. Ali, o homem sem passado nasceu novamente, com o novo nome e uma nova identidade.

A Ilha do Paraíso tinha o aspecto luxuriante que se imagina do paraíso bíblico, mas era também infernal. Ao chegar, Ramalho deparou-se com os guaianazes, nus e belicosos. Viviam entre o litoral, uma faixa de areia escura e viscosa que dava para a mata de mangue, e o vasto planalto ao qual se chegava subindo a serra do Mar, conhecida pelos indígenas como Paranapiacaba ("lugar de onde se vê o mar"). Vista de longe como um tapete verdejante, por dentro a mata era atemorizante. Por ela serpenteava o começo do

---

1 Monge beneditino e historiador brasileiro (São Vicente, 1717 – Santos, 1800).
2 Datado de 3 de julho de 1784, citado em *Descobrimento do Brasil*, de João Capistrano de Abreu.

Peabiru, trilha de cerca de 3 mil quilômetros utilizada pelos indígenas para chegar aos Andes peruanos. Naquele trecho inicial, aclive de serra, era um caminho cheio de "atoladeiros, subidas e montes [...], mui áspero e segundo creio o pior que há no mundo" (padre José de Anchieta);[3] "põe assombro aos que hão de subir ou descer" (padre Simão de Vasconcelos);[4] "o pior que nunca vi" (padre Fernão Cardim).[5]

Com frequência, a terra era assolada por tempestades assombrosas para um europeu, com aguaceiros que faziam descer a enxurrada pela serra, com vendavais, relâmpagos e trovões. Para complicar, Ramalho tinha ainda de evitar a profusão de cobras venenosas e defender-se de uma grande variedade de insetos implacáveis: mariguis, ou baraguis, e muriçocas (do tupi *mbe'ru*, "mosca", e *soka*, "que fura", um pernilongo menor e mais encorpado), além de trezentas variedades de borrachudos. Hematófagos do tamanho de uma cabeça de alfinete, pretos, que saem sobretudo de manhã e no fim da tarde, deixavam na pele branca do europeu picadas duradouras e torturantes, que ardiam e coçavam ao mesmo tempo.

A ilha de São Vicente era bem conhecida pelos navegantes como porto, embora fosse desabitada. A caminho do Oriente, as naus desciam ao longo da costa brasileira até aquele ponto. Por estar na mesma latitude do cabo da Boa Esperança, era o lugar mais ao sul do continente americano onde se podia em terra firme abastecer as caravelas de água e provisões para atravessar novamente o Atlântico e contornar o cabo das Tormentas, ultrapassando a África rumo ao oceano Índico. São Vicente marcava ainda, segundo os cálculos do mercador, cartógrafo e aventureiro florentino Américo Vespúcio, o meridiano até onde os portugueses podiam se estabelecer, conforme o Tratado de Tordesilhas.

---

3   José de Anchieta, carta aos enfermos em Coimbra, 1554.
4   Simão de Vasconcelos, *Crônica da Companhia de Jesus no Estado do Brasil*, 1663.
5   Fernão Cardim, *Narrativa epistolar de uma viagem e missão jesuítica*, 1583.

Celebrado com a Espanha em 7 de junho de 1494, o Tratado dividia as terras "descobertas e a descobrir" entre os dois países, de modo a evitar litígios entre as duas nações emergentes. Pelo acordo, ratificado pelo papa Júlio II em 1506, Portugal e Espanha dividiam entre si todos os potenciais domínios ao Ocidente, não obstante a existência de outros possíveis interessados. Cabiam a Portugal as terras até uma linha imaginária que descia a 370 léguas, ou 1.770 quilômetros, a oeste das ilhas de Cabo Verde. Dali em diante, o território era considerado pertencente aos espanhóis. "Portugal considerava a nova terra propriedade direta e exclusiva da Coroa, pelas concessões papais, pelo tratado de limites concluído com a Espanha e pela prioridade do descobrimento", afirmou Capistrano de Abreu.[6]

As naus que aportavam em São Vicente eram raras. Para não ficar isolado, Ramalho atravessou o mangue, vasta região onde se espraiavam os igarapés, os rios menores, com suas águas limpas e escuras, e onde se multiplicavam ostras, mexilhões e mariscos, assim como siris do tamanho da mão de um adulto. Levado pelos tapiaras, os guias indígenas, instalou-se em Jaguaporebaba, na serra do Mar, apossando-se de terras próximas da aldeia de Ururaí, que se tornaria no futuro São Miguel Paulista. Mais tarde, avançou para o planalto além da serra, que se estendia em direção ao interior e talvez já tivesse o nome de Piratininga, utilizado pelos jesuítas em suas cartas.

Segundo José de Anchieta, o termo designava a vazante dos rios, que deixava os peixes na várzea, apodrecendo ao Sol. No entanto, como ele tinha interesse em divorciar a história de Piratininga da figura de Ramalho, considerado pelos jesuítas um herege sem salvação, é possível que o planalto tenha na verdade recebido esse nome por causa do desbravador, que ali possuía poderes maiores que os do próprio rei de Portugal – seria, dessa forma, planalto *do* Piratininga, e não *de* Piratininga.

---

[6] João Capistrano de Abreu, *Capítulos de história colonial*.

Os indígenas levaram Ramalho ao rio Guapituba, onde estava a aldeia de Tibiriçá (em tupi, "principal da terra"), um dos chefes guaianazes. Ali ele passaria o resto de sua vida, se tornaria respeitado, até venerado, tanto quanto temido e odiado pelos inimigos. Seriam muitos os que o descreveriam como um homem prepotente, ganancioso e cruel.

Não é difícil saber como viveu Ramalho entre os guaianazes nos primeiros tempos, antes da chegada de outros portugueses. Embora recebido pelo chefe da aldeia, ele não tinha muitas razões para se sentir seguro. A noite entre as malocas era de assombrar; as grandes construções na clareira eram como dinossauros adormecidos. Dormia dentro de uma maloca, com indígenas que não conhecia e que, distantes a princípio, pouco falavam com ele. Os indígenas brasileiros tinham em comum o espírito alegre e brincavam como crianças, mas mudavam facilmente de humor. De repente, podiam enfurecer-se com a mesma pessoa com quem confraternizavam no instante anterior; aquele de quem se diziam amigos, passavam a tratá-lo como se não o conhecessem. A sensação de ficar dentro de uma aldeia com gente assim era de incerteza absoluta. Não se conheciam as leis nem a razão pela qual um indígena podia se voltar contra um estrangeiro. E, nesse caso, a consequência muitas vezes era a morte.

As mulheres, por outro lado, o viam passar e escondiam o riso atrás da mão: logo ele saberia que poderia tomar ali quantas quisesse. Andavam nuas, exceto pelo uluri – cordão de embira trespassado entre as pernas, que tinha poderes mágicos, para preservar-lhes a virgindade. Aquele que não o respeitasse despertaria uma maldição, ameaça em geral suficiente para evitar que os indígenas violentassem as mulheres.

Aos poucos, Ramalho conquistou a confiança do cacique. Adotou a vida indígena. Vivia nu, mimetizando-se com os indígenas, que assim o foram tomando como um dos seus. Tibiriçá adotou-o como genro, mais por sua utilidade como intermediário entre ele e o homem branco, ou pelo costume indígena de assim multiplicar parentes e aliados, do que como uma honraria. Deu-lhe em casamento sua filha Mbicy ("a flor") – Martira, Bartira ou Potira, na sua forma aportuguesada.

Ramalho teve também filhos com outras mulheres, até mesmo com irmãs de Bartira. Seus hábitos emprestados dos guaianazes causariam horror, anos mais tarde, aos primeiros padres jesuítas que foram conhecer o planalto. "É o principal estorvo para com a gentilidade que temos, por ser ele muito conhecido e aparentado com os indígenas", afirmou o padre Manoel da Nóbrega, em carta ao padre Luís Gonçalves da Câmara, em 15 de junho de 1553.

Para os jesuítas, Ramalho podia ser um herege irremediável, mas o fato de ter se transformado no "Piratininga" lhe dava uma posição privilegiada, que fazia dele também um mal necessário. Tornara-se a ponta de lança da ocupação portuguesa continente adentro, justamente por adotar aquela vida semelhante à dos indígenas, na qual família e exército se convertiam em uma coisa só. "[...] tem tantos filhos, netos e bisnetos e descendentes dele, que não o ouso dizer a Vossa Alteza", disse a seu respeito o primeiro governador-geral, Tomé de Sousa, em carta ao rei dom João III, em 1549. Segundo Sousa, Ramalho não tinha "cãs na cabeça nem no rosto", para andar glabro como os indígenas, e se acostumara à vida na mata: "anda 9 léguas a pé antes de jantar".

Ele não foi o único português que se amoldou tão bem à América tropical. Nascido em 1475, em Viana do Castelo, Diogo Álvares Correia foi lançado entre 1509 e 1510 na costa da Bahia, na altura do Rio Vermelho, hoje a cidade de Salvador, no naufrágio de uma embarcação francesa que rumava para São Vicente. Recolhido entre os escolhos, ganhou dos tupinambás o nome de Caramuru: em tupi, "moreia", peixe agressivo com a forma de uma enguia que vive na parte submersa dos recifes.

Como Ramalho, Álvares se casou com a filha do chefe local, Paraguaçu, chamada Taparica. Essa união facilitaria por mais de quarenta anos a entrada na região das naves portuguesas em busca de pau-brasil. Porém, ele não se tornaria personagem tão polêmico nem tão decisivo na formação do país quanto Ramalho. O embate entre o deserdado que se mimetizava à terra e os jesuítas que desejavam moldá-lo conforme a combinação do poder secular e religioso de Portugal definiu não apenas o futuro do planalto de Piratininga como também do Brasil.

Senhores da floresta

Os indígenas encontrados por João Ramalho e Diogo Álvares estavam ali havia muito tempo, embora não fossem autóctones. Existem sinais da presença humana no Brasil desde o período das cavernas, com inscrições rupestres em regiões tão distantes entre si como Mato Grosso e o Piauí. Porém, os povos indígenas encontrados na América pelos primeiros colonizadores provavelmente se originavam de correntes migratórias vindas do Alasca no final do primeiro milênio.

Sem contar os povos andinos, que seriam paralelamente dizimados pelos colonizadores espanhóis, havia no território sul-americano mais de 1,4 mil comunidades de quarenta famílias linguísticas diversas, que habitavam aldeias de unidade política e econômica própria. "Os indígenas desta província são inumeráveis pela terra adentro, de várias nações e costumes e linguagem e muitos deles são como selvagens [...]", descreveu José de Anchieta. "São como vermelhos de cor, de mediana estatura, a cara e os mais membros mui bem proporcionados; o cabelo é corredio de homens e mulheres; são grandes pescadores e como peixes no mar vão ao fundo e estão lá de espaço até trazerem o que buscam. Nos campos e florestas andam e rompem como bichos; são guerreiros e grandes frecheiros; basta ver um olho só descoberto a um homem para lhe pregar [uma flecha]."

Os portugueses os classificaram em três grandes grupos: os tupis, os guaranis e os tapuias. Os dois primeiros pertenciam ao tronco linguístico tupi-guarani, duas línguas diferentes, mas irmãs, como o português e o castelhano. "Sua língua é delicada, copiosa e elegante, tem muitas composições e síncopas, mais que os gregos", definiu José de Anchieta. As diferenças entre tupis e guaranis resultaram de uma divisão na corrente migratória, que enviou os guaranis à bacia do Paraguai, enquanto os tupis se estabeleceram ao longo da costa brasileira, em busca de terras férteis, que para eles tinham valor religioso. Para eles, o Paraíso – *yvy marae*, a "terra sem mal" – não se encontrava além da vida, como na tradição cristã. Era um lugar real, localizado no fim de uma longa jornada, atrás das montanhas, onde o milho crescia sem cuidados e as flechas iam à caça sozinhas.

Para isso, expulsaram em direção ao interior uma etnia que deixou poucos registros, os tupinaés. Estes, por sua vez, já tinham empurrado sertão adentro os tapuias, com traços raciais próprios e uma cultura menos sofisticada – por essa razão, considerados inferiores (tapuia, em tupi, significa "servo", ou "escravo"). Os tupinambás ocuparam uma extensa área ao sul da bacia Amazônica e seus afluentes da margem direita, além de toda a extensão da costa atlântica, entre a foz do Amazonas e Cananeia, no litoral paulista. Os guaranis se instalaram mais ao sul, de Cananeia até a foz do rio da Prata, por eles chamado de Paranaguaçu ("mar grande"), e daí para o interior, ao longo dos rios Uruguai, Paraguai e Paraná. Seus domínios terminavam na confluência do Paraná com o Tietê, separados pelo Chaco de outro povo guarani, os chiriguanos, na fronteira com o Império Inca, dominador da América andina.

Os tupinambás eram orgulhosos conquistadores, que ocupavam a terra havia cerca de quinhentos anos. Possuíam uma civilização mais sólida que as anteriores em tecnologia e organização social e ainda se encontravam em formação ao tempo da chegada dos portugueses. Não usavam linguagem escrita, não sabiam nem contar nem o que era o dinheiro, mas dominavam o fogo, feito com o atrito de galhos secos de ibiracuíba, e comiam o alimento assado ou cozido. Assavam a carne, o peixe e a mandioca no moquém, grelha feita com encarvoadas ripas de madeira. Por serem agricultores, davam importância ao domínio da terra, que defenderiam mais incisivamente do invasor português que os tapuias.

Sem instrumentos nem interesse pela agricultura, os tapuias não se estabeleciam. "Não têm aldeias nem casas ordenadas para viverem nelas, nem sequer plantam mantimentos para sua sustentação", descreve *Diálogos das grandezas do Brasil*, obra de 1618, de autoria atribuída a um colono português na Paraíba, Ambrósio Fernandes Brandão. Nômades, eles precisavam de grandes extensões de terra para encontrar alimento, oriundo da caça, da pesca e do extrativismo. Em muitos casos, dormiam sob as árvores, cobertos por folhas. Alguns povos, como os goitacazes, os guaianás, os caiapós, os aimorés e os cariris, que ainda se encontravam mais próximo ao litoral, viviam em guerra permanente com os tupis.

Os aimorés, em especial, eram considerados inimigos temíveis, tanto pelos tupis quanto pelos portugueses. "São mais alvos e de maior estatura que os outros indígenas da terra, com uma língua com a qual não tem a destes a menor semelhança nem parentesco", relata Gândavo.[7] "Vivem todos entre os matos como brutos animais, sem terem povoações nem casas em que se recolham [...] São mui bárbaros e toda gente desta terra lhes é odiosa." Os adornos de guerra, como o fuso atravessado no nariz e o botoque, placa de madeira distendendo o lábio inferior, lhes davam aspecto bárbaro e feroz. Pelo uso do botoque, os antropólogos agruparam os povos tapuias com o nome de Jê-Botocudos.

Os tupis também se dividiam em múltiplos povos, como os potiguares, os timbiras e os caetés, que viviam mais ao norte no litoral brasileiro, e os tupinambás e os tupiniquins (os "vizinhos dos tupis"), mais ao sul, do atual litoral baiano até Santa Catarina. Além de caçar e pescar, como os tapuias, os tupis estabeleciam-se em aldeias de forma sedentária para o plantio de feijão, milho, abóbora,

---

[7] Pero Magalhães Gândavo, *História da Província Santa Cruz a que vulgarmente chamamos Brasil*.

pimenta, mindubi (amendoim) e aipim – a mandioca-brava, tubérculo venenoso que exigia técnica para a retirada do ácido cianídrico, de modo a torná-lo comestível. Conforme registrou José de Anchieta em suas cartas, os nativos deixavam a raiz na água durante dias: "Apodrecidas porém que sejam, convertem-se em farinha, que se come, depois de torrada em vasos um tanto grandes, feitos de barro". Plantavam também o tabaco, que fumavam enrolado em folhas de palma, com "grande mimo e regalo".[8] E aspiravam sementes de mimosa como rapé.

Quando os portugueses chegaram ao Brasil, os tupinambás tinham acabado de expulsar os tupiniquins da baía da Guanabara, empurrando-os para o litoral do Espírito Santo e o sul da Bahia. Pela posse da terra, tanto quanto a defesa da liberdade, os tupinambás entraram no conflito com os portugueses católicos de forma mais direta, prolongada e violenta. E os tupiniquins se aproveitaram de seu conflito com os franceses protestantes para torná-los aliados em sua rivalidade local. "Longe de [os tupinambás e tupiniquins] perceberem como ameaça a chegada desses invasores e fazerem causa comum contra eles, acentuaram sua hostilidade recíproca ao integrarem aos seus próprios conflitos os conflitos que opunham os recém-chegados", afirma a antropóloga francesa Hélène Clastres.[9]

Os tupinambás faziam sofisticados *inis*, redes com as fibras da banana e do algodão (*manigô*); produziam vasos de barro, flautas de bambu e machados de pedra; usavam o casco de tartaruga para fazer pratos, chocalhos e brinquedos para crianças. Espinhas de peixe serviam como pentes. Tomavam bebidas alcoólicas, o *cauim*, feito de mandioca ou de milho, e o *auati*, fermentado pelas mulheres dentro da boca antes de ser fervido. "No caso de ser chamada uma mulher casada para colaborar nesta tarefa, é necessário que ela se abstenha

---

8 Fernão Cardim, *Tratados da terra e gente do Brasil*.
9 Hélène Clastres, *Terra sem mal – o profetismo tupi-guarani*.

de relações com seu marido por alguns dias", relatou André Thévet.[10] "Caso contrário, a bebida jamais alcançaria a desejada perfeição".

Em cada aldeia (taba), viviam cerca de quatrocentas pessoas, número calculado da primeira comunidade encontrada por Cabral na costa baiana.[11] Por conta das incursões inimigas, muitas delas à noite, cercavam a aldeia com uma paliçada de taquaras, que a protegia de flechadas, e uma cerca externa de paus pontiagudos fincados no chão, como um espinheiro, que chamavam de caiçara. Ali dentro, os indígenas dispunham sete ou oito grandes malocas ("mortugabas") ao redor da ocara, amplo terreiro central que era ao mesmo tempo cenário da vida social e cemitério. Ali se realizavam as cerimônias fúnebres, as reuniões do conselho da aldeia e também as execuções. Cada maloca abrigava cerca de cinquenta pessoas, de acordo com Manoel da Nóbrega em *Informação da Terra do Brasil*, de 1549. Moravam juntos adultos, velhos e crianças ligados por algum laço de parentesco. Havia um tácito controle populacional, proporcionado primeiro pela guerra permanente, na qual morriam muitos homens, e pelo rapto das mulheres. Quando uma comunidade ultrapassava o número aceitável de habitantes, construía-se outra aldeia, a alguns quilômetros de distância, para evitar a superpopulação. Passavam a ser comunidades amigas e a dispor de estruturas separadas de comando e subsistência.

Ao dar uma filha em casamento, o indígena estabelecia múltiplas ligações, que fazia com que todos na aldeia fossem de alguma forma avós, irmãos ou cunhados, filhos ou sobrinhos uns dos outros. Para os europeus, casar com uma mulher indígena significava estabelecer amplas relações que facilitariam recrutar mão de obra e obter aliados para capturar escravos e trocá-los por mercadorias. Essa estrutura deixou marcas na sociedade brasileira, com o chamado "cunhadismo", noção ampliada de família, que vai muito além

---

10 André Thévet, *Singularidades da França Antártica*.
11 Pero Vaz de Caminha, *Carta do Descobrimento*.

da consanguinidade. "A função do cunhadismo na sua nova inserção civilizatória foi fazer surgir a numerosa camada de gente mestiça que efetivamente ocupou o Brasil", afirmou Darcy Ribeiro.[12]

Os tupis, assim como os tapuias que mais tarde deram origem às comunidades indígenas subsistentes nos parques nacionais indígenas, procuravam fixar as aldeias em terras férteis, à distância de pelo menos um ou dois quilômetros de rios e do mar, distância que lhes dava mais segurança em caso de ataque inimigo. Eram gente da floresta tanto quanto da água. A bordo de igaras, canoas esculpidas em grandes troncos, capazes de levar de vinte a quase uma centena de homens, os guerreiros atravessavam os vagalhões à força de remos de pá dupla e podiam percorrer grandes distâncias pelo mar, beirando a costa. Nos igarapés, preferiam canoas menores, os *ubás*.

Guerreavam o tempo todo, não apenas para proteger seu território, mas como um modo de vida. "A sociedade primitiva era essencialmente uma sociedade guerreira", escreveu o antropólogo político francês Pierre Clastres, em seu livro de ensaios *Arqueologia da violência*. "Qual a função da guerra primitiva? Garantir a permanência da dispersão, da fragmentação, da atomização dos grupos." Servia para manter um equilíbrio que, embora fosse social, obedecia a mecanismos próximos aos da ecologia, com seu controle natural de superpopulações. Os indígenas eram o que há de mais próximo entre natureza e civilização. "São de tal forma bárbaros e indômitos, que parecem aproximar-se mais à natureza das feras do que à dos homens", afirmou Anchieta.

Possuíam uma cultura bem definida, rústica aos olhos dos portugueses, porém moldada ao clima, às condições do trópico e à estrutura de sua sociedade. As malocas eram construções retangulares ou oblongas que formavam um salão sem divisões internas, nem privacidade. Os indígenas estendiam as redes de dormir entre as paredes da maloca e as grandes traves centrais nas quais se apoiava a

---

12 Darcy Ribeiro, *O povo brasileiro*.

abóbada da edificação. Na área interna, havia um par de fogueiras pelo chão, colocadas de um lado e outro da rede do chefe da família, que aqueciam e iluminavam o ambiente dia e noite. A palha de palmeira, a *pindoba*, era colocada em sucessivas camadas, formando uma parede espessa. A maloca não tinha janelas; sua única comunicação com o exterior eram duas portas em lados opostos, aberturas estreitas e baixas, mantidas fechadas. Os indígenas tinham aprendido que a palha funcionava como isolante, mantendo estável a temperatura interior. Quase sem comunicação com o exterior, as malocas não sofriam tanto a influência do calor escaldante do dia, nem do frio noturno.

Os indígenas cortavam o cabelo descobrindo a nuca, a parte do corpo onde suamos primeiro: assim eles se refrescavam no calor tropical. Os tupinambás rapavam o cabelo também acima da testa, costume que atribuíam aos ensinamentos do deus Monan, e arrancavam os poucos pelos que lhes nasciam no corpo, incluindo as sobrancelhas, cortadas com um fino silício, afiado para esse fim. Quando primeiro aportaram ao Brasil, os portugueses chocaram-se ao vê-los nus. Cedo, porém, Ramalho e os primeiros portugueses que passaram a habitar a terra brasileira descobriram como era melhor ter pouca roupa e tomar vários banhos ao longo do dia no clima tropical, quente e úmido. Manter a roupa limpa no meio da mata era impossível. Dessa forma, adaptaram-se muito mais aos hábitos dos indígenas do que o contrário.

Em lugar das vestes, os indígenas utilizavam adornos que tinham tanto significado para eles quanto a roupa para um europeu, como expressão de idade, riqueza, poder ou qualquer outra distinção do indivíduo na sociedade europeia. O tipo de desenho, especialmente nas pinturas de guerra, transfigurava os guerreiros em animais poderosos como a onça e o tamanduá. Feitos com conchas de caramujo, os colares indicavam riqueza: quanto mais numerosas e maiores as conchas, maior a importância do indivíduo na sociedade. Colares de dentes de onça só podiam ser utilizados por chefes. Tais ornamentos eram proibidos às mulheres, a quem só se permitiam os braceletes e a pintura. Ao contrário da sociedade europeia, onde tradicionalmente cabia à mulher enfeitar-se para atrair o homem, os indígenas eram como os pavões, nos quais somente o macho possui a cauda vistosa, para impressionar as fêmeas e assustar o inimigo.

Os indígenas cobriam o corpo com a tinta enegrecida do *ianipaba*, ou jenipapo; depois o adornavam com penas de papagaio ou do *uirapiranga*, ave de uma penugem vermelho-escarlate; furavam as orelhas e lábios, onde alojavam os *tembetás* – ossos, pedras ou pedaços de madeira que lhes davam aspecto feroz. Usavam faixas de algodão na cintura, que não eram apenas decorativas. Como no judô, a cor das faixas de algodão na cintura indicava o valor do guerreiro, e tinha de ser conquistada, o que se media pelo número de prisioneiros feitos em guerra. A cada prisioneiro, os indígenas ganhavam um novo "nome", como um grau para uma faixa superior. Os grandes lutadores traziam faixas com listras vermelhas e, no topo da cadeia, faixas inteiramente vermelhas, que indicavam os mais valorosos e bem-sucedidos. Esse vermelho provinha da tinta extraída da *ibirapitanga* (*ybirá*, "árvore"; *pyraña* – "vermelha"), cujo nome científico é *Caesalpinia echinata* e que os portugueses chamaram de pau-brasil.

Assim como o corpo, os indígenas ornamentavam suas armas. Recobriam o cabo das pesadas bordunas de madeira com um trançado de palha colorida e nela penduravam penas coloridas. Possuíam potentes arcos; o atirador deitava-se de costas no chão, segurava a flecha com ambas as mãos e retesava o arco com a planta dos pés para disparos de longo alcance. Como defesa, utilizavam escudos feitos com o duro couro de anta – o *tapir*.

Na guerra, eram temerários. Lançavam-se adiante, gritando e meneando o corpo, para escapar à mira dos flecheiros inimigos. Na luta corpo a corpo usavam a borduna e, no limite, agarravam o adversário, esmurrando e mordendo ferozmente. Apesar da desvantagem no equipamento de guerra, tinham mais coragem que os portugueses, pelo simples fato de que não receavam morrer: só a valentia e as glórias em combate importavam, e eles acreditavam que reencarnariam nos filhos ou netos, que viriam vingá-los como se fossem eles mesmos. Como descreve Pero Magalhães Gândavo:[13]

> Quando vão à guerra sempre parecem que têm certa a vitória, e que nenhum de seu partido irá morrer. Assim em partindo, dizem, vamos matar, sem mais outro discurso nem consideração, e não cuidam que também podem ser vencidos. E somente com esta sede de vingança, sem esperanças de despojos, nem de um outro interesse que a isso mova, vão muitas vezes buscar seus inimigos mui longe, caminhando por serras, matos, desertos e caminhos mui ásperos. Outros costumam ir por mar de umas terras para outras em umas embarcações a que chamam canoas quando querem fazer saltos ao longo da costa. [...] São mui atrevidos (como digo) e tão confiados em sua valentia, que não há forças de contrários tão poderosas que os assombrem, nem que os façam desviar de suas bárbaras e vingativas tenções.

Se não podiam levar embora os prisioneiros, executavam-nos e carregavam suas partes para comê-las depois. Quando levavam o inimigo capturado, mantinham-no em seu convívio, por vezes durante meses, com uma coleira feita de algodão que não podia ser desatada. Na maior parte do tempo, o cativo era bem tratado, alimentado e gozava de relativa liberdade. Davam-lhe uma mulher, para servi-lo sexualmente, cuidar dele e, por outro lado, vigiá-lo. "Quando cativam alguém, trazem-no com grande festa com uma corda pela garganta e dão-lhe por mulher a filha do principal ou qual outra que mais o contente", narrou Manoel da Nóbrega.[14] "Põem-no a cevar como porco, até que o hajam de matar, para o que se ajuntam todos os da comarca a ver a festa."

---

13 Pero Magalhães Gândavo, *História da Província Santa Cruz a que vulgarmente chamamos Brasil*.
14 Padre Manoel da Nóbrega, *Informação da Terra do Brasil*.

Devido ao costume de oferecer mulheres aos visitantes, ou aos prisioneiros que mais tarde seriam devorados nos rituais de guerra, muitas mulheres indígenas pariam crianças condenadas também à morte após o nascimento. Caso uma mulher grávida tivesse o marido morto, o que acontecia frequentemente naqueles tempos de guerra, e contraísse novo casamento, também tinha o direito de sacrificar a criança, para não ter de criá-la com o novo parceiro. Os indígenas costumavam matar o bebê quando não teria pais, ou como um prolongamento da vingança sobre o inimigo. Por saber que as crianças seriam mortas mais tarde, na maior parte das vezes as mulheres que engravidavam de inimigos prisioneiros abortavam em segredo, antes do nascimento.

Quando permaneceu como refém na aldeia de Iperoig, José de Anchieta foi testemunha da morte de um menino de três anos, filho de um cativo que já haviam executado antes de seu nascimento. "[...] Queriam em meninos pequenos vingar as injúrias e mortes que recebiam dos inimigos", escreveu em sua carta de 1º de junho de 1560. "Depois de alguns dias, estando nós outros ausentes, o mataram com as costumadas solenidades, mas não o comeram, estando presentes alguns dos moradores; e outros que já haviam deixado mais altas raízes na Fé, foram para outros lugares, não querendo manchar os olhos com tal espetáculo."

Ao contrário do que um europeu julgava natural, um indígena prisioneiro não desejava fugir, uma vez que a fuga seria uma desonra imperdoável. "O guerreiro capturado não pertence mais à tribo (de origem), está definitivamente excluído da comunidade, que espera apenas receber a notícia de sua morte para depois vingá-lo", escreveu Pierre Clastres, no ensaio "Infortúnio do guerreiro selvagem".[15] "Se ele tentasse escapar, os líderes de sua aldeia se recusariam a recebê-lo." Esse tipo de comportamento se verificava não apenas entre

---

15 Pierre Clastres, *Arqueologia da violência – pesquisas de antropologia política*.

os tupinambás, como nos demais povos americanos, do Chaco ao atual território do Canadá.

Acima de tudo, a morte dava ensejo à vingança, num círculo que alimentava a guerra de forma permanente. "Nenhuma coisa os atormenta mais na hora da morte que a mágoa que levam de não poderem se vingar de seus inimigos", afirmou Gândavo.[16] Os indígenas cultuavam tanto a raiva vingativa que, conforme relata André Thévet, a dirigiam a tudo, até aos piolhos, que matavam a dentadas. Aos meninos de três anos já ensinavam a manejar o arco e flecha e "não perdoar quem quer que seja – antes de morrer".[17]

O que mais assustava os portugueses era a antropofagia, embora o consumo de carne humana se restringisse aos prisioneiros de guerra: o canibalismo ritual. A morte era uma honraria tanto para o prisioneiro quanto para seus algozes, como retratado pelo poeta Gonçalves Dias no clássico poema da língua portuguesa "I-Juca Pirama", no qual o guerreiro tupi escapa para cuidar do pai, cego, e por isso é tomado como covarde. Ao retornar voluntariamente para a aldeia da qual fora feito prisioneiro, é menosprezado – até que, na luta, mostra que tem valor suficiente para ser devorado.

Sem compartilhar da visão heroica dos indígenas, os portugueses conviviam com o medo permanente de serem comidos. Os relatos dos festins canibalescos aumentavam seus temores. O mais rico em detalhes foi feito pelo mercenário alemão Hans Staden, que fez duas viagens ao Brasil, a primeira a bordo de uma nau portuguesa que carregou pau-brasil na Paraíba, em 1547, e a segunda em 1550, dessa vez na esquadra do espanhol Juan de Salazar y Espinosa de los Monteros, que fundara em 1537 a cidade de Assunção. A caminho de tomar posse do cargo de tesoureiro real das Províncias do Prata, Salazar teve suas naus danificadas por uma tempestade no

---

16 Pero Magalhães Gândavo, *História da Província Santa Cruz a que vulgarmente chamamos Brasil*.
17 Fernão Cardim, *Tratados da terra e gente do Brasil*.

litoral de Santa Catarina. E a caravela na qual Staden se encontrava naufragou ao retornar para pedir ajuda em Itanhaém.

Socorrido em São Vicente com a dúzia de homens salvos do desastre, o alemão foi convidado para ser o artilheiro do forte de Bertioga, emprego que nenhum português queria. Entre aquilo e seguir pelo Peabiru, caminho por terra até Assunção, como decidiram fazer seus outros companheiros, Staden preferiu ficar. "A maior parte do tempo passei eu na casa [o forte de Bertioga] com outros dois homens", conta ele, que se revezava com os companheiros nas vigílias noturnas.[18] "Tínhamos ali alguns canhões, porém estávamos em grande perigo e nunca seguros diante dos indígenas, pois a casa não era muito sólida."

Depois de concordar em servir no forte por quatro meses, prometeu continuar por mais dois anos. Porém, certo dia em que preferiu sair para caçar no lugar de seu escravo indígena, Staden foi capturado na mata por tupinambás. "Mordiam os braços, a fim de significar que iam me devorar", narrou ele. Depois de uma barulhenta disputa sobre quem o capturara primeiro e teria, portanto, a primazia sobre o prisioneiro, levaram-no em igaras para uma aldeia chamada Ubatuba, situada entre o litoral de Mangaratiba e a baía de Angra dos Reis.

"Cortaram-me as pestanas e levaram-me para junto das cabanas", escreveu. "Formaram um círculo ao redor de mim, ficando eu no centro com duas mulheres; amarraram-me na perna um chocalho e na nuca penas de pássaros." Nos dias seguintes, passou por uma série de humilhações, como ter as pernas amarradas para saltar como um canguru dentro da maloca. *Xé remimbaba in dé* ("Tu és meu animal prisioneiro"), diziam seus captores.

Esperto e sortudo, Staden conseguiu explicar aos indígenas que não era português, apesar de ser artilheiro em Bertioga, e

---

18 Hans Staden, *Duas viagens ao Brasil*.

aproveitou pequenas coincidências cotidianas para sugerir a seus supersticiosos captores que sofreriam com uma maldição se o devorassem. Porém, o medo de morrer o acompanhou até o final. Nesse período, Staden conviveu com os indígenas, teve a oportunidade de acompanhar um ataque contra inimigos e conheceu personagens marcantes, como o chefe Cunhambebe. Mais: assistiu à execução de indígenas e portugueses capturados pelos tupinambás, alguns dos quais conhecia pessoalmente, enquanto esperava pelo seu próprio desfecho.

Para ele, assistir àquilo, além do horror ocidental, tinha algo de tortura psicológica, como uma antevisão do seu próprio destino. No dia marcado para a morte, que os indígenas contavam retirando conchas do colar de algodão colocado no pescoço do prisioneiro, ele era primeiro insultado pelas mulheres, que lhe atiravam pedrinhas. De cabelo e sobrancelhas rapados, o condenado era amarrado pela cintura com a *mussurana*, uma corda de fibras de palmeira, cujas pontas eram seguras por vários homens dos dois lados. Depois o ritual previa uma altercação, na qual vítima e seus algozes jactavam-se de seus feitos em batalha e prometiam vingança de parte a parte. "Guerreiros valorosos morrem na terra de seus inimigos", dizia o prisioneiro, de acordo com Staden. "E a nossa terra ainda é grande. Os nossos logo se vingarão em vós."

O guerreiro ficava com os braços livres justamente para tentar se defender e demonstrar sua bravura – às vezes, tomando a borduna de algum algoz, passava ao ataque. No final, porém, acabava sempre executado com um golpe na base da cabeça que lhe espatifava o crânio. De acordo com Staden, em seguida à execução os indígenas esfolavam o corpo e tapavam o ânus do cadáver com um pedaço de madeira para não perder as vísceras. O corpo era esquartejado e assado no moquém. As mulheres e crianças (os "curumins") ficavam com as vísceras, a língua e os miolos, recolhidos do chão em uma cabaça por uma das mulheres. Desses miúdos se fazia uma pasta rala chamada "mingau", nome até hoje utilizado no Brasil para a papa das crianças. O sangue da vítima era recolhido pelos indígenas para banhar seus filhos homens, de modo a torná-los mais corajosos.

Os indígenas aguardavam que a carne esfriasse para comê-la, acompanhada de goles de cauim e baforadas de tabaco. As sobras eram assadas novamente e esfriadas quando quisessem consumi-las outra vez. Staden viu a carne de um português que conhecia, chamado Jerônimo, ficar pendurada três semanas na maloca onde dormia, sobre um fumeiro, "até que ficou seca como um pau". Afinal retornou o indígena que capturara o português, chamado Paraguá, que se internara na mata em busca de raízes para o preparo do cauim.

Não havia muita chance de fazer seus captores desistirem de comê-lo, exceto pela demonstração de covardia e a convicção de que sua carne lhes faria algum mal. Para os indígenas, não havia perdão. "Quando censurei a um destes carrascos a crueldade de suas ações, replicou-me ele pronta e indignadamente que nós, sim, é que deveríamos nos envergonhar de perdoar nossos prisioneiros de guerra", conta André Thévet.[19] Seu interlocutor então lhe daria um conselho que se tornaria profético. "Melhor faríamos se os matássemos, não lhes fornecendo oportunidade de iniciar outra guerra contra nós."

Ao todo, Staden passou nove meses e meio entre os indígenas. Nesse período, mudou de dono e aldeia, até ser trocado novamente por um punhado de espelhos e outros utensílios pelo comandante francês Guilherme de Moner, que estacionara sua nau *Catherine de Vetteville* na Guanabara para embarcar pau-brasil e o resgatou, como parte derradeira da negociação. Graças à sua miraculosa salvação, Staden viveu para escrever o primeiro relato etnográfico do Brasil. Com gravuras feitas sob sua orientação, *Duas viagens ao Brasil* foi publicado pela primeira vez em 1556, na Alemanha.[20]

---

19 André Thévet, *Singularidades da França Antártica*.
20 O extenso título original é "História verdadeira e descrição de uma terra de selvagens, nus e cruéis comedores de seres humanos, situada no Novo Mundo da América, desconhecida

Devorando o inimigo valoroso, os tupinambás acreditavam que se alimentavam também da sua bravura. Pela mesma razão, não comiam a carne daqueles que consideravam covardes, assim como de bichos de que não gostavam, como a preguiça, por acreditarem que ficariam mais lentos em combate. Desdenhavam dos portugueses por sua covardia. Na aldeia de Ubatuba, quando procurava salvar-se, dizendo que não era português, Hans Staden ouviu de seus algozes, conforme conta:[21] "É um português legítimo, agora grita, apavora-se diante da morte".

Os indígenas exaltavam a própria valentia, sem a menor modéstia: jactavam-se vistosa e enfaticamente. Empalavam na entrada de suas malocas ou da própria aldeia a cabeça dos inimigos mortos em combate para mostrar como eram grandes guerreiros. Quando trocavam madeira por facões e outros objetos com as caravelas europeias, a maior parte dos indígenas ficava na praia, enquanto o comércio se realizava nas igaras. Quando a troca terminava, de acordo com Staden, os indígenas voltavam à praia, davam gritos de guerra e disparavam flechas nas caravelas, para lembrar os europeus de que faziam negócios, mas não eram amigos. Quando se enfrentavam uns aos outros em campo aberto, passavam horas medindo-se à distância, trocando ameaças com grande alarido, batendo no peito e mordendo os braços, para demonstrar o que fariam ao inimigo. Encorajados pelo próprio barulho, por fim atacavam.

Criados dentro da natureza, consideravam-se parte dela; para os indígenas, a morte era a continuidade da vida. Como na "Canção do Tamoio", poema de Gonçalves Dias, acreditavam que a vida era apenas para os capazes ("Não chores, meu filho, não chores que a vida é luta renhida, viver é lutar; a vida é combate que os fracos abate, que os fortes, os bravos, só pode exaltar"). Num ambiente

---

antes e depois de Jesus Cristo nas terras de Hessen até os dois últimos anos, visto que Hans Staden, de Homberg, em Hessen, a conheceu por experiência própria e agora a traz a público com essa impressão". Hoje a obra é conhecida como *Duas viagens ao Brasil*.

21 *Idem.*

onde o indivíduo precisava sobreviver, e não podia se tornar um fardo para a coletividade, as crianças nascidas com deformidades, ou consideradas incapazes, eram eliminadas em seu nascimento, como acontece com os animais que matam as próprias crias que não se sustentarão sozinhas e, dessa forma, se tornarão um problema para o bando. Na carta ao padre-geral de São Vicente, em 31 de maio de 1560, José de Anchieta narra ter presenciado a execução de uma criança que nascera com um nariz que descia até o queixo, como uma tromba, e tinha a boca abaixo dele. Como se fazia nesses casos, o bebê foi enterrado vivo.

A religião dos indígenas era animista; os deuses personificavam elementos da natureza. Coaraci era o Sol; Jaci, a Lua; Iara, a deusa das águas; e Curupira, o protetor da caça. Os tupinambás atribuíam a origem do mundo a um deus único, criador de todas as coisas, chamado Monan, que dera luz à terra e a todos os animais. Quando os homens se tornaram maus, Monan enviara ao mundo Tatá, o fogo do céu, que os dizimara. Depois aconteceu uma grande inundação, da qual somente se salvaram um homem, Irin Magé, graças à sua bondade, e sua irmã, que estava grávida. Irin Magé cultivara a terra e repovoara o mundo. Os homens voltaram a ser maus, e dessa vez Monan enviou Tupã, deus do raio e da tempestade, que dirigiria a terra para sempre. "Dizem que Tupã faz os trovões e relâmpagos, e que este lhes deu as enxadas e mantimentos; por não terem outro nome mais próprio e natural o chamam de Deus", afirma Fernão Cardim.[22]

Supersticiosos, os indígenas deixavam nas trilhas presentes para o Curupira, para que ficasse satisfeito e não os surrasse ou matasse: penas de aves, abanadores, flechas, entregues como oferendas. Acreditavam num fantasma, o Igpupiára, que podia assumir a forma de homens e mulheres, com olhos encovados. Segundo o jesuíta Fernão Cardim, os tupis temiam encontrá-lo pelas trilhas: o Igpupiára os agarrava como um tamanduá e os matava com um beijo, que

---

22 Fernão Cardim, *Tratados da terra e gente do Brasil*.

sugava toda a vida deles.[23] Depois de devorar os olhos e as extremidades (o pênis e a ponta dos dedos das mãos e dos pés), deixava o corpo pelo caminho. "Têm-lhes os naturais tão grande medo, que só de cuidarem dele, já morrem muitos", afirma Cardim.[24] Havia outros monstros feitos de fogo, que habitavam perto do mar e dos rios, os *baetatâ* ("coisa de fogo", ou "o que é todo fogo").

Havia em cada aldeia dois ou três pajés, misto de conselheiros, médicos e líderes espirituais. Celebrantes dos rituais mágicos, diziam-se dotados do poder da cura. Tratavam os doentes chupando as partes doloridas, como a sugar para si o mal, de acordo com André Thévet.[25] Os indígenas imitavam os procedimentos do pajé, segundo ele sem o mesmo sucesso; as mulheres enfiavam pela boca do paciente um fio de algodão com "dois pés de comprimento" e o puxavam, "acreditando que a doença sairia junto", como um peixe na linha de pescar. Utilizavam o maracá, um instrumento musical que produzia o som de um chocalho, fabricado com o fruto da cabaceira. Pintado de vermelho na ponta de um pau e adornado com penas coloridas ou "cabelos" de palha e pintado com olhos, boca e orelhas para tomar forma humana, ganhava poderes mágicos nas mãos do pajé, que dentro dele soprava fumaça de modo a dar-lhe vida.

Numa escala mais alta que a dos pajés, os caraíbas (do tupi *kará' ib*, "sábio", "inteligente") eram considerados videntes, ou profetas, que tinham ainda mais força espiritual e mágica. Os indígenas atribuíam seu conhecimento do fogo aos ensinamentos do "Grande Caraíba", provavelmente um desses homens sagrados, que os adquirira por conta própria ou em outro lugar. Os caraíbas alegavam não ter pais. Numa sociedade patrilinear, isso lhes tirava qualquer laço de parentesco, dissociando-os de qualquer aldeia. Viviam isolados na mata e eram os únicos que frequentavam comunidades inimigas

---

23 *Ibidem.*
24 *Ibidem.*
25 André Thévet, *Singularidades da França Antártica.*

entre si. Sua chegada era sempre precedida de enorme festa, como descreve Manoel da Nóbrega:[26]

> De certos em certos anos, vêm uns feiticeiros de longínquas terras, fingindo trazer santidade; e, ao tempo de sua chegada, mandam-lhes limpar os caminhos e vão recebê-los com danças e festas, segundo seu costume, e antes que cheguem ao lugar, andam as mulheres duas a duas pelas casas, dizendo publicamente as faltas que cometeram contra seus maridos e umas contra as outras, e pedindo perdão por elas. Chegando o feiticeiro, com muita festa, entra numa casa escura e põe uma cabaça de figura humana que leva na parte mais conveniente para seus enganos e, mudando a própria voz como de menino, e junto da cabaça lhes diz que não cuidem de trabalhar, nem vão à roça, que o mantimento por si crescerá, e que nunca lhes faltará de comer, e [...] as flechas irão ao mato caçar para seu senhor, e hão de matar muitos dos seus contrários, e cativarão muitos para os seus comeres [...].

Apesar do seu poder, os pajés não levavam uma vida tranquila na aldeia. Quando alguém importante morria doente ou sem explicação, seu mal era, em geral, atribuído à maldição de algum dos pajés. Colocava-se a ferver num caldeirão um pedaço do morto, com uma chusma de cabelos; o pajé que ficasse doente primeiro era considerado culpado. Nesses casos, como ainda registrariam os irmãos Villas-Bôas entre os indígenas da região do Xingu na década de 1940, o pajé era executado com golpes de borduna.[27]

Embora igualmente surpreendentes, outros hábitos indígenas eram mais bem-vistos pelos portugueses, como a permissividade para o sexo e o casamento. Os indígenas podiam se casar com várias mulheres, tantas quantas quisessem ou pudessem sustentar. Os mais importantes possuíam três ou quatro esposas, das quais a

---

26 Padre Manoel da Nóbrega, *Informação da Terra do Brasil*.
27 Orlando e Cláudio Villas-Bôas, *A marcha para o oeste – a epopeia da expedição Roncador-Xingu*.

primeira recebia mais consideração. Da mesma forma que tomavam novas mulheres, livravam-se delas, ou as deixavam para outro, sem ciúme nem ressentimento. Com isso, os portugueses passaram também a tomar mulheres indígenas como amantes e esposas. "Nunca vi nem ouvi sobre um indígena que matasse a mulher por causa do sentimento do adultério", escreveu José de Anchieta.[28]

As noções de conduta eram tão diferentes que se tornava difícil para os portugueses saberem se comportar dentro de uma aldeia. Num instante, um indígena que se fizera amigo, por motivos que os portugueses nem compreendiam, podia querer matar. "São muito inconstantes e mudáveis", escreveu Pero Magalhães Gândavo.[29] "Creem de ligeiro tudo aquilo que lhes persuadem, por dificultoso e impossível que seja, e com qualquer dissuasão facilmente o tornam logo a negar." Isso reforçava a sensação de insegurança e o consequente ódio que os portugueses sentiam por aquela gente.

A diferença entre a sociedade tupinambá e a civilização europeia começava no cerne econômico e social. Os indígenas brasileiros não tinham a mentalidade cumulativa, nem a noção de propriedade privada. Produziam o suficiente para seu sustento e não mais, pois não tinham como guardar além do que podiam comer, o que lhes limitava a noção de riqueza. Utilizavam o tempo livre para o ócio e a guerra. Embora as comunidades tivessem chefes, o cacique, chamado de tuxaua, ou morubixaba, tinha poder relativo – assim como o segundo e terceiro caciques, em geral parentes do primeiro. Escolhido entre os mais experientes e os guerreiros mais provados, em assembleias realizadas na ocara, o chefe provinha a sua família e, por extensão, a todo o seu povo. Mais do que um senhor, era um servidor da comunidade, a quem precisava abastecer com caça e pesca abundantes – a colheita cabia às mulheres.

---

28 José de Anchieta, *Informação do casamento dos indígenas*.
29 Pero Magalhães Gândavo, *História da Província Santa Cruz a que vulgarmente chamamos Brasil*.

O tuxaua não interferia na vida privada e nem mesmo em contendas entre membros da comunidade. Partia-se do princípio de que os participantes de qualquer disputa conheciam as leis consagradas pela tradição. "Cada um é rei em sua casa e vive como quer", observou o padre José de Anchieta, ao chegar a Piratininga para viver entre guaianazes e carijós. Quando um membro da comunidade infligia algum dano a outro em luta corporal, valia o que chamamos de pena de talião; se tirava um braço do oponente, ou arrancava um olho dele, a família do adversário adquiria o direito de lhe aplicar a mesma pena. Se matava, podia também ser sacrificado pelos parentes da vítima.

Nem mesmo para a guerra, quando surgia a necessidade do chefe militar, o tuxaua se investia de real poder. "Ao chefe que quer fazer-se chefe, na melhor das hipóteses dá-se-lhe as costas", escreveu o antropólogo francês Pierre Clastres no ensaio "O infortúnio do guerreiro selvagem".[30] "Na pior, ele é morto." Para o antropólogo, o sistema social dos indígenas brasileiros não indicava uma etnia primitiva ou inferior, e sim a escolha voluntária de uma sociedade sem classes, adaptada ao meio ambiente, do qual eles se consideravam parte. Como consequência, era também uma sociedade sem Estado, e contra o Estado – um poder central organizador com ascendência sobre o indivíduo para impor costumes, leis e trabalho comunitário. A dificuldade que os portugueses tinham de impor o trabalho ao indígena era mais que uma simples questão de força. Os indígenas não sabiam o que era obedecer.

Os tupinambás mantinham relações pacíficas entre suas diferentes comunidades. As guerras se faziam com os povos tupiniquins, guaianazes e goitacazes, sobretudo no período em que disputavam as terras ocupadas na vertente do rio Paraíba. Com a chegada dos portugueses, os tupinambás viram uma oportunidade de obter

---

30 Pierre Clastres, *Arqueologia da violência – pesquisas de antropologia política.*

vantagem sobre seus inimigos. E começaram a mudar. "Ao descobrirem a superioridade produtiva dos machados dos homens brancos, os indígenas os desejaram, não para produzirem mais no tempo mais curto, mas para produzirem a mesma coisa num tempo dez vezes mais curto", escreve Clastres, em *A sociedade contra o Estado*. Afirma o autor que, "[...] com os machados metálicos, irromperam no mundo primitivo dos indígenas a violência, a força, o poder, impostos aos selvagens pelos civilizados recém-chegados".

Graças aos portugueses, os tupinambás passaram a ter certa noção de propriedade privada. A independência reinante entre eles seria esquecida e as comunidades se uniriam para combater o inimigo em comum. E surgiriam chefes que liderariam as aldeias na luta pelo seu modo de vida e pela sobrevivência. Eles construiriam fortalezas, como as que os portugueses e sobretudo os franceses lhes mostraram que podiam ter. Pelo menos para a guerra, tentariam ser iguais, para lutar de igual para igual.

OS PEROS

"Embora aquele povo seja o menor do globo, este não parece suficientemente grande para satisfazer a sua cobiça", escreveu em 1575 o frade francês André Thévet, sobre a expansão portuguesa.[31] Portugal havia recuperado o território da ocupação moura na chamada Reconquista, empreendida pelo rei dom Afonso Henriques e completada em 1249, quando se restabeleceu o Estado soberano. Conquistou sua autonomia em 1385, na Batalha de Aljubarrota, sob o comando do condestável Nuno Álvares Pereira, que colocou no poder dom João I, filho bastardo de Pedro I. Fundador de uma nova dinastia, dom João I, conhecido como o mestre de Avis, consolidou

---

31 André Thévet, *Cosmografia universal*.

Portugal como uma monarquia independente do Reino de Castela e Leão – a futura Espanha. A paz com os espanhóis veio em 1411, com o Tratado de Ayllón, ratificado doze anos depois.

Os portugueses entraram em guerra permanente para defender os territórios conquistados aos mouros, em batalhas célebres como a de Ceuta – entreposto árabe na costa marroquina, que dominava a entrada do Mediterrâneo no estreito de Gibraltar, tomado em 1415. Estendida ao longo do vasto estuário do rio Tejo, que a deixa aberta diretamente para o mar, Lisboa era parada obrigatória para as naus que circulavam entre o Mediterrâneo e o mar do Norte desde o século XIII. Porém, era preciso mais. Defendidas pela Igreja mediante os princípios da Inquisição, ideias conservadoras como a de que a terra era plana e terminava num abismo depois do mar caíam – não tanto por influência do Iluminismo, e sim pela necessidade de buscar riqueza em outros lugares, compartilhada por comerciantes, reis e a própria Igreja.

Em 1500, com 1,5 milhão de habitantes, Portugal não estava melhor que o restante da Europa, em que se contavam 60 milhões de pessoas. Numa época marcada pelo terror da Inquisição, a carestia e a corrupção, boa parte da população vivia na miséria. Se na dinastia Borgonha a missão tinha sido a fundação do reino e a reconquista da terra aos mouros, dom João I levou ao trono o dístico da Ordem de Avis, ligada à nova burguesia, cujo enriquecimento e cuja visão de grandeza vieram da experiência nas cruzadas. E estabeleceu como meta o desenvolvimento comercial, dístico do seu governo e seus sucessores, voltado para o Oriente.

Se era pequeno em tamanho, Portugal tinha a seu favor o fato de ter se unificado mais cedo. Seu rei possuía mais poder de decisão que em outros países ainda divididos entre antigos senhores feudais, como a França e Alemanha. Livre de empecilhos, a monarquia absolutista portuguesa se lançaria à frente, controlando o comércio interno e também exterior, unindo aos interesses materiais a fé missionária dos cruzados, "cumprindo uma missão salvacionista de colocar o mundo inteiro sob a regência católico-romana", como escreveu Darcy Ribeiro.[32]

Essa tarefa só foi possível graças à revolução que mudou o mundo no século XVI. A antiga economia feudal, calcada na cobrança de impostos sobre a terra, aos poucos foi substituída por uma corrida comercial, apoiada por uma burguesia formada por comerciantes ávidos e viabilizada por grandes descobertas da ciência. Graças ao empenho do infante dom Henrique, filho de dom João I, Portugal se desenvolveu na técnica náutica. Ele trouxe técnicos e pilotos para a recém-fundada Escola de Sagres. Aperfeiçoaram-se cartas e instrumentos de navegação.

A bússola facilitou a orientação em alto-mar, antes feita apenas pelas estrelas e o sextante. As caravelas, de bojo largo e baixo calado, permitiam ao mesmo tempo grandes cargas e uma boa aproximação da costa. Suas velas quadradas imprimiam boa velocidade com vento a favor, e as triangulares lhe davam mais mobilidade: seguiam adiante com vento de 50 graus em sentido contrário. A pólvora para as armas de fogo veio da China. A imprensa recém-criada difundia o conhecimento. Graças à inovação, um país pequeno como Portugal se tornaria um império.

O avanço da tecnologia de navegação foi essencial para o esforço de contornar a África por mar, dado o bloqueio dos mouros, que ainda ocupavam Constantinopla (hoje Istambul), fechando a entrada para a Ásia pelo continente, assim como o norte da África. Como entrepostos em alto-mar, os portugueses estabeleceram colônias nos arquipélagos da Madeira, Açores e Cabo Verde. Desde 1474 estavam na Guiné, onde, além de capturar escravos negros, exploravam o ouro.

Punham em prática o clássico ditado romano, *Navigare necesse, vivere non est necesse* ("navegar é preciso, viver não é preciso"), registrado pelo historiador romano Plutarco, em sua obra *Vida dos*

---

[32] Darcy Ribeiro, *O povo brasileiro*.

homens ilustres, que atribui a frase ao general romano Cneu Pompeu Magno. Membro do triunvirato que governou Roma junto com Júlio César e Marco Licínio Crasso, Pompeu a teria dito ao comandante das naus que precisavam zarpar da Sicília, sob o risco de uma grande tempestade. Sua missão era salvar Roma da fome, durante a rebelião do escravo Espártaco. Tornou-se célebre nos versos do poeta italiano Francesco Petrarca (1304-1374) e depois nos do português Fernando Pessoa (1888-1935), que a consagrou como um símbolo de Portugal na era das conquistas.

Atravessar o chamado "Mar Tenebroso" estimulava a imaginação popular, ainda alimentada por dragões saídos das profundezas e sereias de odisseia. Mercenários se alistavam na tripulação de embarcações que prometiam riqueza e aventura. Porém, os portugueses não estavam sozinhos na jornada comprobatória de que a terra era redonda. Nem foram os primeiros a alcançar o território brasileiro.

Em 1488, o almirante francês Jean Cousin, que tinha como imediato o espanhol Martín Alonso Pinzón, natural de Palos de la Frontera, organizou desde o porto de Dieppe, na França, uma viagem comercial além dos Açores e chegou à foz do Amazonas, puxado pelas correntes marítimas do Atlântico que descrevem um vasto semicírculo a partir da costa africana. A viagem é registrada em um livro publicado pela primeira vez em 1771[33] por Charles Desmarquets, marinheiro, negociante, cartógrafo e fundador da escola naval de Dieppe, na França.

Obra questionada por vir à luz tão tarde, quando outros viajantes e as informações geográficas já eram bem conhecidos, foi no entanto utilizada pelo historiador Paul Gaffarel como base para as reivindicações francesas do território brasileiro.[34] De acordo com Gaffarel, Pinzón teria sido responsável por desentendimentos com nativos

---

33 Charles Desmarquets, *Mémoires chronologiques pour servir à l'Histoire de Dieppe et à celle de la navigation française*.
34 Paul Gaffarel, *Histoire du Brésil français au seizième siècle*, 1878.

na passagem da expedição pela África, que quase a teriam colocado a perder. Denunciado por Cousin aos armadores de Dieppe, teria sido ele quem revelara ao genovês Cristóvão Colombo a existência de terras ao Ocidente. E por esse motivo recebera dele o comando da *Pinta*, uma das três naus de sua esquadra.

Na esteira de Colombo, outros navegadores alcançaram o continente sul-americano, numa corrida para a exploração do Novo Mundo. Em 18 de maio de 1499, Alonso de Ojeda, membro da segunda expedição de Colombo à América, partiu novamente para o Ocidente, com apoio da corte espanhola, em três caravelas. Levava Juan de la Cosa, proprietário e comandante da *Santa Maria*, nau capitânia na primeira viagem de Colombo, e o também genovês Américo Vespúcio, que se encarregara com mercadores italianos do abastecimento da segunda e terceira expedições do seu compatriota à América Central.

Em Cabo Verde, enquanto o restante da esquadra fazia a mesma rota de Colombo, alcançando a foz do rio Orinoco, Vespúcio desceu mais para o sul, até chegar ao rio Amazonas. A precedência de Ojeda no continente sul-americano é aceita na *História geral*, de 1854, pelo historiador brasileiro Francisco Adolfo de Varnhagen.[35] Depois de Ojeda, esteve no norte do Brasil o também espanhol Vicente Yáñez Pinzón, que anos antes capitaneara a caravela *Niña*, da esquadra de Colombo. Partiu de Palos de la Frontera com quatro caravelas, armadas com seus próprios recursos, no princípio de dezembro de 1499. Depois de cruzar o Atlântico, Pinzón desceu do Haiti até o território brasileiro na data estimada de 26 de janeiro de 1500, três meses antes de Cabral.

Pinzón deu ao ponto que encontrou o nome de Santa Maria de la Consolación. Em depoimento de 1513, identificou ser este batizado mais tarde pelos portugueses como cabo de Santo Agostinho, em

---

35 Francisco Adolfo de Varnhagen, visconde de Porto Seguro, militar, diplomata e historiador clássico brasileiro (1816-1878).

Pernambuco, onde esteve uma segunda vez, em 1509. Sempre próximo à costa, seguiu para o norte "até o rio Amazonas, a que deu o nome de Mar Dulce", de acordo com Capistrano de Abreu,[36] no ensaio "Descobrimento do Brasil".[37] "Daí chegou até o cabo de Orange, a que deu o nome de São Vicente, e ao rio Oiapoque, que se ficou chamando Vicente Pinzón", acrescenta Abreu.

Natural de Palos de la Frontera, Diego de Lepe, primo de Martin Alonso e Vicente Pinzón, partiu de Cádiz ou Palos pouco depois dele. Da ilha do Fogo, no arquipélago de Cabo Verde, cruzou o Atlântico até chegar ao Brasil na altura do Rio Grande do Norte em fevereiro de 1500 – mais provavelmente no dia 12, por dar o nome de São Juliano, o santo do dia, ao rio no qual ancorou sua nau. Ao cabo de São Roque, chamou de Rostro Hermoso. Depois de descer ao sul do cabo de Santo Agostinho, voltou para o norte até a foz do rio que os nativos chamavam de Marañón. Por fim, penetrou no rio Amazonas e explorou a ilha do Marajó. Na sua jornada, onze marinheiros foram mortos em combate com os indígenas. E levou para a Espanha vinte indígenas prisioneiros. "Vicente Yáñez Pinzón descobriu do cabo de Santo Agostinho ao Oiapoque", afirma o historiador Capistrano de Abreu.[38] "Diego de Lepe descobriu do cabo de Santo Agostinho para o sul."

No início, os portugueses não se preocupavam nem se interessavam pelo extremo Ocidente. Sabia-se que as terras vistas por Cristóvão Colombo em sua tentativa de circum-navegar o globo nada tinham de especial – não havia ainda sequer vestígio de ouro e prata. Dando continuidade ao projeto da dinastia de Avis, o rei dom Manuel I mirava os negócios com as Índias. Gênio político que ganhou a alcunha de "o Venturoso", levava Portugal aos seus anos de glória,

---

36 João Capistrano de Abreu (Maranguape, Ceará, 1853 – Rio de Janeiro, agosto de 1927), um dos principais historiadores, etnógrafos e linguistas brasileiros.
37 João Capistrano de Abreu, Descobrimento do Brasil. Publicado no *Jornal do Commercio* de 12 e 29 de agosto e 10 de setembro de 1899 e reproduzido, refundido e ampliado na *América Brasileira*, n. 32, 33 e 34, de agosto, setembro e outubro de 1924.
38 João Capistrano de Abreu, *Descobrimento do Brasil*.

sobretudo depois que em 1488 o navegador Bartolomeu Dias venceu o desafio mental e geográfico de contornar pelo sul o continente africano – mudaria para Boa Esperança o nome do antigo "Cabo das Tormentas", recebido depois de uma série de infortúnios que o associaram a uma maldição.

Em 1498, Portugal tomou a liderança no comércio com as Índias graças à expedição de Vasco da Gama, fazendo contratos perpétuos para eliminar a concorrência com os reis de países do oceano Índico como a Taprobana – aportuguesamento de *dip-Raawan*, ou "ilha do rei Rawana", reino instalado na ilha ao sul da Índia, depois Ceilão (na língua páli, "sinhalana", ou "terra dos leões"), hoje Sri Lanka ("ilha resplandecente", em sânscrito). Com os armazéns abarrotados na Casa da Índia, agência que funcionava como alfândega e administração do monopólio dos negócios exteriores, instalada no Paço da Ribeira sob direto comando da Coroa, a dinastia de Avis chegava ao seu auge.

Esse período de riqueza faria Portugal florescer, dos belos monumentos de arquitetura como o Mosteiro dos Jerônimos e a Torre de Belém, em Lisboa, à poesia de Luís de Camões, que em *Os Lusíadas*, publicado em 1572, cantaria a grande saga dos portugueses que "passaram ainda além da Taprobana, em perigos e guerras esforçados, mais do que prometia a força humana". A viagem de Pedro Álvares Cabral estava dentro desse contexto. Seu destino eram os potentados do oceano Índico, com a diferença de que para chegar pretendia experimentar a mesma corrente marítima que os navegantes franceses, espanhóis e genoveses tinham aprendido a usar para chegar ao novo continente. Com ela, planejava dirigir-se mais rapidamente ao sul da África.

Na segunda-feira, 9 de março, um dia de festa, Cabral saiu de Belém depois que dom Manuel lhe pôs na cabeça um barrete benzido pelo papa e entregou a bandeira com as armas do rei e a cruz da Ordem de Cristo. À frente de 13 naus, a esquadra "mais aparatosa que já deixara o reino", de acordo com Boris Fausto em *História do Brasil*, seu verdadeiro destino era Koshikode, ou Calicute, nas Índias. Cabral levava "1.500 soldados, negociantes aventurosos, aventureiros, mercadorias variadas, dinheiro amoedado", como apontou o historiador Capistrano de Abreu.[39] O conteúdo revelava o "duplo caráter da expedição: pacífica, se na Índia preferissem a lisura e o comércio honesto; belicosa, se quisessem recorrer às armas".

A esquadra se aproximou do Novo Mundo ao aproveitar a corrente marítima semicircular ao largo da costa africana, para "fugir das calmarias da Guiné", como afirma Pero Magalhães Gândavo.[40] Não houve grande interesse em explorar a terra exuberante descrita por Pero Vaz de Caminha na *Carta do Descobrimento*, endereçada a dom Manuel. Caminha não teve tempo no Brasil para observar algo além de que a terra "em tal maneira é graciosa que, querendo-a aproveitar, dar-se-á nela tudo, por bem das águas que tem". Avaliou mal o clima, ao dizer que o continente "é de muito bons ares, assim frios e temperados como os de Entre-Douro-e-Minho". E enganou-se sobre a índole dos nativos: "bem creio que, se Vossa Alteza aqui mandar quem entre eles mais devagar ande, que todos serão tomados e convertidos ao desejo de Vossa Alteza". O futuro comprovaria que o Brasil, com seu clima tropical, muito diferente do temperado continente europeu, não seria tão propício para a agricultura europeia tradicional. Nem os nativos seriam tão pacíficos e suscetíveis à catequização e à vassalagem.

Por Caminha, sabemos que a chamada "missa do descobrimento" foi rezada não em nome do rei ou como cerimônia de posse. Para os marinheiros portugueses e um grupo de indígenas curiosos, que pouco ou nada entenderam, dom Henrique celebrou a Pascoela, festa de prolongamento do domingo de Páscoa, em que tinham avistado terra – razão pela qual o morro surgido em meio ao nevoeiro

---

39 João Capistrano de Abreu, *Capítulos de história colonial*. Publicado no *Jornal do Commercio* de 12 e 29 de agosto e 10 de setembro de 1899 e reproduzido, refundido e ampliado na *América Brasileira*, n. 32, 33 e 34, de agosto, setembro e outubro de 1924.
40 Pero Magalhães Gândavo, *História da Província Santa Cruz a que vulgarmente chamamos Brasil*.

ganhou o nome de monte Pascoal. Sinal de que descobrir terras não era sua prioridade, Cabral não trazia o tradicional padrão de pedra utilizado pelos portugueses como símbolo de posse. Na véspera de sua partida, ergueu uma cruz de madeira gravada com o brasão real no alto do morro onde fica hoje o centro histórico de Porto Seguro.

Primeiro, o comandante confundiu o continente sul-americano com uma ilha, dando-lhe o nome de Ilha de Santa Cruz. Só depois percebeu o erro, nomeando-a Terra de Santa Cruz. Enviou Gaspar de Lemos para explorá-la e voltar a Portugal com a notícia do "achamento", com a carta manuscrita por Caminha ao rei dom Manuel I. Depois, seguiu em frente, deixando para trás dois degredados e dois grumetes que desertaram. Zarpou para cruzar o cabo da Boa Esperança, no extremo sul da África, e alcançar do outro lado o oceano Índico. Perdeu sete de suas treze embarcações na travessia e, ao chegar ao seu destino, depois de ser atacado por árabes desgostosos com as negociações que tinham feito, saqueou e bombardeou Calicute em represália.

Com as especiarias, trazidas sobretudo da cidade indiana de Cochim, os lucros da expedição fizeram com que a viagem fosse considerada comercialmente bem-sucedida. Porém, as peripécias do comandante, questionáveis no campo da diplomacia, o mandaram para o ostracismo. Preterido nas expedições seguintes por dom Manuel, Cabral, aposentado, morreu em 1520. Caiu em esquecimento, até ser reabilitado três séculos depois pelo imperador brasileiro Pedro II, um estudioso diletante de muitos assuntos, de astronomia a história, e apreciador da sua jornada.

O interesse pelas terras brasileiras cresceu quando os portugueses viram as faixas utilizadas pelos indígenas, pintadas de vermelho, e começaram a comprar o ibirapitanga para obter sua tinta. Logo, pensaram em aproveitar a passagem em terra brasileira no trajeto inaugurado por Cabral até as Índias para levar também daquela madeira a Portugal. Franceses e holandeses decidiram fazer o mesmo, embora de maneira não oficial. Enquanto o comércio em Portugal era monopólio da Coroa, França e Holanda incentivavam a liberdade de seus negociantes. Dividida em lutas internas, especialmente em face do embate entre calvinistas e católicos, a França não tinha interesse nem disposição de enfrentar Portugal e Espanha numa corrida por colônias em um continente ao qual se levava pelo menos um mês para chegar. Porém, com dinheiro e proteção, estimulava a ação dos corsários no Atlântico sul.

Os europeus traziam utensílios para trocar com os indígenas, como facas, machados, facões, bebidas, tecidos, anzóis, espelhos, enxadas, sementes. E trabucos, que punham medo nos indígenas e eram confundidos com alguma obra de Tupã, deus do trovão, o único capaz de fulminar um ser humano à distância de forma mágica e com o mesmo estardalhaço. Em troca, os indígenas cortavam os frondosos troncos de ibirapitanga. Os machados de ferro substituíram o fogo na derrubada das árvores. Os nativos podiam derrubar o pau-brasil em maior quantidade e com melhor aproveitamento.

Negociavam tanto com os mairs (franceses) quanto com os peros (portugueses). A origem dos termos é controversa. Mair seria contração do tupi *mbae-ira*, o apartado, ou que vive distante – em seu território, os guaranis chamavam o espanhol de mbaí. Já peros, ou perós, seria uma generalização para todos os portugueses do nome próprio com que muitos se apresentavam. Com o tempo, tornou-se corrente para todos os homens brancos a designação genérica de *caraíba*, antes utilizada apenas para os grandes pajés, porque os brancos vinham de longe, não moravam em aldeias ou eram considerados também seres com força superior.

A primeira iniciativa de explorar o comércio de madeira de forma mais sistemática foi realizada em 1501. Em 10 de maio, três naus comandadas por André Gonçalves, antigo mestre do navio de Vasco da Gama em sua viagem às Índias, partiram do rio Tejo por ordem de dom Manuel I com a finalidade de explorar a costa brasileira. Gonçalves levava como auxiliar o genovês Américo Vespúcio, que estivera na América do Sul em 1499 com Alonso de Ojeda.

Com orientação de Vespúcio, Gonçalves chegou às terras do atual estado do Rio Grande do Norte em 7 de agosto e desceu a costa. Levantava feitorias, galpões que serviriam de entreposto para o comércio de pau-brasil. Essa árvore rarefeita, cuja extração dependia de incursões mata adentro, podia assim ser acumulada pelos nativos até a passagem das caravelas que aproveitavam a parada na volta das Índias para novo carregamento.

À sua passagem, Gonçalves batizava os acidentes geográficos. Para alguns, empregou nomes religiosos, como São Roque, São Jerônimo, São Francisco, São Vicente, baía de Todos-os-Santos, cabo de São Tomé e Angra dos Reis. Para outros, deu nomes descritivos, como Cabo Frio e Baía Formosa. Em janeiro de 1502 aportou no Rio de Janeiro, assim chamado pouco tempo antes por Gaspar de Lemos, comandante da esquadra de Cabral, que confundira com um grande rio a Guanabara, nome tupi que significa "seio do mar" e que os indígenas utilizavam para designar toda a baía e sua enseada.

Gonçalves passou ao largo de Niterói ("água escondida") e seguiu para o sul, onde deixou em 22 de janeiro alguns degredados em São Vicente. João Ramalho deve ter sido desembarcado no Brasil por Gaspar de Lemos, ou nessa segunda ocasião. O extremo meridional a que Gonçalves chegou foi o porto que chamou de Cananor, mais ao sul de São Vicente, que se tornou conhecido como Cananeia.

Quem começou a aproveitar as possibilidades de exploração da madeira foi a iniciativa privada. Em 1503, Fernão de Loronha recebeu da corte portuguesa autorização de partir com seis navios para iniciar a troca com os indígenas de utensílios e outros objetos por pau-brasil, como também faziam os franceses. Nascido nas Astúrias, ele era já um rico comerciante, que fizera negócios com o rei da Inglaterra. Financiado pelo banqueiro Jakob Fugger, e associado a comerciantes cristãos-novos, Loronha fechou um contrato inicial de arrendamento das terras brasileiras para explorar o comércio de pau-brasil por três anos. De seus recursos, viria o dinheiro para o investimento em uma expedição liderada por Gonçalo Coelho, que levava novamente Américo Vespúcio, desta vez como capitão de uma das naus.

A primeira edificação portuguesa no Brasil data de 1504, quando Vespúcio levantou rusticamente um forte em Cabo Frio, onde deixou um feitor, 24 homens e doze canhões. Outro foi construído no mesmo ano por Gonçalo Coelho no Rio de Janeiro. Eram bases para que os portugueses pudessem negociar o pau-brasil com os indígenas, sem nenhuma pretensão de estabelecer ali uma colônia ou qualquer povoado duradouro. Depois de se perder da esquadra de Coelho, Vespúcio levou uma carga de pau-brasil do sul da baía de Todos-os-Santos a Lisboa, onde, ao desembarcar, em 18 de junho de 1504, afirmou ter estado em um lugar tão grande que devia ser um continente, e não uma ilha, chamando-o de *Novus orbis* (em latim, "Novo Mundo").

No mesmo ano, Loronha recebeu de presente do rei dom Manuel a ilha de São João da Quaresma, a primeira "capitania do mar" brasileira, no arquipélago que hoje é chamado de Fernando de Noronha. Em 1506, ele e seus associados extraíram mais de 20 mil quintas de pau-brasil, vendidas em Lisboa com lucro de até 500% sobre o valor do investimento na expedição. Em 1511, associado a Bartolomeu Marchionni, Benedito Morelli e Francisco Martins, Loronha armou a nau *Bretoa*, que voltou a Portugal em 22 de julho com um carregamento de 5 mil toras de pau-brasil, cada uma com cerca de 1,5 m de comprimento, 50 centímetros de diâmetro e cerca de 30 quilogramas. Além da madeira, embarcou animais exóticos e quarenta escravos, na sua maioria mulheres.

Em 1511, as edificações de Vespúcio e Gonçalo Coelho foram abandonadas. A partir dali, por vinte anos, o território foi frequentado de forma intermitente por franceses, que negociavam diretamente com os indígenas, mais aptos a se embrenhar na mata para buscar madeira. Nesse período, apenas um explorador português passou pelo Brasil: Fernão de Magalhães, que fez uma escala na Guanabara em 13 de dezembro de 1519, antes de seguir adiante no seu trajeto de circum-navegação da Terra, cruzando a América ao sul pelo estreito que levou o seu nome.

Somente João Ramalho e Diogo Álvares indicavam a presença portuguesa no continente. Isso não significava, porém, que fossem fiéis à Coroa. Diogo Álvares mantinha contato com todos os navios europeus que aportavam no litoral da Bahia em busca de madeira. Entre 1526 e 1528, suas relações com os normandos de Dieppe o levaram à França, onde sua mulher, Paraguaçu, foi batizada com o nome de Catarina Álvares Paraguaçu – homenagem a Catherine des Granches, esposa de Jacques Cartier e sua madrinha. Na mesma ocasião, batizou-se outra indígena tupinambá, Perrine. A vida do Caramuru foi cercada por lendas, como a de que várias mulheres indígenas, por ciúme, teriam se jogado ao mar e sucumbido na tentativa de acompanhar o navio em que ele embarcou para a França com Paraguaçu.

Em 1530, dom João III, que dez anos antes assumira o trono com a morte do pai, dom Manuel, decidiu enfim ocupar o Brasil. "Até então o Brasil estivera entregue a degredados, a desertores, a traficantes da madeira que lhe deram o nome", afirma Capistrano de Abreu.[41] Alcunhado "o Piedoso" pela sua religiosidade, o rei pretendia evitar a propagação do protestantismo no Novo Mundo e a pirataria de pau-brasil, que continuava apesar dos apelos oficiais às cortes da França e Inglaterra. Três anos antes, em 1527, o rei havia despachado ao Brasil uma esquadra comandada por Cristóvão Jaques, que já estivera antes na terra e deixara uma feitoria em Itamaracá, no retorno de uma expedição ao Prata. De Pernambuco até a Bahia, possivelmente até o Rio de Janeiro, Cristóvão Jaques caçara piratas, sobretudo franceses. "Segundo testemunhos interessados, sua selvageria não conhecia limites", afirmou Capistrano de Abreu.[42] "Não lhe bastava a morte simples, precisava de torturas e entregava

---

41 João Capistrano de Abreu, *Capítulos de história colonial*.
42 *Ibidem*.

os prisioneiros aos antropófagos para os devorarem." Jaques ainda levara trezentos prisioneiros de volta a Portugal.

A expedição de Cristóvão Jaques, porém, tinha sido apenas um começo. De acordo com Capistrano de Abreu, ao retornar a Portugal, ele se ofereceu para levar ao Brasil "mil povoadores". Outro português, João de Melo da Câmara, dispôs-se também a colonizar as novas terras. "Indignava-se vendo que até então a gente que vinha ao Brasil limitava-se a comer os alimentos da terra e tomar as índias por mancebas, e propôs trazer numerosas famílias, bois, cavalos, sementes, etc.", afirma o historiador. Dom João III adotou o projeto mercantilista de colonizar o Novo Mundo para a produção de cana-de-açúcar, como Portugal já fizera nos Açores e na ilha da Madeira, e afastar os concorrentes. Porém, para começar a empreitada, escolheria outro homem, com perfil que julgava mais adequado.

Em 3 de dezembro de 1530, partiu de Lisboa uma expedição sob o comando de Martim Afonso de Sousa, ex-combatente na guerra de Castela contra a França, que deixara os serviços de Carlos V pela perspectiva de carreira na corte portuguesa, onde contava com suas relações de parentesco: era primo-irmão do influente Antônio de Ataíde, conde de Castanheira, membro do conselho de dom João III. Designado "capitão-mor da armada, da terra do Brasil e de todas as terras que ele achar e descobrir", conforme carta de nomeação assinada pelo rei,[43] recebeu plenos poderes para explorar e reconhecer o território, fundar povoações, administrar a justiça e distribuir sesmarias – os quinhões, no sistema português, que exigia a ocupação e o cultivo dentro de um prazo predeterminado, em geral de dois anos, com o objetivo de tomar posse efetiva da terra.

A esquadra zarpou com quatrocentos homens em cinco naus: a capitânia *São Miguel*, comandada por Heitor de Sousa, as caravelas *Princesa* e *Rosa* e o galeão *São Vicente*, capitaneado por Pero Lobo Pinheiro. O quinto capitão, Pero Lopes de Sousa, irmão mais velho

---

43 Arquivo real de dom João III, livro 41, folha 103.

de Martim Afonso, escreveu um diário da expedição, intitulado *Diário de navegação – pela costa do Brasil até o rio Uruguai*, publicado em 1839, em Lisboa, pelo historiador Francisco Adolfo de Varnhagen, que extraiu o texto dos originais na Biblioteca da Ajuda. É o mais antigo e importante documento de um participante direto da primeira ocupação das terras brasileiras pelos portugueses desde a carta de Caminha.

De acordo com o *Diário de navegação*, a esquadra aproximou-se do cabo de Santo Agostinho, em Pernambuco, em 30 de janeiro de 1531. Ali apresou duas naus francesas, abandonadas pela tripulação com toda sua artilharia, munição e carga de pau-brasil assim que viram os portugueses. Martim Afonso enviou o irmão Pero Lopes com duas caravelas à ilha de Santo Aleixo, onde tinham notícia de haver mais franceses. Encontraram outra nau, que respondeu ao fogo. "Das sete horas até o fim do dia, quando a rendemos, pelejamos sempre", diz Pero Lopes. "A nau me deu dentro da caravela 32 tiros, quebrou-me muitos aparelhos e as velas todas." Foi tomada quando acabou sua munição, sem feridos do lado português.

De Pernambuco, Martim Afonso enviou duas caravelas ao norte, sob o comando de Diogo Leite, para explorar a costa até a barra do rio Maranhão, "então mais desconhecida do que trinta anos antes, quando por ela passara Vicente Yáñez Pinzón", afirma Capistrano de Abreu.[44] Despachou uma das naus apresadas a Lisboa, capitaneada por João de Sousa, para dar notícias a dom João III. Outra nau francesa tomada em combate, rebatizada por Pero Lopes como *Nossa Senhora das Candeias*, foi incorporada à frota. Sem homens para manobrá-la, a terceira foi incendiada.

Descendo para o sul, a esquadra aportou na baía de Todos-os-Santos, onde Martim Afonso conheceu Diogo Álvares. "Os principais homens da terra vieram fazer reverência ao capitão; e nos trouxeram muito mantimento, e fizeram muitas festas e bailes",

---

44 João Capistrano de Abreu, *Capítulos de história colonial*.

escreveu Pero Lopes. No *Diário*, ele descreve uma batalha em plena baía entre indígenas, com cinquenta igaras de cada lado, cada uma delas com cerca de sessenta guerreiros: "As cinquenta almadias[45] da banda da qual estávamos surtos foram vencedoras, e trouxeram muitos cativos, e os matavam com grandes cerimônias, presos por cordas, e depois de mortos os assavam e comiam".

No meio da baía, a esquadra de Martim Afonso encontrou e rendeu um galeão francês de que já tivera notícia em Pernambuco. Vindo de Sofala, em Moçambique, atacara fazendas "no rio de Pernambuco", dois meses antes, e levava como prisioneiro o seu feitor, Diogo Dias. Martim Afonso desembarcou o prisioneiro em terra com os escravos negros e incorporou a nau à esquadra, "por lhe ser necessária para a viagem".[46]

Em Todos-os-Santos, Martim Afonso deixou com Diogo Álvares sementes e dois homens para experimentar o cultivo da terra, antes de prosseguir. Em 31 de março, ancorou na baía do Rio de Janeiro, onde construiu dois bergantins "de quinze bancos cada".[47] Enviou exploradores em terra, onde entraram em contato com os tupinambás. Estes, como faziam com o franceses, ofereceram pau-brasil em troca de ferramentas. Nessas conversas, os indígenas indicaram a existência de ouro e prata no rio Paraguai, o que despertou em Martim Afonso o desejo de explorá-lo a partir da foz do Prata, já conhecido por esse nome, assim como por "rio de Santa Maria", quando lá esteve Américo Vespúcio, em 1501, e o piloto português de Fernão de Magalhães, João Lisboa.

Depois de enfrentarem na viagem muita cerração, aportaram em Cananeia, a 12 de agosto. A bordo de um bergantim, o piloto Pedro Annes trouxe de uma expedição em terra um português, Francisco de Chaves, que lhes disse estar no Brasil havia muito tempo,

---

45 Almadia era um canoa típica dos nativos das ilhas do Cabo Verde. Os viajantes que por ali passavam começaram a utilizar o termo para designar qualquer embarcação nativa.
46 Pero Lopes de Sousa, *Diário de navegação – pela costa do Brasil até o rio Uruguai*.
47 *Ibidem*.

na companhia de "cinco ou seis castelhanos", integrantes da fracassada expedição de João Dias de Solis, piloto português que já velejara com Vicente Yáñez Pinzón, Américo Vespúcio e Juan de la Cosa. Solis tinha sido devorado por indígenas em 1515 no rio da Prata, quando buscava para a Espanha um estreito entre o Atlântico e o Pacífico, cinco anos antes de Fernão e Magalhães tê-la encontrado. Sem seu comandante, a tripulação decidira retornar, mas naufragara no caminho.

Também os castelhanos da esquadra de Solis falaram da passagem de uma nau vinda do sul carregada de ouro e prata. Assim, Martim Afonso decidiu explorar o rio da Prata, embora estivesse fora da jurisdição portuguesa. A viagem ao sul foi desastrosa. Castigada por tempestades em 2 de novembro, a nau capitânia, sem amarras, foi lançada à costa e destroçada. Morreram sete tripulantes; Martim Afonso salvou-se a nado. Diante do estrago causado em toda a frota, o comandante português desistiu de subir o rio. Enquanto se consertavam as naus na ilha das Palmas, enviou Pero Lopes em um bergantim exploratório, com a instrução de retornar em no máximo vinte dias.

O reconhecimento do Prata pouco rendeu. Depois de circum-navegar as ilhas de Martim Garcia, San Juan e San Gabriel, onde fez contato com indígenas chanás, Pero Lopes retornou, com a nau e o ânimo dos marujos esfrangalhados. O encontro com um bergantim espanhol com o qual tomou informações lhe deu certeza de que as minas de ouro e prata estavam muito longe, continente adentro. Ao chegar a São Vicente, por ordem de Martim Afonso partiu para Lisboa, com a missão de relatar os acontecimentos até ali.

Ao retornar para o norte, fundeando em São Vicente, a esquadra portuguesa deu com um exército de indígenas vindo ao seu encontro. Eram carijós e guaianazes que, avisados da sua aproximação, desciam a serra. À sua frente, Martim Afonso encontrou a figura glabra de João Ramalho, ao lado de outro português, Antônio Rodrigues, casado com uma filha de Piquerobi, cacique de Ururaí. Ao se deparar com a figura quase mitológica de Ramalho, o homem-indígena acompanhado de uma horda de homens nus mas emplumados na praia de areia cinzenta do litoral paulista, Martim Afonso viu-se de repente com o conhecimento logístico e o apoio militar de que necessitava. Tornou-se amigo do cacique Tibiriçá. O chefe dos guaianazes tomou pelo fidalgo português tal apreço que mais tarde, ao ser batizado, adotou o nome de Martim Afonso.

Com Ramalho, Martim Afonso teve a perspectiva de estabelecer ali uma base para o comércio de pau-brasil e a captura de escravos, aproveitando o fato de que São Vicente se tornara escala para as naus que faziam a rota das Índias pela corrente do Atlântico. Conheceu o planalto de Piratininga, no qual Ramalho havia se estabelecido. Dali, poderia realizar incursões pelo sertão para capturar escravos. Martim Afonso se interessou pelo Peabiru, a velha trilha indígena sertão adentro, que poderia se transformar em acesso para as minas de ouro de Potosí, já em território espanhol, e, mais adiante, ao rico Império Inca – vasta extensão que ia dos Andes à floresta amazônica. Por sua determinação, uma expedição com noventa homens partiu de Cananeia, em 1º de setembro de 1531, sob o comando de Pedro Lobo, tendo Francisco de Chaves como guia, com o objetivo de explorar essa via.

O resultado da expedição foi funesto. Como confirmam registros da Câmara de São Paulo, encontrados pelo historiador Pedro Taques de Almeida Paes Leme,[48] os exploradores foram dizimados por indígenas guaranis quando atravessavam o rio Paraná, perto das cataratas do Iguaçu. Em vez de desistir, Martim Afonso apenas se certificou de que precisava fortalecer a região e combater os nativos. "Deixou ordenado que se continuasse a guerra contra os indígenas inimigos, e ficaram eleitos para cabo dela Rui Pinto e Pedro de Góis", afirma Taques, na *História da capitania de São Vicente*.

---

48 Pedro Taques, *História da capitania de São Vicente*.

Em 22 de janeiro de 1532, Martim Afonso fundou a Vila de São Vicente, primeira povoação colonial do Brasil, chamada pelos indígenas de Uapú-nema. O preposto do rei reafirmava o nome já dado a toda a ilha por Gaspar de Lemos, em 1502. Seria a primeira das sete vilas criadas na costa durante o período de dom João III, seguida de Porto Seguro, na Bahia (1534), a Vila do Espírito Santo (1535), Olinda (1537), Santos (1543) e Salvador (1549). Martim Afonso imediatamente instalou na nova povoação os símbolos do poder organizado: uma igreja (o poder atemporal), a câmara dos vereadores (o poder secular) e um pelourinho (o judiciário).

Mandou ainda levantar uma trincheira na barra de Bertioga (do tupi *Buriquioca*, "cova dos [macacos] bugios"). Localizava-se no canal que separa do continente a ilha de Guaíbe, mais tarde chamada pelos portugueses de Santo Amaro, vizinha da ilha de São Vicente. Dessa forma, Martim Afonso visava cortar a passagem dos indígenas hostis, que por ali entravam para atacar as fazendas e povoações portuguesas.

Ao voltar a Portugal, para dar sua missão por cumprida, Martim Afonso deixou em São Vicente alguns homens de sua confiança, como Brás Cubas, que o servia como imediato. Em vez de somente degredados ou aventureiros mercenários, ele levara consigo fidalgos portugueses com suas respectivas esposas para plantar algo mais sólido, como os irmãos Gabriel, Luís e Pedro de Góis; Domingos Leitão, cunhado de Luís; Jorge Pires e Rui Pinto. Deu-lhes sesmarias, mandou plantar cana-de-açúcar e cevar cabeças de gado trazidas da ilha de Cabo Verde para criar um foco verdadeiro de colonização. Dom João III o avisara de que planejava dividir o território brasileiro entre donatários portugueses e o autorizava a escolher os melhores lotes. Escolheu São Vicente.

Mais que a vila que serviria de base para sua futura capitania, Martim Afonso implantou no Brasil os fundamentos da economia e da sociedade colonial brasileira, como aponta Gilberto Freyre em *Casa-grande e senzala*:

Quando em 1532 se organizou econômica e civilmente a sociedade brasileira, já foi depois de um século inteiro de contato dos portugueses com os trópicos; de demonstrada na Índia e na África sua aptidão para a vida tropical. Mudado em São Vicente e em Pernambuco o rumo da colonização portuguesa do fácil, mercantil, para o agrícola; organizada a sociedade colonial sobre base mais sólida e em condições mais estáveis que na Índia ou nas feitorias africanas, no Brasil é que se realizaria a prova definitiva daquela aptidão. A base, a agricultura; as condições, a estabilidade patriarcal da família, a regularidade do trabalho por meio da escravidão, a união do português com a mulher índia, incorporada assim à cultura econômica e social do invasor.

O futuro donatário da capitania de São Vicente deixou a cargo de Ramalho a fortaleza de Bertioga e a defesa da vila que lhe pertenceria. Quando a esquadra zarpou, o homem sem passado já não era um simples deserdado numa terra estranha. Tornava-se um homem d'el-rei no Brasil – um prêmio – e, ao lado de Brás Cubas e outros portugueses que ali estavam como empreendedores, a esperança de Martim Afonso de fazer daquela terra um celeiro de grandes negócios.

Porto dos escravos

A expedição de Martim Afonso fortaleceu o propósito de dom João III de implantar uma colônia de Portugal no Novo Mundo. Por meio de sua divisão em quinze capitanias hereditárias, formadas por linhas paralelas entre a foz do Amazonas, no extremo norte, e o sul de São Vicente, em 1534 o rei atribuiu benefícios e obrigações a doze donatários. Na *Carta de Doação*, lhes dava posse das terras, que seriam transmitidas hereditariamente, e autonomia administrativa, com servidão jurídica à Coroa. Cabia aos donatários defender suas terras, distribuí-las a colonos, fundar vilas e organizar sua administração, com a criação de "conselhos dos homens bons", as câmaras municipais, e a instituição de tributos e taxas.

Envolvido ainda em guerras e esforços de comércio nas Índias orientais, o rei possuía recursos bastante limitados. Distribuía as terras, mas precisava convencer os nobres portugueses a arriscar capital próprio, seu tempo e a própria vida numa empresa que era ao mesmo tempo comercial e militar. O Brasil teria de ser um empreendimento da iniciativa privada, muito embora o Estado português detivesse o controle final sobre tudo e uma participação de 20% de tudo o que ali fosse produzido, na forma de tributação.

Tudo indica que a *História da Província Santa Cruz*, a obra de Pero Magalhães Gândavo, cuja origem sempre foi envolta em certo mistério, assim como a vida de seu autor, fazia parte de uma contínua campanha da corte portuguesa para convencer nobres e mercadores a investir no Brasil. A obra, que como todas da época passou pela censura da Inquisição antes de sua publicação, é apresentada por seu autor como uma "epístola": uma carta com a narrativa das condições objetivas para o futuro donatário entender o que o esperava no Brasil, caso aceitasse receber terras para a colonização.

Além da descrição de rituais antropofágicos e uma aula da geografia disponível na época, Gândavo pinta com riqueza a fauna e flora brasileiras. Dirige-se a um fidalgo português, dom Lionis Pereira, tendo como prefácio uma elegia assinada por Luís de Camões, que quatro anos antes publicara *Os Lusíadas* na mesma casa utilizada para imprimir a *História da Província Santa Cruz*. Como parte da estratégia de propaganda da corte portuguesa, mais que a perspectiva de lucro, Camões tenta seduzir dom Lionis pela vaidade, dizendo em verso que é o homem certo para grandes empreitadas. E que o teria provado no Oriente, em especial na sua vitória militar sobre "el-rei do Achem". "Mais do que Leônidas fez em Grécia, o nobre Lionis fez em Malaca", afirma o bardo. Dom Lionis jamais viria ao Brasil, mas o trabalho de Gândavo permaneceu como um documento naturalista e etnográfico nos primórdios do Brasil colonial.

Os homens que dom João III recrutou para o Brasil eram formados no comércio e nos árduos combates na África e no Oriente. Conforme relata Gândavo, para a capitania da baía de Todos-os-Santos, cuja base já contava com a presença de Diogo Álvares, e tinha a vantagem de ser central em relação a todo o território brasileiro, nomeou como donatário Francisco Pereira Coutinho, que adquirira em combate nas Índias e na África a alcunha de "Rusticão". Empossado, Coutinho deu a Diogo Álvares, o Caramuru, uma importante sesmaria. E com ela a função de mediador entre colonos e indígenas.

Juntos, os irmãos Martim Afonso e Pero Lopes de Sousa se apoderaram de um vasto território. Como desejava, Martim Afonso ficou com a capitania de São Vicente, uma extensão de 100 léguas de costa entre Bertioga e Cananeia. Pero Lopes recebeu da Coroa três capitanias: a de Itamaracá, ao norte da baía de Todos-os-Santos, incluindo a ilha onde ficava sua principal povoação, a Vila da Conceição; Santo Amaro, que abrangia o território entre as paralelas que partiam litoral adentro, entre as atuais cidades de Caraguatatuba e Bertioga; e Santana, de Cananeia a Laguna, atual estado de Santa Catarina.

Ao regressar a Portugal em 1533, porém, Martim Afonso e Pero Lopes receberam novas incumbências da corte, que tinha para eles outras prioridades. "Os indivíduos de valor, guerreiros, administradores, técnicos, eram por sua vez deslocados pela política colonial de Lisboa como peças em um tabuleiro de gamão: da Ásia para a América ou daí para a África, conforme conveniências de momento ou de religião", afirma Gilberto Freyre.[49] O donatário de São Vicente foi nomeado capitão-mor do mar das Índias, para onde partiu no final de 1534. Ficou os cinco anos seguintes no Oriente. "[...] Sendo lá mandado com quinhentos homens a Damão, o destruiu, e foi causa para el-rei de Cambaia pedir pazes, que se lhe concederam", afirma o historiador Pedro Taques, citando Manuel de Faria e Sousa, autor

---

49 Gilberto Freyre, *Casa-grande e senzala*.

de *Ásia Portuguesa*.⁵⁰ Durante esse período, deixou sua capitania aos cuidados de sua mulher, dona Ana Pimentel, que vivia em Lisboa, e um preposto no Brasil, o capitão-mor, governador e ouvidor Antônio de Oliveira.

Martim Afonso tornou-se temido em combate por mouros e hindus, contra quem defendeu Diu, além de combater o rajá de Calicute e piratas que saqueavam as naus portuguesas no oceano Índico. Voltou a Portugal em 1539 e, dois anos depois, foi de novo enviado ao Oriente, dessa vez como vice-rei das Índias Portuguesas, que além de Goa e outros potentados incluía formalmente Damão. Nessa viagem, levou um jesuíta que se tornaria santo: o navarro Francisco de Jasso Azpilcueta Atondo y Aznáres, ou São Francisco Xavier, celebrizado como o "primeiro apóstolo do Oriente". Ocupou o vice-reinado das Índias até 1544, quando voltou a Portugal, onde o rei lhe reservara uma cadeira no seu conselho.

A distância, Martim Afonso distribuía terras no Brasil, como as que deu aos jesuítas da Vila de São Paulo em 1562, e aos fidalgos portugueses que tinham chegado com ele ao Novo Mundo, como Francisco Pinto e Antônio Rodrigues de Almeida, com quem ergueu um engenho em Cubatão. Com sua morte, em 1572, a propriedade da capitania passaria a seu filho, Pedro Afonso de Sousa, que também a manteria administrada a distância, o que daria aos chefes locais uma grande margem de autonomia.

Pero Lopes também jamais voltou para administrar pessoalmente suas terras no Brasil. De Itamaracá, disse Gândavo:⁵¹

> [...] tem esta capitania terra tão larga e viçosa, nas quais hoje em dia estiveram grossas fazendas, e os moradores foram em muito mais crescimento, e floresceram tanto em prosperidade como em cada uma das

---

50 Pedro Taques, *História da capitania de São Vicente*.
51 Pero Magalhães Gândavo, *História da Província Santa Cruz a que vulgarmente chamamos Brasil*.

outras, se o mesmo capitão Pero Lopes residira nela mais alguns anos, e não a desamparara no tempo em que a começou de povoar.

No comando de Itamaracá, ficou o capitão Francisco de Braga, que falava tupi e conseguiu manter a capitania pacificada. Porém, sua gestão teve curta duração, segundo frei Vicente Salvador, por desavenças com o vizinho "de cima", Duarte Coelho, que acabara de chegar. Por divergências quanto à divisa, o donatário de Pernambuco o teria literalmente desfigurado. "Como fez a povoação nos marcos, foi a muita vizinhança causa de terem algumas diferenças, por fim das quais lhe mandou Duarte Coelho dar uma cutilada pelo rosto, e o capitão vendo que não podia vingar, se embarcou para as Índias de Castela, levando tudo o que pôde", afirma frei Vicente do Salvador.[52] "Pelo que ficou a capitania desbaratada, perdida, como corpo sem cabeça." Com a morte de Pero Lopes em combate nas Índias, assumiu o comando sua viúva, dona Isabel de Gamboa, que despachou para administrar suas terras o capitão João Gonçalves, mantendo delas uma distância segura.

Poucos donatários mostraram disposição de fazer algo mais que distribuir sesmarias e cobrar taxas daqueles que as recebiam. Conforme relata Gândavo, um deles jamais pisou no Brasil: Jorge de Figueiredo Correa, "fidalgo d'el-rei nosso senhor, e por seu mandado foi povoar um João D'Almeida, o qual edificou sua povoação a 30 léguas da baía de Todos-os-Santos". Na maior parte das capitanias, do Maranhão até a de Santana, ao sul, passando por Porto Seguro, Espírito Santo e Rio de Janeiro, seriam muitas as dificuldades.

O donatário de Todos-os-Santos não teve muita sorte. Depois de fundar o Arraial do Pereira, que doze anos mais tarde seria chamado de Vila Velha, e ficava na região da atual Ladeira da Barra, em Salvador, Francisco Pereira Coutinho se viu em meio a perigosos conflitos entre colonos e indígenas. O projeto de colonização

---

52 Frei Vicente do Salvador, *História do Brasil*, 1627.

do Brasil reproduzia o modelo adotado pelos portugueses nas ilhas do Atlântico, onde haviam sido bem-sucedidos com o plantio da cana-de-açúcar. Para implantar as fazendas de cana, porém, eram necessários escravos, para o trabalho braçal do plantio, da colheita e do processamento do açúcar.

Não havia recursos nem mesmo vontade de estabelecer um regime de trabalho assalariado. Desde a conquista de Ceuta, em 1415, Portugal servia-se do escravo negro, que tomava no continente africano para as colônias onde começava a produção de açúcar – especialmente nas ilhas Canárias, na Madeira e nos Açores, entrepostos das expedições para a África, mas que começavam a ser utilizadas para a indústria açucareira. Escravos africanos, porém, custavam caro demais para os donatários brasileiros. Embora atrelados à Coroa, não recebiam dela recursos para explorar o território que lhes cabia. Deviam valer-se de soluções próprias. Portugal ainda se concentrava no comércio com as Índias e praticamente os deixara entregues à própria sorte.

Em São Vicente e Piratininga, os homens que tinham recebido suas sesmarias de Martim Afonso lidavam com grandes desafios. O trigo brotava, mas depois murchava, sem grãos. As parreiras não prosperavam e não serviam para fazer vinho. O gado sofria com o calor. Acima de tudo, os portugueses tinham dificuldade de implantar os engenhos com mão de obra indígena. Diferente dos africanos, os indígenas não se adaptavam a qualquer tipo de vassalagem nem de trabalho, quanto mais uma tarefa dura e repetitiva como a de movimentar o monjolo, triturador feito de grandes peças de madeira lavrada, onde a cana era esmagada para a produção do açúcar.

Para completar, a capitania sofria com a mudança contínua de comando. Por outorga de Martim Afonso, a administração de São Vicente tinha ficado a cargo de capitães-loco-tenentes, subgovernadores de mandato com até três anos. Sucederam-se donos de terra que se revezavam no cargo, como Pedro Ferraz Barreto, Jorge Ferreira e o próprio Brás Cubas. Criavam-se disputas. Em maio de

1561, por exemplo, Francisco Moraes Barreto recusou-se a deixar o cargo e foi derrubado em Santos pelos camaristas (vereadores), que o substituíram por Pedro Colaço Vieira, um dos sesmeiros deixados na capitania por Martim Afonso.

Quem exercia o poder de fato era ainda Brás Cubas, em São Vicente, e Ramalho, em Piratininga. Com liberdade de ação, João Ramalho passou a fazer dos inimigos do cacique Tibiriçá e seu exército de goitacazes a mão de obra escrava necessária para as fazendas de cana. Capturava-os em investidas pelo sertão, ao lado dos guerreiros de Tibiriçá. Entregava os prisioneiros em troca de terras e mercadorias. Seu alvo inicial foram os tapuias, teoricamente uma presa mais fácil, por serem nômades e, portanto, mais dispersos e enfraquecidos. Porém, Ramalho logo percebeu que dessa forma seu negócio não iria longe. Sem aldeias a defender, os tapuias desapareciam facilmente na mata densa e era quase impossível rastreá-los e persegui-los. Mesmo quando os capitães do mato os encontravam, sua resistência era feroz, e para escravizar um punhado de tapuias morria um número maior de gente em combate, de ambos os lados.

Com isso, João Ramalho passou a caçar indígenas em expedições por mar, atacando povos tupinambás do litoral. Aldeias entre Ubatuba e Angra dos Reis foram invadidas e destruídas. Vivendo em aldeias, os tupinambás constituíam um alvo fixo. Em vez de fugir, defendiam-se – numa luta desigual. Seus guerreiros eram hábeis com o arco e o tacape, mas enfrentavam um páreo duro diante dos trabucos dos portugueses. Estes contavam também com o conhecimento da mata e a sede vingativa dos guaianazes, seus ferozes aliados, que os auxiliavam no combate. A Ramalho juntaram-se ainda povos carijós, para os quais ele garantiu liberdade e proteção, em troca da colaboração na captura de indígenas inimigos.

Os caçadores de homens de Piratininga não se limitavam a fazer incursões no litoral ao norte de São Vicente. Em 1553, o espanhol João Sanches, de Biscaia, que seguia para o Prata em uma nau da armada do tesoureiro real João de Salazar na qual se encontrava o alemão Hans Staden, já notava os efeitos da ação dos paulistas fora de território português. Em carta ao rei da Espanha, Carlos V, Sanches conta que encalhou sua nau nas proximidades de Jurumirim, como a chamavam os indígenas carijós, batizada depois pelos europeus de ilha de Santa Catarina, onde hoje está a cidade de Florianópolis. Não encontrou ajuda de qualquer espécie, "visto que a ilha de Santa Catarina estava despovoada por causa dos portugueses e seus amigos (selvagens) terem feito muitos saltos aos indígenas naturais da dita ilha, e aniquilado todos os silvícolas do litoral que eram amigos dos vassalos de Sua Majestade [sobretudo carijós]". Segundo ele, não apenas a ilha de Santa Catarina como toda a costa "desde São Francisco até esta Laguna está despovoada [...]".

Com isso, os homens de Piratininga expandiam a colônia pela costa, como fariam mais tarde empurrando-a para o interior do continente. Na mesma carta ao rei da Espanha, Sanches observava que os portugueses da capitania de São Vicente tinham se associado aos indígenas de Cananeia, estendendo sua influência até uma área que, pelos cálculos de Américo Vespúcio, já estaria fora do que lhes cabia pelo Tratado de Tordesilhas. "Se Vossa Alteza vier a estabelecer limites com os portugueses", recomendava o piloto, "que seja pelo dito porto de Cananeia com um rio Ivaí, que dista de São Vicente de 12 a 15 léguas, pouco mais ou menos, e mande Vossa Alteza que seja estabelecida por aí sua jurisdição e divisa".

João Ramalho cuidava de organizar um exército no qual, à moda dos indígenas, a confiança se dava pelo parentesco. Além dos nove filhos que teve com Bartira, aproveitou a liberdade entre os indígenas para tomar várias mulheres de outras comunidades, de forma a sustentar suas alianças com outros caciques. Com os filhos, estabeleceu postos no litoral para fazer comércio com europeus, vendendo indígenas prisioneiros para serem escravizados, construindo bergantins, reabastecendo os navios em trânsito e negociando pau-brasil. Os filhos de João Ramalho se revelariam ferozes capitães do mato. Os mestiços do indígena e português foram chamados de mamelucos – termo cunhado pelos jesuítas, originalmente utilizado pelos portugueses habituados à guerra nas Índias para referir-se aos guerreiros dos exércitos islâmicos, que tinham origem entre nativos e alcançavam o comando por seu valor em combate.

Naquele tempo, as correntes marinhas obstruíram com areia o canal entre as ilhas de Santo Amaro e São Vicente, na qual se encontrava a vila. Com Pascoal Fernandes, Domingos Pires e Giuseppe (ou José) Adorno, entre outros donos de engenho, Brás Cubas fundou do outro lado da ilha de São Vicente a Vila de Santos, que os tupis chamavam de Engaguaçu ("baía grande"). Para lá transferiu o porto e a alfândega, já que o porto da Vila de São Sebastião se tornava cada vez mais raso. Além de facilitar o acesso às naus vindas de Portugal, a mudança lhe convinha, pois daquele lado estavam as sesmarias que Martim Afonso lhe outorgara. Com os indígenas capturados pelos mamelucos, a Vila de Santos, que teve Brás Cubas como seu primeiro alcaide-mor, passou a ser conhecida como "Porto dos Escravos". Os peros já eram odiados pelos indígenas, e João Ramalho, seu principal caçador, ainda mais.

Para ficar mais próximo da serra, Ramalho estabeleceu um novo povoamento nos limites do planalto, batizado de Borda do Campo, que pelo dia de sua fundação recebeu como padroeiro Santo André. Ali chegavam homens de todos os lugares, muitos interessados no comércio de escravos, todos em fazer riqueza fácil. "O trânsito do Paraguai dava-lhe algum movimento", afirma Capistrano de Abreu.[53] Entre os aventureiros que por ali passaram esteve Ulrich Schmidel, alemão conhecido como o primeiro cronista da ocupação espanhola na América, que viera a pé desde Assunção, e assim descreveu os domínios de Ramalho em *Viagem ao rio da Prata*:

Naturalmente, [a vila da Borda do Campo] tinha um aspecto selvagem. A terra era selvagem, os casebres de taipa de mão, cobertos de sapé,

---

53 João Capistrano de Abreu, *Capítulos de história colonial*.

selvagens; as mulheres mestiças, mal enrodilhadas em panos de algodão, de fisionomias endurecidas pelos trabalhos incessantes, seriam, também, selvagens. [...] E os homens, na sua rudeza incomparável, barbudos e desataviados, possivelmente vestidos de pele, por toda parte alçando o perfil de lince, seriam, entre todos os seres, entre as próprias feras, os mais temerosos e os mais selvagens.

Ramalho era o chefe do arraial, que em 8 de abril de 1553 foi promovido a vila por decreto de Martim Afonso, com a presença do capitão-mor, governador e ouvidor Antônio de Oliveira e de Brás Cubas, então no cargo de provedor da Fazenda real. "Fortificaram os portugueses a sua povoação de Santo André com uma trincheira, dentro da qual construíram quatro baluartes em que cavalgaram artilharia, cuja obra toda foi à custa do dito João Ramalho", escreve Pedro Taques.[54]

Schmidel não chegou a conhecer Ramalho pessoalmente, mas não teve boa impressão dele, pelo que viu e ouviu. De "João Reinvelle", escreveu: "Felizmente andava ausente, pois o arraial tinha cara de ser um covil de bandidos. Partira com outros cristãos que habitavam uma povoação chamada Vicenda (São Vicente) para outro arraial a fim de, com eles, concluir um tratado". Schmidel descreve Ramalho como "o homem mais poderoso da região, mais que o próprio soberano: havia guerreado e pacificado a província, reunindo 5 mil indígenas, enquanto o rei de Portugal só reuniria 2 mil". Foi "bem" recebido por um dos filhos de Ramalho, "embora este inspirasse mais desconfiança que os indígenas", disse. "Deixando esse lugar, rendemos graças ao céu por dele haver podido sair sãos e salvos."

Numa de suas incursões para capturar escravos, as canoas de João Ramalho penetraram na Baía da Guanabara, navegando pelo centro, fora do alcance das flechas atiradas das margens. Passaram

---

54 Pedro Taques, *História da capitania de São Vicente*.

pela Ponta do Carioca e alcançaram Biraoaçu Mirim, ou Uruçumirim, localizada em uma ilha formada por dois braços do rio Carioca, entre o atual Morro da Glória e o Largo do Machado, tendo atrás a floresta tropical (o Catete, *caa-ete*, "mata cerrada"). O cacique Cairuçu e seu filho, Aimberê, foram presos e levados como escravos para as fazendas de Brás Cubas em São Vicente. Mais tarde, o escravo liberto Aimberê seria o primeiro líder da confederação indígena contra a ocupação portuguesa. José de Anchieta, na carta em que conta sua passagem por Iperoig, relata que ele gostava de exaltar a forma com que escapara dos portugueses e, conforme o uso tupi, bradava aos quatro ventos sua sede de vingança.

O cacique Cunhambebe, chefe da aldeia tupinambá de Ariró, na serra de mesmo nome, onde nascia um rio que desaguava na baía de Angra dos Reis, não esperou a incursão dos peros: decidiu atacá-los primeiro. Encheu suas canoas de guerreiros, lançou-as ao mar e desceu para o sul. Realizou uma série de incursões pelas fazendas de cana de São Vicente. Cunhambebe as tomava de surpresa, destruía as casas, incendiava as plantações e libertava os indígenas que ali trabalhavam como escravos.

Os portugueses no Brasil não gostavam de utilizar couraças de ferro, pesadas e quentes demais para o clima tropical. Como a pólvora era escassa e o alcance dos mosquetes, mosquetões e trabucos limitado, muitas vezes só lhes restavam as lanças, a espada de dois gumes, o escudo de mão e o machado. Os indígenas podiam vencer graças a seu número, ferocidade e habilidade no uso de suas armas tradicionais. Para o combate corpo a corpo, utilizavam o tacape, ou borduna, pesadas maças de madeira. Algumas delas eram pontudas como lanças. "Tão hábeis são no manejo dessa arma que dois dos mais destros espadachins teriam dificuldade em vir-se com um tupinambá enraivecido", escreveu o francês Jean de Léry, em *Viagem à Terra do Brasil*. Para o longo alcance, os indígenas serviam-se do arco e da flecha, esta muitas vezes embebida em curare (de *urari*, "veneno"), designação genérica da pasta que os indígenas faziam de diversas plantas tropicais, que atuava como paralisante do sistema nervoso, potencialmente letal.

Cunhambebe passou a ser temido pelos portugueses, que o tinham como um "animal feroz" e receavam cair nas mãos do cacique antropófago. "Os portugueses temem-no mais que a qualquer outro selvagem, porquanto é ele o responsável pela morte de inúmeros de seus patrícios", afirmou o francês André Thévet.[55] "Seu palácio, que não passa de uma choça igual às outras que encontramos nesta terra, tem o exterior decorado com cabeças de portugueses, pois os indígenas têm o costume de colocar, no alto das cabanas, este troféu tomado aos inimigos mortos."

Levado como prisioneiro pelos seus "donos" indígenas para visitar a aldeia de Ariró em uma festa abastecida pela carne dos inimigos, Hans Staden narra como ouviu o alarido das mulheres, o som da música e encontrou Cunhambebe dentro de uma choça, com uma pedra verde engastada no lábio inferior, tomando cauim com seus convidados. Ao redor, o cenário era macabro. "Diante das choças estavam espetadas cerca de quinze cabeças sobre postes", narra o alemão.[56] "Eram de maracajás, seus inimigos, que ele havia devorado."

A aldeia de Ariró era cercada por uma paliçada reforçada e plataformas municiadas de falconetes, pequenos canhões tomados aos portugueses ou adquiridos de franceses. Mais tarde, Staden foi a um ataque conjunto dos tamoios a Bertioga, liderados por Cunhambebe em 38 canoas, cada uma com cerca de vinte guerreiros. No acampamento da mata, antes do ataque, Staden viu o cacique exortar os seus homens, dizendo que não estavam longe do inimigo e deviam sonhar algo feliz durante a noite. "Depois que ele acabou de falar, dançaram com seus ídolos até a noite", afirma.

Voltaram da excursão com os restos de dois inimigos mortos e onze prisioneiros vivos – oito indígenas e três mamelucos cristãos,

---

55 André Thévet, *Singularidades da França Antártica*.
56 Hans Staden, *Duas viagens ao Brasil*.

conhecidos do alemão. O cacique, que havia proibido aos "donos" de Staden libertá-lo, também disse não quando o alemão lhe pediu que abdicasse dos prisioneiros. Dois deles conseguiram fugir, seguindo indicações de Staden, e participariam mais tarde da luta contra os tamoios na tomada da baía da Guanabara.

Noutra ocasião, Staden encontrou Cunhambebe diante de um cesto repleto de carne humana. Ofereceu-lhe um naco da perna que estava comendo. Quando o alemão recusou, dizendo que nenhum animal comia outro da própria espécie, o cacique respondeu: "Sou um jaguar. Está gostoso". E voltou a comer.

A vida nas fazendas de cana passou a ser de permanente terror. No comando da capitania àquele tempo, Brás Cubas enviou um navio a Portugal, com um pedido de auxílio ao rei dom João III. Avisava que, daquela forma, a Coroa arriscava-se a perder sua colônia. De outras capitanias, surgiam apelos semelhantes. Os donatários não evitavam o contrabando de pau-brasil e, em sua maioria, mais causavam problemas que os resolviam. Os colonos em geral os desprezavam, rebelavam-se e se tornavam uma dor de cabeça tão grande quanto os indígenas.

Na baía de Todos-os-Santos, Coutinho enfrentou a resistência armada de tupiniquins e aimorés, que rechaçaram tentativas de escravização e o obrigaram a fugir. Com Diogo Álvares, refugiou-se em Porto Seguro. Um ano depois, uma tentativa de voltar à sua própria capitania terminou em tragédia. A nau onde Coutinho e sua comitiva viajavam foi a pique nos arrecifes ao sul da ilha de Itaparica. Os náufragos foram capturados por tupinambás, que pouparam Diogo Álvares, mas devoraram o donatário em um ritual antropofágico. Atado à *mussurana*, antes de ser esquartejado e assado no moquém, Coutinho foi executado a golpes de borduna – de acordo com Capistrano de Abreu, pelas mãos do irmão de um indígena que mandara matar, um menino com menos de cinco anos, "tão pequeno que foi preciso segurar-lhe a maça do sacrifício".

O GUERREIRO E O MISSIONÁRIO

Ao contrário do que acontecia no sudeste, havia no Brasil uma capitania onde as coisas davam certo, não por esforços da Coroa, mas mais pela ação de seu donatário, Duarte Coelho, que teve um governo estável, longo e rendoso. Segundo Varnhagen, ele era filho bastardo de Gonçalo Coelho com a plebeia Catarina Anes Duarte, e acompanhou o pai ao Brasil em 1503. Ganhou prestígio junto à corte no Oriente, desde a expedição à Índia de dom Fernando Coutinho, em 1506. Esteve na China e entre 1516 e 1517 foi embaixador português no Sião.[57] Depois de enviá-lo novamente à Índia, em 1532, em 10 de março de 1534 a corte lhe deu a capitania de Nova Lusitânia, que compreendia toda a faixa onde hoje se encontram os estados de Pernambuco e Alagoas. Ao desembarcar no Brasil, em 1535, não encontrou em suas terras mais que uma feitoria na foz do rio Igarassu. E começou um trabalho que renderia frutos para ele e seus descendentes.

Diferente de outros donatários, Coelho não veio ao Brasil pensando em voltar tão cedo a Portugal. Instalou-se com toda a família, a começar pela mulher, Brites de Albuquerque, parentes, colonos e pequenos burgueses do Alto Portugal. Logo na chegada, aliou-se à aldeia Marim dos Caetés, a mais forte da região. Com eles, reforçou sua posição militar e começou a caçar escravos, especialmente entre as comunidades mais ao sul. Para tomar posse efetiva da capitania, nos primeiros anos combateu os tupis, destruindo a aldeia de Igarassu ("canoa grande"), ao norte de onde hoje se encontra a cidade de Recife. Ali plantou, em 1535, um marco de pedra, que dividiu as capitanias de Pernambuco e Itamaracá. E levantou uma igreja dedicada aos santos Cosme e Damião.

Nas primeiras lutas com os tabajaras, que resistiam à escravização, seu cunhado Jerônimo de Albuquerque tomou uma flechada no rosto que o deixou caolho, razão pela qual seria conhecido como o

---

57 Fortaleza jesuíta próxima de Jerusalém.

Torto. Feito prisioneiro, Albuquerque foi salvo do moquém pela filha do cacique Uirá Ubi ("arco verde"), Tindarena, também conhecida como Tabira, que por ele se apaixonou. Essa história de amor salvaria não apenas o Torto como toda a capitania. Seu casamento com Tabira, batizada como Maria do Espírito Santo Arcoverde, selou uma trégua que permitiu a Coelho dedicar-se com mais tranquilidade a fiscalizar a costa contra os franceses. Diante de suas forças, estes mudaram seu alvo para o Rio de Janeiro.

Aliado dos indígenas por um golpe do destino, Duarte Coelho procurou mão de obra alternativa, menos selvagem e mais eficaz. Com dinheiro de risco, conseguido de investidores europeus protestantes e judeus, passou a importar escravos negros: sudaneses, da Guiné, e bantos, de Angola e do Congo. Trouxe da ilha da Madeira artesãos e técnicos para montar os primeiros engenhos, com os quais visava instalar no Brasil a indústria açucareira e plantar tabaco e algodão.

Foi bem-sucedido, primeiro, pela qualidade do solo. No Nordeste, o massapé, um granito decomposto, formava um terreno arenoso que se prestava com perfeição ao plantio da cana. Assim como acontecera na Madeira, a capitania de Pernambuco, na qual se espelharia todo o Nordeste, tornou-se um centro de produção com base no trabalho dos africanos. Em pouco tempo, reuniu sessenta engenhos, metade do que havia em todo o território colonial. Exportava o produto para Portugal, pagando 20% da receita em tributos à Coroa. Surgiam os "senhores de engenho", casta que imprimiu um modelo político e econômico ao Brasil colonial e formou um tipo de elite aristocrática com profunda influência no país e seu futuro.

Com mais recursos, Coelho sedimentou a presença portuguesa na colônia. Explorou a bacia do rio São Francisco e, em 12 de março de 1537, promoveu a vila a povoação de Olinda, fundada dois anos antes por Vasco Fernandes de Lucena, português que vivia entre os indígenas tabajaras, no lugar onde se encontrava a aldeia Marim dos Caetés e Jerônimo Albuquerque implantara o primeiro engenho de açúcar da região. Em 1545, fortalecido perante a Coroa portuguesa, recebeu um leopardo como a nova arma do seu brasão de família. "Desta terra saíram muitos homens ricos para o reino, que foram a ela muito pobres", afirmou o colono Gabriel Soares de Souza, no *Tratado descritivo das terras do Brasil*, de 1587. "E com eles entram todo ano, desta capitania, quarenta a cinquenta navios carregados de açúcar e pau-brasil."

O caso de Duarte Coelho, porém, era isolado. Abaixo e acima da capitania de Pernambuco, a falta de perspectivas econômicas e o conflito com os indígenas se agravavam. Entre os portugueses, difundia-se a paranoia do "indígena antropófago". A simples possibilidade de cair prisioneiro dos tupinambás, especialmente Cunhambebe, inspirava terror. A morte de Francisco Pereira Coutinho nas mãos do caetés em Alagoas ajudou a convencer dom João I de que, para ocupar o Brasil, precisaria de um poder central, que pudesse agir com mais eficácia para controlar a situação.

O rei então nomeou como primeiro governador-geral do Brasil um militar, filho bastardo de um sacerdote, João de Sousa, prior de Rates. Tomé de Sousa tornou-se fidalgo como recompensa pelo seu desempenho no combate aos mouros na África. Com cinquenta cavalos tomados ao inimigo, invadiu e destruiu a aldeia de Gens, levando prisioneiros. Por meio do documento conhecido como Carta Régia, o rei deu-lhe a capitania de Todos-os-Santos, vasta faixa de terra que tinha como ponto de partida a cidade de Salvador, colocada no centro geográfico do território português no Novo Mundo. Com aquele homem feroz, dom João pretendia fortificar Salvador, ajudar os donatários a defender suas capitanias, instalar serviços judiciários, apoiar a agricultura e colocar fim à "barbárie" indígena na costa brasileira.

Soldados, porém, não bastavam. Na Bula de Paulo III, publicada em 28 de maio de 1537, o papa declarara os indígenas das Américas "verdadeiros homens e livres", um veto a sua escravização. Por isso, aos guerreiros o rei de Portugal juntou os missionários. Com

Tomé de Sousa, além do ouvidor-geral Pero Borges e o procurador-mor da fazenda Antônio Cardoso de Barros, enviou um grupo de seis jesuítas, incumbidos de converter e pacificar os nativos para consolidar a colônia: Azpilcueta Navarro, Antônio Pires, Leonardo Nunes, os irmãos Diogo Jácome e Vicente Rodrigues, chefiados por Manoel da Nóbrega.

Como membros da Companhia de Jesus, os padres seguiam os preceitos do fundador da ordem, Inácio de Loyola (1491-1556), militar que, depois de passar um ano de sofrimento devido a ferimentos nas pernas durante um ataque francês a Navarra, onde servia ao vice-rei Antônio Manrique, decidiu em uma viagem a Jerusalém, em 1522, abandonar as armas. Tornou-se um asceta, homem que vive de modo austero com um propósito religioso. Ao regressar da Terra Santa, Loyola fundou a Companhia de Jesus. Alegava ter sido incumbido por Deus dessa missão por meio de uma aparição. Ganhou adeptos, como Francisco Xavier, que também foi santificado.

Sacramentada pelo pontífice em 1540, a Companhia de Jesus era fiel ao papa, na época diretamente atacado pelos protestantes, tanto na sua vertente luterana, de Martinho Lutero, quanto na calvinista, de João Calvino. Estes, no esteio do Renascimento das artes e das ideias, que fazia o mundo sair do obscurantismo medieval, questionavam a infalibilidade papal, a proibição de casamento dos padres, a crença no purgatório e contestavam a devoção aos santos e às relíquias cristãs. Disso resultou o grande cisma da Igreja Católica no século XVI.

Filho de camponeses de Eisleben, o alemão Martinho Lutero (1483-1546) rebelou-se contra a vida monástica, casando-se com a ex-monja Catarina de Bora, e foi um crítico do chamado tráfico de indulgências, isto é, da cobrança em dinheiro feita pela Igreja Católica para perdoar aos fiéis os seus pecados. Nascido em Noyon, na Picardia, criador das igrejas presbiterianas, Jean Calvin (1509-1564), ou João Calvino, foi um defensor dos primeiros protestantes a serem perseguidos pela Igreja. Tinha em comum com Lutero o ideal do retorno à Bíblia como a uma fé pura, despida das práticas adotadas pela Igreja Católica Apostólica Romana.

A Companhia de Jesus foi criada e cresceu em oposição ao protestantismo. Sua doutrina sustentava a Contrarreforma, um resgate dos princípios elementares do cristianismo. Profundamente religiosa, baseada na privação de bens, buscava propagar o cristianismo por meio de educação em colégios administrados pela ordem. Seu espírito missionário visava além das fronteiras europeias. Os jesuítas eram cristãos radicais em profunda divergência com os protestantes, preocupados em conquistar o Novo Mundo para o cristianismo antes que ele se tornasse calvinista ou luterano. Isso significava tanto converter os indígenas quanto afastar os protestantes do continente, custasse o que custasse.

Sob o comando de Manoel da Nóbrega, eles chegaram com Tomé de Sousa ao Brasil na manhã de 29 de março de 1549. A esquadra, com duas caravelas e um bergantim, entrou na baía de Todos-os--Santos pela Ponta do Padrão. Sousa mudou a sede do governo-geral da antiga cidade de Vitória, fundada por Francisco Pereira Coutinho, que ficaria conhecida como Vila Velha, para uma cidade-fortaleza com o nome de São Salvador. O nome estava predefinido: já tinham sido enviados, em 7 de janeiro, recursos e um mestre de obras, Luis Dias, para começar a obras. Tomou posse da nova capital da colônia, localizada entre onde hoje fica o Terreiro de Jesus e a Praça Castro Alves, em 1º de novembro de 1549. "[Tomé de Sousa] chegou a tempo que toda a terra estava cheia de matos e aldeias de indígenas", escreveu, mais tarde, Anchieta.[58] "Haveria [na baía de Todos-os-Santos] até seis ou sete homens portugueses, rodeados de todas as partes de contrários." Ele instituiu o governo-geral, trazendo consigo o Regimento de 17 de dezembro de 1548, com a regulamentação do Estado – Fazenda, Justiça, Defesa –, medidas de estímulo à economia colonial e instruções sobre a relação com os indígenas e sua catequese.

---

58 José de Anchieta, *Informação do Brasil e suas capitanias*, 1584.

Utilizou os serviços de Diogo Álvares, que facilitaria tanto ao governador-geral quanto aos missionários jesuítas o contato com os indígenas e os portugueses que administravam a antiga povoação local. Sobrevivente ao naufrágio geral do donatário anterior, Álvares já era envolvido pela lenda. Seu retrato, pintado na obra do padre jesuíta Simão de Vasconcelos, de 1680, seria inspirador um século mais tarde do poema épico "Caramuru", do padre beneditino José de Santa Rita Durão, escrito em 1781. Três dos seus filhos (Gaspar, Gabriel e Jorge) e um genro (João de Figueiredo) foram armados cavaleiros por Tomé de Sousa em reconhecimento pelos serviços prestados à Coroa portuguesa, ou como uma forma de conquistar-lhe a simpatia. "Este homem com um seu genro é o que mais confirma as pazes com esta gente, por serem eles seus amigos antigos", escreveu Nóbrega na sua primeira carta de 1549, redigida entre 30 de março e 15 de abril, ao padre-mestre Simão Rodrigues de Azevedo.

O governador-geral tomava a maioria das decisões; reservava as mais delicadas a um conselho que incluía o ouvidor-mor Pero Borges, responsável pela Justiça, o provedor-mor Antônio Cardoso de Barros, responsável pelos negócios da Fazenda, e o capitão-mor Pero de Góis, ex-donatário da capitania de São Tomé, encarregado da Defesa. Como primeira missão, o trio de conselheiros de Tomé de Sousa foi encarregado de vistoriar as capitanias de Ilhéus, Porto Seguro, Espírito Santo e São Vicente. Os tabeliães de Ilhéus e Porto Seguro sequer possuíam livros com registros de ocorrência, não apenas por descaso, mas pela impossibilidade de impor as leis e os costumes portugueses.

De acordo com Francisco Adolfo de Varnhagen,[59] Pero Borges escreveu ao governador-geral, em fevereiro de 1550, de Porto Seguro:

> Há nesta terra muitos homens casados lá no reino os quais há muitos dias que andam cá e não granjeiam muitos deles ou os mais fazendas,

---

59 Francisco Adolfo de Varnhagen, *História geral do Brasil*.

senão estão amancebados com um par ao menos de gentias, fazem pior vida que os mesmos gentios. A estes é por bem por serviço de Nosso Senhor e por na terra que se agora começa a povoar não haver tanto gênero de pecados públicos que os manda irem para suas mulheres, não sendo deles degredados ou que mandam eles por elas. Vossa Alteza mande prover.

Na carta ao padre-mestre Simão, em 1549, Nóbrega escreveu que os indígenas "em muitas coisas fazem vantagem aos cristãos, porque melhor moralmente vivem, e guardam melhor a lei da natureza". Preocupava-se com a adoção pelos portugueses da mancebia indígena, associando-se às suas escravas, ou mulheres que também os deixavam quando lhes "aprazia", "como é costume destas terras". Pedia ao padre-geral que intercedesse junto ao rei para o envio de mulheres ao Brasil, "ainda que fossem erradas, porque casarão todas mui bem, contanto que não sejam tais que de todo tenham perdido a vergonha a Deus e o mundo".

O chefe da missão jesuíta queixava-se da índole dos portugueses habitantes do Brasil. "Os homens que aqui vêm não acham outro modo senão viver do trabalho dos escravos, que pescam e vão buscar-lhes o alimento, tanto os domina a preguiça e são dados a cousas sensuais e vícios diversos", escreve na carta ao padre Simão Rodrigues, em 1550. "E nem curam de estar excomungados, possuindo os ditos escravos." Exigia dos senhores de engenho que se casassem com as mulheres que tinham tomado ou mandassem buscar suas esposas em Portugal. Nóbrega não gostou do que viu nem mesmo entre os sacerdotes. "Os clérigos desta terra têm mais ofício de demônios que de clérigos", apontou, no registro de sua visita a Pernambuco.

Em carta posterior a Tomé de Sousa, Nóbrega afirma que os padres que encontrou em Pernambuco compravam as melhores escravas, amancebavam-se e tinham filhos. "Além de seu mau exemplo e costumes, querem contrariar a doutrina de Cristo, e dizem publicamente aos homens que lhes é lícito estar em pecado com suas negras [mulheres indígenas], pois que são suas escravas, e que podem ter os salteados [escravos], pois que são cães." Ao rei dom João III, em carta de 1551, insistiu: "Os eclesiásticos que achei [na capitania de Pernambuco], que são cinco ou seis, viviam a mesma vida e com mais escândalo e alguns apóstatas, e por todos assim viverem não se estranha pecar".

Para implantar a lei secular, Tomé de Sousa promoveu uma anistia geral de todos os crimes anteriores à sua chegada, "não havendo parte que acuse e residindo o criminoso algum tempo nas povoações". A anistia somente não alcançou os "cinco casos de heresia, sodomia, traição, moeda falsa e morte de homem cristão" encontrados por Pero Góis. O governador-geral aplicava a pena de talião. De acordo com o relato de Nóbrega em sua carta a Coimbra, em 1549, logo ao chegar, um dos portugueses vindos na esquadra de Tomé de Sousa foi assassinado por um indígena. "Quis o Senhor, que do mal sabe tirar o bem, que os mesmos indígenas trouxessem o homicida e apresentaram-no ao governador, o qual logo o mandou colocar à boca de uma bombarda e foi assim feito em pedaços", escreveu o jesuíta. "Isto pôs grande medo aos outros todos que estavam presentes; e os nossos [portugueses] cristãos se abstiveram de andar pelas aldeias, o que foi serviço de Deus, por evitarem os escândalos que aos indígenas davam, andando pelas suas terras."

Na nova capital, inclinada sobre a baía de Todos-os-Santos, copiando o modelo português da Cidade Alta e Cidade Baixa como em Lisboa, ele levantou a residência do governador, a Casa da Câmara, a Igreja Matriz e, entre outros edifícios, o Colégio dos Jesuítas, onde Nóbrega começaria o trabalho de catequese. Em 1551, o núcleo de Salvador, na sua parte alta, foi cercado por um muro de taipa. Como o espaço ao lado da igreja ficou pequeno, Nóbrega preferiu erguer o colégio jesuíta fora da murada, apesar de desprotegido de possíveis ataques dos indígenas. "Quanto mais que primeiro [os indígenas] hão de fazer mal nos engenhos, que hão de estar entre eles e nós, e quando o mal for muito, tudo é recolher à cidade, mormente que eu creio que, ainda que façam mal a todos, a nós nos guardarão, pela afeição que já nos começam a ter", explicou em carta ao padre-geral.

Em paralelo à organização da capital e do Estado colonial, Tomé de Sousa realizava as primeiras expedições ao interior do país em busca de ouro, prata e pedras preciosas – as chamadas "entradas". Enviou ao interior doze homens sob o comando do castelhano Francisco Bruza de Espiñosa, que saiu de Porto Seguro e, segundo aventaram historiadores como Capistrano de Abreu, teria chegado às cabeceiras do rio São Francisco. Outra entrada foi liderada por Miguel Henriques, de acordo com Afonso d'Escragnolle Taunay.[60] Quatro anos mais tarde, o padre José de Anchieta registrou das expedições: "Agora finalmente se descobriu uma grande cópia de ouro, prata, ferro, e outros metais, até aqui inteiramente desconhecida (como afirmam todos), a qual julgamos ótima e facílima razão".

Eram muitos os obstáculos para a implantação do comando central. Não havia como controlar toda a longa costa brasileira, na qual aportavam corsários e mercadores, especialmente franceses, que vinham buscar madeira, pimenta e algodão. No mesmo ano em que Tomé de Sousa assumiu o governo da capitania central, tornou-se famosa a "Festa Brasileira", realizada em Rouen, na França, para divertimento do rei Henrique II e sua mulher, a rainha Catarina de Médici. Participaram cinquenta atores encarnando traficantes, marinheiros e prostitutas, que contracenavam com cinquenta indígenas legítimos embarcados na costa brasileira, no papel deles mesmos. Encenavam uma batalha, espetáculo patrocinado pelos mercadores e armadores de Dieppe com o objetivo de estimular o rei a simpatizar com a exploração comercial da costa brasileira.

No Nordeste, Duarte Coelho ia bem, mas ele e seus arrendatários tratavam diretamente com a Coroa, colocando à margem o governador-geral. Em 24 de novembro de 1550, Coelho foi oficialmente isentado de prestar contas a Tomé de Sousa, um duro golpe político

---

60 Afonso d'Escragnolle Taunay, *História geral das bandeiras paulistas*.

numa situação já complicada. A capitania de São Vicente não atendia ao comando de Sousa, que lhes ordenou estabelecer a paz com os indígenas. Com seus donatários em Lisboa, desenvolvia-se nas capitanias de São Vicente e Santana um espírito de independência e empreendedorismo que se tornaria uma marca local, sobretudo dos mamelucos em Piratininga. Se por um lado estes desejavam ajuda do governo central no que lhes favorecia, de outro mantinham-se imunes às suas diretrizes.

No sul, o plantio da cana não vingava. Na capitania de São Vicente, mal se plantava para a subsistência. De acordo com o historiador Pedro Taques, o maior dos engenhos, que pertencia a Martim Afonso, e por isso era chamado de Engenho do Governador, foi vendido a João Van Hielst e Erasmo Schetz. Administrado por um alemão, Pedro Roesel, o engenho possuía navios para o transporte de açúcar, mas, assim como o de outros senhores de terra – Luís de Goes, Jerônimo Leitão, José Adorno –, não prosperava como os de Pernambuco. Dependia-se de João Ramalho, maior traficante de escravos, em parceria com Antônio Rodrigues. Ramalho capturava os indígenas. Rodrigues exportava-os para o resto da colônia e também as povoações do rio da Prata.

Ao mesmo tempo em que erguia o colégio jesuíta em Salvador, Tomé de Sousa autorizou a construção de um forte maior em Bertioga, para o qual foram enviadas peças de canhão. Com o nome de São Tiago, depois São João e, por fim, Santo Antônio, o forte ganhou mais tarde outra fortaleza menor como apoio para fechar a embocadura do rio aos indígenas, que por ali entravam para atacar os engenhos ao redor das vilas de São Vicente e Santos. "[A fortaleza de Bertioga] é cousa formosa, parece-se ao longo com a de Belém [em Lisboa] e tem outra mais pequena defronte, e ambas se ajudavam uma à outra no tempo das guerras", escreveu o padre Fernão Cardim, mais de um século depois.[61]

---

61 Fernão Cardim, *Tratados da terra e gente do Brasil*.

O governador-geral visitou as capitanias para resolver seus problemas mais de perto, levando uma dezena de jesuítas, chefiados por Manoel da Nóbrega. A pacificação dos indígenas dependia muito da capacidade de persuasão daquele homem, apesar dos motivos que Tomé de Sousa tinha para duvidar de seu sucesso. Nascido em Sanfins do Douro em outubro de 1517, filho de desembargador e sobrinho de chanceler, Nóbrega pertencia à fina flor da sociedade portuguesa, algo na teoria pouco afim com a vida rústica e perigosa da colônia. Completou em 1541 os estudos de direito canônico e filosofia na Universidade de Coimbra e queria ser professor da instituição. Depois da prova escrita, porém, foi reprovado no exame oral por conta de uma deficiência capital tanto para um educador quanto para um pregador: Nóbrega era gago.

Ordenado pela Companhia de Jesus, que o enviou como missionário por cidades de Portugal, da Galícia e da Espanha, nem ele acreditou ao ser nomeado chefe da missão ao Brasil. "Fico espantado de ter sido para esse fim eleito, sendo eu a escória de toda a Universidade", escreveu, em carta de 1549 a Martin de Azpilcueta Navarro, seu professor em Coimbra. Subordinou-se diretamente à Companhia de Jesus em Portugal até a chegada ao Brasil do primeiro bispo, dom Pedro Fernandes Sardinha, o que só aconteceu três anos depois, em 1552. "Esta terra é nossa empresa", declarou aos demais jesuítas, depois da primeira missa, em Salvador. Usou a mesma frase em carta ao padre-mestre Simão Rodrigues de Azevedo, também em 1549, logo após sua chegada.

De "compleição delicada", sempre com "as piores roupas" e fiel à hierarquia, de acordo com José de Anchieta, Nóbrega não se furtava a caminhar pelos lugares mais difíceis, nos quais dispensava a batina, que lhe pesava, sobretudo na chuva. Por isso, ganhou dos carijós o nome de Barecué, ou Abarécuéra (*abaré*, "padre", e *cuéra*, "valente", "esforçado" ou "salvador"). O ministério lhe custava um esforço adicional. "Dizia sempre missa e, como era muito gago, gastava de ordinário nela bem uma hora", afirma José da Anchieta no retrato que fez de seu superior.⁶² Amante do som da viola, segundo Anchieta, escutava música fechado na sacristia, para que não o ouvissem cantar nem chorar. Não obstante esse perfil, Nóbrega tornou-se a mão de ferro da Companhia de Jesus na ocupação física e espiritual do Brasil, onde plantou as bases do maior país católico do mundo.

No início, o trabalho parecia inglório, a começar pela própria dificuldade de aprender o tupi, que considerava impenetrável e impronunciável. "Trabalhei por tirar em sua língua as orações e algumas práticas de Nosso Senhor e não posso achar língua que m'o saiba dizer, porque são eles [indígenas] tão brutos que nem vocábulos têm", afirmava em carta ao padre-mestre Simão.

Em vez de manter em Salvador os poucos padres de que dispunha, Nóbrega logo enviou dois deles, Leonardo Nunes e Diogo Jácome, para Ilhéus e Porto Seguro. Ele mesmo viajou para Pernambuco, onde ficou até 1552, por conta das notícias segundo as quais na capitania havia "muita falta de doutrina, porque os portugueses viviam quase como gentios", nas palavras do padre Antônio Franco, na sua biografia de Nóbrega (*Vida*, publicada em 1719). De Porto Seguro, Nunes seguiu adiante de canoa até São Vicente, para preparar a viagem que Nóbrega faria com o governador-geral, percorrendo a costa. A mobilidade dos padres, com o propósito de fortalecer o catolicismo nos focos coloniais e converter o "gentio", com seu sistema "uniforme e de moral", seria importante fator de integração do Brasil português:

> Moviam-se de um extremo ao outro do vasto território colonial; estabeleciam permanente contato entre os focos esporádicos de colonização [...] Sua mobilidade, como a dos paulistas, se por um lado chegou a ser perigosamente dispersiva, por outro lado foi salutar e construtora,

---

62 José de Anchieta, "Manoel da Nóbrega", em *Cartas, informações, sermões e fragmentos históricos*.

tendendo para aquele "unionismo" em que o professor João Ribeiro[63] surpreendeu uma das grandes forças sociais da nossa história.[64]

A viagem com Tomé de Sousa às capitanias foi precedida pela chegada em 22 de junho de 1552 de dom Pedro Fernandes Sardinha, que servira de provisor (vigário-geral) da Índia antes de ser nomeado primeiro bispo do Brasil. "Da primeira pregação que fez já, cada um começa a cobrir e dar roupas a seus escravos, e vêm vestidos à igreja", relata Nóbrega, em carta ao padre-mestre Simão. "O que faz a autoridade e majestade de um bispo!" Nóbrega faz ainda uma consulta sobre questões que julga apropriadas para discussão no colégio de Coimbra: se pode aceitar a confissão de indígenas por meio de intérpretes, recebê-los nus dentro da igreja e se é lícito "fazer guerra e cativar o gentio".

Na comitiva de Tomé de Sousa, Nóbrega foi à capitania de São Vicente avaliar as atividades de João Ramalho, a quem o governador-geral havia nomeado naquele ano capitão-mor da Borda do Campo. Uma tempestade que afundou a nau na qual se encontrava, perto do porto, já mostrou ao jesuíta que a viagem não seria das mais fáceis. "Com espanto de todos e do mesmo padre, por andar ele mui fraco e não saber nadar, foi visto sobre as ondas, com grande sossego, até que uns indígenas nadadores cortando as ondas o tomaram em braços e puseram em salvo em uma ilhota", descreve o padre Antônio Franco.[65] "Aonde o vieram buscar e foi levado à [Vila de] São Vicente com alegria tão geral em todos, como si a cada um lhe ressuscitara seu pai."

Lá, Nóbrega encontrou Leonardo Nunes, que considerava o seu "Aarão", tanto quanto se sentia dele um "Moisés". Visitou o planalto de Piratininga em companhia do padre Manuel de Paiva, primo de

---

63 João Ribeiro, historiador, autor de *História do Brasil*, 1901.
64 Gilberto Freyre, *Casa-grande e senzala*.
65 Padre Antônio Franco, *Vida*. Lisboa, 1719. Biografia de Manoel da Nóbrega.

João Ramalho, e do padre Antônio Rodrigues. Com André Ramalho, filho mais velho de João Ramalho, percorreu os campos à procura de um local para fundar a casa e a escola dos jesuítas. Ficou horrorizado com o que viu da família Ramalho, a começar pelo seu patriarca. "Ele e seus filhos andam com irmãs [de suas mulheres] e têm filhos delas, tanto o pai quanto os filhos", anotou. "Vão à guerra com os indígenas e assim vivem andando nus como os mesmos indígenas".[66]

Diante do relato dos rituais antropofágicos dos nativos, Tomé de Sousa ordenou a execução exemplar de dois caciques, despedaçados com chumbo grosso, da mesma forma que fizera em Salvador. "Aprisionou dois quaisquer morubixabas, atou-os a uma peça [de canhão], que fez disparar em seguida", diz o historiador João Ribeiro, em sua *História do Brasil*. Os jesuítas encarregados de se aproximar dos nativos também se mostravam revoltados, conforme carta do padre Azpilcueta Navarro, de 28 de março de 1550:

> Uma vez, por esses dias, foram à guerra muitos das terras de que falo, e muitos foram mortos pelo inimigo, donde, para se vingarem, outra vez lá voltaram e mortos muitos dos contrários, trouxeram grande abundância de carne humana e, indo eu visitar uma aldeia, vi que daquela carne cozinhavam em um grande caldeirão. Ao tempo em que cheguei, atiravam fora uma porção de braços, pés e cabeça de gente que era coisa medonha de ver-se, e seis ou sete mulheres que com o trabalho se teriam de pé dançavam ao redor, experimentando o fogo, que pareciam demônios do inferno.

Apesar do horror, na viagem a São Vicente o governador-geral e o chefe da missão jesuíta perceberam a oportunidade de começar a catequização indígena pelos aliados de João Ramalho. Coexistiam na região doze aldeias, de acordo com Afonso d'Escragnolle

---

66 Manoel da Nóbrega, *Cartas do Brasil: 1549-1560*.

Taunay,[67] na *História da cidade de São Paulo*. "Fundada numa região de relativamente densa população autóctone, não poderia São Paulo escapar a esta contingência da conquista", afirma Taunay. Ramalho fizera de Piratininga, segundo Nóbrega, a "terra mais aparelhada para a conversão do gentio que nenhuma das outras, porque nunca tiveram guerra com os cristãos, e é por aqui a porta e o caminho mais certo e seguro para entrar nas gerações do sertão de que temos boas informações".[68] Como outros pontos favoráveis, os guaianazes não comiam carne humana e obedeciam mais claramente a um chefe, o que facilitava o seu controle e o trabalho coletivo.

Embora Ramalho procurasse se aproximar – casou-se na igreja e fez batizar a mulher, Bartira, que adotaria dali em diante o nome de Isabel Dias –, suas relações com os jesuítas e o próprio governador-geral foram sempre tensas e perigosas. Tomé de Sousa fez castigar um mestiço, descendente de Ramalho, entre os portugueses que insultavam os jesuítas. O próprio Nóbrega desejava condená-lo à morte, enterrando-o vivo em praça pública, no que foi impedido pelos protestos no arraial e, segundo seu biógrafo, Antônio Franco, pela intervenção do padre Pedro Corrêa.

Os jesuítas sabiam, no entanto, que sem Ramalho e Tibiriçá inexistiam possibilidades de sucesso. O cacique arregimentava os indígenas que viriam morar perto e seriam doutrinados. Ele e Ramalho garantiam a segurança contra os indígenas refratários à catequização. Mesmo com aqueles que se mostravam sugestionáveis, sobretudo mediante o discurso ameaçador dos jesuítas, segundo o qual as desgraças que se abatiam sobre eles advinham da sua impiedade, não era uma tarefa simples. Com a índole indígena, nada era certeza. "Porque como eles não tenham nenhuma lei, nem coisa entre si a que adorem, é-lhes muito fácil tomar esta nossa [religião]", afirma

---

67 Afonso d'Escragnolle Taunay (Nossa Senhora do Desterro, 1876 – São Paulo, 1958), biógrafo, historiador, ensaísta, lexicógrafo, romancista e professor brasileiro.
68 Padre Manoel da Nóbrega, carta a el-rei dom João III, 1554.

Pero Magalhães Gândavo.[69] "E assim também com a mesma facilidade, por qualquer coisa leve a tornam a deixar, e muitos fogem para o sertão, depois de batizados e instruídos na doutrina cristã." Por essa razão, concluiu Nóbrega que seria preciso catequizar as crianças, para serem moldadas desde cedo. Era preciso haver uma escola.

Após sua visita a Piratininga, em 1553, Tomé de Sousa encerrou seu governo-geral. Embarcou de volta a Portugal, onde se tornou "vedor d'el-rei", fiscal dos empreendimentos da Casa Real, entre outras funções públicas. Com a chegada de seu sucessor, dom Duarte da Costa, o Brasil era nominalmente promovido a "Província da Companhia de Jesus". E o novo governador trazia reforços, inclusive para os jesuítas. Vinham com ele o padre Luiz da Grã, advogado, ex-reitor do Colégio da Companhia de Jesus em Coimbra, que, segundo informava Inácio de Loyola por carta, seria o provincial da ordem no Brasil, ao lado do próprio Nóbrega; os irmãos Brás Lourenço e João Gonçalves, Antônio Blasquez, Gregório Serrão e o jovem José de Anchieta.

Este último foi despachado por Nóbrega na equipe chefiada pelo padre Manoel de Paiva para a capitania de São Vicente, com a missão de fundar as escolas que havia planejado. Depois de levantar a primeira na Vila de São Vicente, sob os cuidados de Leonardo Nunes, Nóbrega pretendia abrir outra, desta vez no planalto, segundo Anchieta.[70] Ele mesmo, Anchieta, que construiria em terra brasileira uma biografia legendária, colaborou na fundação do colégio e da vila ao seu redor, que ajudaria não apenas a consolidar a colônia portuguesa como expandiria os limites do Brasil – muito além do que os próprios jesuítas poderiam imaginar.

---

69 Pero Magalhães Gândavo, *História da Província Santa Cruz a que vulgarmente chamamos Brasil*.
70 José de Anchieta, *Cartas, informações, sermões e fragmentos históricos*.

A Guerra Santa

José de Anchieta nasceu em 19 de março de 1534, na cidade de San Cristóbal de la Laguna, em Tenerife – ilha vulcânica no arquipélago das Canárias, no oceano Atlântico, pertencente à Espanha. Ali seu pai, Juan de Anchieta, parente de Inácio de Loyola, abrigara-se da perseguição empreendida pelo rei Carlos V aos bascos, que tentavam se separar do reino espanhol. A origem basca explica seu nome de batismo, Joseph. Mesmo a grafia definitiva de seu segundo nome, Anchieta, foi estabelecida apenas em 1927 pelo historiador Capistrano de Abreu, primeiro compilador de suas obras – antes, pela análise grafológica de sua assinatura, aparecia também como Ancheta ou Anxieta, que no basco se pronunciaria Antxèta.

Embora nascido em território espanhol, e tendo vivido a maior parte de sua vida no Brasil, Anchieta considerava-se basco, uma nação com cultura e língua próprias. Com facilidade para aprender línguas, falava o guanche, utilizado pelos nativos que trabalhavam como servos ou escravos nas Canárias, além do latim, que aprendeu aos sete anos, e o português, quando foi aos catorze anos para Coimbra. Estudou no Colégio das Artes, que seu pai provavelmente preferiu a colégios espanhóis para evitar algum tipo de perseguição – além de basco, Anchieta tinha sangue judeu por parte da mãe, Menci de Clavijo y Llarena, descendente dos conquistadores das Canárias. Fundado naquele ano pelo rei dom João III, o Colégio das Artes tinha os melhores mestres portugueses, como o humanista Diogo de Teive, professor de latim, e outros trazidos de países como a França. Lá se estudava o grego, o latim e os hebraico, as línguas que permitiam beber na fonte as obras clássicas da antiguidade e também a Bíblia.

Nesse colégio para ricos, vigiado pela Santa Inquisição, que via entre seus professores alguns simpatizantes de Martinho Lutero e que expulsou o escocês George Buchanan por impiedade, Anchieta recebeu uma educação renascentista. Por sua habilidade com a poesia, ganhou o apelido de "canarinho de Coimbra" – referência ao pássaro oriundo de sua terra natal que é conhecido pela beleza do canto. Três anos depois, em 1551, alinhado com sua doutrina, entrou para a Companhia de Jesus. "Há que ser santo, para ser da Companhia", definiu Anchieta. Seria um fervoroso combatente do protestantismo, tanto dos seguidores de Calvino quanto de Lutero, como mostram estes seus versos, extraídos do "Monólogo da ingratidão", no *Auto da Vila de Vitória*:

> Arrenego de Calvino,
> de Lutero e Lúcifer!
> Mofina de ti, mulher,
> que não fazes de contino
> senão mil caldos meixer

De acordo com o relato do padre Quirício Caxa, seu contemporâneo, a figura de Anchieta não lhe dava muito crédito. Chegou ao Brasil com dezenove anos, ainda noviço – só seria feito sacerdote bem mais tarde. Era feio, quase imberbe e corcunda, resultado de uma doença sem diagnóstico preciso na época, provavelmente a tuberculose osteoarticular. A queda de uma escada na escola em Coimbra, que o atingiu nos rins, não ajudou. "Tirou [as costas] de seu lugar, ficando o espinhaço feito um S, com uma ponta para o ombro direito e outra para a ilharga esquerda", descreveu Caxa.[71] Candidatou-se a trabalhar no Brasil por acreditar que o clima tropical poderia aliviar suas dores, sem imaginar que, antes de mais nada, o trabalho nos trópicos exigia preparo físico.

Anchieta resistiu e foi de grande valia para os jesuítas, não apenas pela argúcia e persuasão como pela facilidade com que aprendeu a língua dos nativos. Escreveu poemas e um livro de catecismo em tupi para trabalhar com os indígenas, o *Diálogo da fé*, além de *A arte*

---

[71] Padre Quirício Caxa, biografia de José de Anchieta.

de gramática da língua mais usada na costa do Brasil. Escrita em 1555 para instruir novos jesuítas que chegavam ao Brasil por Salvador, foi publicada em Portugal tardiamente, em 1595. Anchieta achava que interessaria a pouca gente: "Não a ponho em arte, porque não há a quem aproveite", justificou-se na carta aos enfermos de Coimbra, em 1554. "Somente aproveito-me eu dela, e aproveitar-se-ão os que de lá [do Brasil] vierem, que souberem gramática."

O conhecimento da língua nativa, somado ao fato de que o padre Nóbrega era gago, o que lhe dificultava missões parlamentares, colocou Anchieta à frente de muitas tarefas. "Trôpego, gago, ignorante do falar indígena, [Nóbrega] precisava de auxiliar que lhe realçasse a figura veneranda e levou consigo Anchieta", afirma Capistrano de Abreu, na introdução à obra epistolar do jesuíta.[72] Como auxiliar do padre Leonardo Nunes, conhecido entre os indígenas como *caraibebe* ("homem de asas") ou *abarébebe* ("padre voador"), por andar sempre depressa, Anchieta participou já na prospecção do lugar onde o colégio jesuíta em Piratininga seria instalado.

Em janeiro de 1554, saíram de São Vicente treze jesuítas. Entre eles, estavam o superior Manuel de Paiva, os padres Afonso Braz, Vicente Rodrigues e os irmãos José de Anchieta, Gregório Serrão, Manuel de Chaves, Pero Corrêa, Diogo Jácome e Leonardo do Vale. Capistrano de Abreu infere que os quatro restantes tenham sido o padre Francisco Pires e os irmãos Mateus Nogueira, Antônio Rodrigues e João de Sousa. No início, cogitou-se instalar o colégio em Geribatiba e Piratininga, duas aldeias indígenas, e depois na Borda do Campo, habitada por brancos e mamelucos. No final, foi escolhido um lugar novo, para manter relativa distância de João Ramalho e seus filhos – nem tão longe que não pudessem recorrer a eles em caso de necessidade, nem tão perto que prejudicassem os jesuítas na catequese. "Uns certos cristãos, nascidos de pai português e de mãe brasílica, que estão distantes de nós 9 milhas, em

---

72 Padre Manoel da Nóbrega, *Informação da Terra do Brasil*.

uma povoação de portugueses, não cessam, juntamente com seu pai Ramalho, de empregar contínuos esforços para derribarem a obra que, ajudando-nos a graça de Deus, trabalhamos para edificar", escreveu Anchieta.

Em uma colina entre os rios Tamanduateí e Anhangabaú, perto das aldeias de Tibiriçá, Tamandiba e Caiubi (de *caâ*, "erva", "planta", "folha", e *oby*, "verde"), foi fundada a escola, onde hoje se encontra o Museu do Pátio do Colégio, em São Paulo, com restos de uma construção original, de pau a pique. "Chegamos a 25 de janeiro do ano do Senhor 1554, e celebramos em paupérrima e estreitíssima casinha a primeira missa, no dia da Conversão do Apóstolo São Paulo e, por isso, a ele dedicamos a nossa casa", escreveu Anchieta em carta de setembro de 1554, em Piratininga. A construção, que ele descreve como feita de "barro e paus, coberta de palhas, tendo quatorze passos de comprimento e apenas dez de largura", seria berço da maior metrópole da América Latina e uma das maiores do planeta.

Graças ao trabalho de convencimento dos jesuítas, os indígenas se aproximaram do colégio dos padres. Eram levados sobretudo pelos caciques Tibiriçá e Caiubi, chefe da aldeia de Jeribatiba (*Yaritibá-tyba*, o sítio dos jiribás, vulgarizada como Jurubatuba), a "6 léguas" de distância. Em setembro de 1554, Anchieta contava em Piratininga 130 catequizados "de todo sexo e idade" e 36 batizados. O exíguo retângulo da escola inicialmente foi também dormitório, cozinha, refeitório e enfermaria para os jesuítas e as crianças guaianazes e carijós que a frequentavam. Os carijós, espalhados pelo interior até o território guarani, no Chaco, eram considerados pelo padre mais dóceis e não comiam carne humana – "mais se aproveitará em um mês com estes, que com os outros em um ano".

Anchieta relata uma expedição dos padres Pero Corrêa, João de Sousa e Fabiano de Lucena, iniciada em 6 de outubro daquele ano, rumo ao litoral sul de São Vicente, para avaliar a possibilidade de catequização de indígenas ibirajaras. Segundo ele, os ibirajaras eram mais propensos a receber a palavra do Senhor, por obedecerem a um cacique, isto é, terem uma autoridade constituída, e que impunha algum tipo de lei. Lá o roubo era castigado com o açoite, os indígenas opunham-se ao adultério, e não havia entre eles feiticeiros ou traços de idolatria. "Só uma coisa pode parecer merecedora de repreensão neles", diz Anchieta. "É que, quando algumas vezes entram em guerra, matam os prisioneiros e guardam-lhes as cabeças como troféus de honra."

Instalados entre os ibirajaras, os jesuítas conseguiram a libertação de dois carijós, feitos prisioneiros em Cananeia, e um castelhano capturado quando viajava para o Paraguai. Um dos primeiros portugueses a desembarcar no Brasil, fluente em tupi e conhecido pelos indígenas, o padre Pero Corrêa entrara para o serviço da Companhia de Jesus cinco anos antes. João de Sousa, parente de Tomé de Sousa, tinha sido um dos primeiros povoadores de São Vicente. Acolhido por Manoel da Nóbrega, tornara-se jesuíta no ano anterior. Enquanto o padre Lucena permaneceu em Cananeia, cuidando do castelhano ferido, os dois seguiram para terras carijós. Porém, por terem saído de uma aldeia inimiga, os carijós os mataram a flechadas, antes que pudessem se explicar.

No colégio, a vida era frugal. Dormiam em redes, como os indígenas. A exceção era para os que ficavam doentes, que tinham direito a cama, "como em Portugal". Anchieta ensinava latim, não apenas aos alunos, como a outros missionários. O padre Antônio Rodrigues ministrava as aulas pela manhã e, depois da lição, todos recitavam na igreja a ladainha. Às sextas-feiras, depois do meio-dia, entoado o cântico Salve-Rainha, os alunos se dispersavam.

Os padres recebiam de dom João III o mesmo que "Francisco Xavier nas Índias", segundo Manoel da Nóbrega: "1 cruzado em ferro, que saía pouco mais de 2 tostões em dinheiro, para a mantença", e anualmente "5.600 réis para vestido". Por considerar impossível andar com sapatos de couro "pelos montes", para si e os outros padres Anchieta aprendeu a fabricar alpargatas. Calçados de lona com sola encordoada, "porque então não havia sapatos nem meias",[73] adaptavam-se ao chuvoso clima tropical – molhavam fácil, mas também secavam rápido. De acordo com Simão de Vasconcelos, a lona era feita de "certos cardos ou caragoatás bravos", que os jesuítas submergiam na água por quase um mês. Tiravam depois "estirgas grandes como de linho, e mais rijas que linho", com as quais teciam a lona e o solado.[74]

Assim que puderam, os padres construíram uma casa maior como residência, também de pau a pique. Plantavam mandioca, cuja farinha, torrada em potes de barro, substituía a de trigo, à qual estavam mais acostumados na Europa. Comiam legumes, folhas de mostarda, favas, milho cozido em água e "carnes selváticas", como macacos, veados, lagartos e pardais, além de peixe. As enchentes de verão inundavam a várzea dos rios e deixavam, no refluxo, cardumes de peixes sobre a relva – fenômeno que os indígenas chamavam de piracema ("a saída dos peixes"). Podiam ser apanhados do chão com as mãos, sem nenhum esforço.

Logo, ao redor do colégio começou a formar-se uma vila, segundo Anchieta "primeiro, seguramente, pela falta de víveres; depois, porque pouco aproveitava aos portugueses [...] Finalmente, porque se patenteava por esta parte entrada a inúmeras nações, sujeitas ao jugo da razão". Para abreviar seu trabalho, os jesuítas identificavam o Deus cristão com Tupã, deus do trovão, ambos com um caráter destruidor. Associavam a inundação que deu origem à vida no mito indígena com o dilúvio bíblico e ligavam seus outros deuses pagãos a santos cristãos.

Mais que a lógica, ou mesmo a fé, Anchieta utilizava na catequese a superstição. Narra em suas cartas como aproveitava alguns golpes de sorte. Em uma incursão contra tupiniquins, os guaianazes voltaram incólumes da luta, exceto por dois guerreiros que, ao

---

73 José de Anchieta, *Cartas, informações, sermões e fragmentos históricos*.
74 Simão de Vasconcelos, *Crônica da Companhia de Jesus no Estado do Brasil*, 1663.

partir, tinham deixado de fazer o sinal da cruz. Essas coincidências, de muito valor para os supersticiosos indígenas, reforçavam os "poderes" dos jesuítas, sobretudo perante os sacerdotes locais. Bem como Nóbrega, Anchieta confrontava os feiticeiros, "tidos por eles [indígenas] em grande estimação, porquanto chupam aos outros, quando são acometidos de alguma dor, e assim os livram das doenças e afirmam que têm a vida e a morte em seu poder", escreveu. "Nenhum deles comparece diante de nós, porque descobrimos os seus embustes e mentiras [...]."

São constantes nas cartas dos jesuítas os relatos sobre seu antagonismo com os pajés, que envenenavam os indígenas contra eles. Diziam que os padres pretendiam matá-los quando os operavam com facas ou tesoura, e que desejavam reuni-los nas vilas e missões para facilitar seu extermínio. De modo a provar que sua magia era mais forte que a dos pajés e seus maracás, Anchieta embrenhava-se de aldeia em aldeia com uma sacola de presentes e remédios com que curava doentes. Assim, procurava inspirar confiança entre os futuros filhos de Deus. "Servi de médico e barbeiro, curando e sangrando a muitos daqueles indígenas, dos quais viveram alguns de quem se não esperava vida, por serem mortos muitos daquelas enfermidades", escreveu.[75]

Livrar um indígena de alguma doença era um bom começo para a catequese, melhor que o antigo discurso jesuíta, que ameaçava as comunidades com desgraças e o fogo do inferno. Mesmo assim, Anchieta registra muitas mortes por doença, em função do próprio contato com o branco, causa que ele escamoteava para não perder também os acólitos que lhe sobravam vivos. Segundo ele, os carijós foram um dos povos dizimados por doenças originárias do convívio com os portugueses: "acometeu-os uma enfermidade repentina e morreram quase todos".[76]

---

[75] José de Anchieta, carta aos enfermos de Coimbra, 1554.
[76] José de Anchieta, carta de Piratininga, setembro de 1554.

Os jesuítas procuravam mudar os costumes indígenas, mas durante bastante tempo tiveram de tolerar os rituais que consideravam mais bárbaros. Em sua carta, Anchieta conta como, depois de uma luta contra os tupiniquins, dois guerreiros guaianazes mortos em batalha foram enterrados conforme o costume cristão. Os inimigos, porém, encontraram as covas, desenterraram os corpos e levaram os cadáveres para comê-los.

O pior, porém, nem era o comportamento dos indígenas, mas o de portugueses como João Ramalho. Os padres o enxergavam como um bruto que andava nu, tinha várias mulheres, filhos bastardos e não respeitava os mandamentos da cristandade. Em suas cartas, Anchieta evitava até mencionar seu nome, como se fosse o próprio demônio. Sustentava que Ramalho queria intrigar os indígenas contra os missionários e expressava todo o seu desgosto em ver cristãos vivendo como os silvícolas. Em sua carta de Piratininga de 1554, narrava que os filhos de Ramalho, além de usar o arco e a flecha, se pintavam como indígenas e comiam carne humana, apesar de os jesuítas os ameaçarem com as chamas da Inquisição:

> Tendo, pois, um destes cristãos cativado um dos inimigos na guerra de que acima fiz menção, trouxe-o a um seu irmão para que o matasse, o qual o matou, pintando-se de encarnado nas pernas e tomando o nome do morto por insígne honra (como é de uso entre os gentios); se não comeu, deu certamente a comer aos indígenas, para os quais, e não para si mesmo, o matara, exortando-os para que não o deixassem escapar, mas antes o assassem e levassem consigo para comer. Tendo outro, irmão deste, usado de certas práticas gentílicas, sendo advertido duas vezes que se acautelassem com a Santa Inquisição, disse: "Acabarei com as Inquisições a flechas". E são cristãos, nascidos de pais cristãos! Quem na verdade é espinho, não pode produzir uvas.

Na Igreja de São Vicente, Leonardo Nunes expulsou Ramalho da missa. Seus filhos, liderados por André, invadiram o templo com armas de fogo, para matar o jesuíta. A mãe, Bartira, os teria desarmado. Conta Anchieta:

> [Os padres] começaram a exercer algum rigor e violência para com eles [os Ramalho], expelindo-os sobretudo da comunhão da Igreja, os quais, devendo com isso mudar de vida, de tal modo se depravaram que nos perseguiram com o maior ódio, esforçando-se em fazer-nos mal por todos os meios e modos, ameaçando-nos também com a morte, mas especialmente trabalhando para tornar nula a doutrina com que instruímos e doutrinamos os indígenas e movendo contra nós o ódio deles.

Por precaução, Leonardo Nunes acabou sendo afastado de Piratininga. Em 1554, o "padre voador" foi enviado por Manoel da Nóbrega a Lisboa, a pretexto de informar dom João III "das coisas" do Brasil.[77] A viagem com a qual se pretendia proteger sua vida, porém, teve desfecho trágico: Nunes morreu ao lado de outros jesuítas em 30 de junho, no naufrágio da embarcação que os levava a Portugal.

Os jesuítas precisavam controlar Ramalho, que até então, com o vácuo deixado por Martim Afonso, se apoderara do planalto, assim como Brás Cubas e outros senhores de engenho se tornavam a autoridade portuguesa em São Vicente. Fizeram valer as ordens de Lisboa implantadas por Tomé de Sousa para que qualquer captura de indígenas escravos tivesse que passar por aprovação. Antes de serem vendidos, os indígenas capturados tinham de ser submetidos à alfândega, para serem interrogados: quem os capturou, e quem os vendeu, "porque não os podem vender senão os seus pais (se for ainda com extrema necessidade) ou aqueles que em justa guerra os cativam; e os que acham mal adquiridos põem-nos em sua

---

77 Padre Manoel da Nóbrega, *Cartas do Brasil: 1549-1560*.

liberdade".⁷⁸ Capitães do mato, "ainda que com licença", podiam ser punidos pela captura de indígenas de forma irregular.

Os jesuítas comprovavam as impressões de Nóbrega de que a catequese dos indígenas era um trabalho de Sísifo. Mesmo com todos os esforços, os catequizados e mesmo os que já tinham sido batizados voltavam aos seus costumes habituais. Devido ao seu temperamento, depois de certo tempo os indígenas tendiam a voltar à vida natural e aos costumes de sua comunidade. Até mesmo investir nas crianças se mostrava contraproducente. "Os meninos que antes aprendiam andam de lá para cá, e não somente não aprendem nada de novo, mas antes perdem o já aprendido", observou Anchieta, desolado, na carta trimensal que escreveu sobre o período de maio a agosto de 1556 em Piratininga.

Em dezembro de 1556, na mesma correspondência em que anunciava a finalização da nova igreja, feita de taipa de pilão, o jesuíta anotava o aumento da evasão dos indígenas por nomadismo ou simplesmente a retomada de hábitos familiares. "Os mesmos muchachos que quase criamos a nossos peitos com o leite da doutrina cristã, depois de serem já bem instruídos, seguem a seus pais primeiro em habitação e depois nos costumes; porque os dias passados, apartando-se alguns destes a outras moradas, levaram consigo boa parte dos moços, e agora a maior parte dos que ficaram se mudou a outro lugar, onde possa viver livremente como soía", conta. Registrou ainda que "se muitas vezes não viessem à igreja alguns escravos de portugueses que aqui vivem, tocar-se-ia a campainha por demais e não haveria nenhum dos indígenas que se ensinasse".

Entre 1556 e 1560, as cartas dos missionários registram que a vida se acomodava ao que era a terra, e não a terra ao que eles pregavam. As escaramuças de aldeias inimigas do sertão tornavam-se constantes, e Anchieta narra incursões tapuias para matar guaianazes e lhes

---

78 Pero Magalhães Gândavo, *História da Província Santa Cruz a que vulgarmente chamamos de Brasil*.

tomar mulheres e prisioneiros de forma rotineira. "Quanto aos indígenas do sertão, muitas vezes estamos em guerra com eles, e sempre padecemos com suas ameaças", escreveu em 1560. "Mataram há poucos dias a alguns portugueses que vinham do Paraguai, ficando ensoberbecidos com esta maldade, ameaçando-nos com a morte. Também os inimigos com contínuos assaltos que dão nos lugares destroem os mantimentos e levam a muitos cativos."

Essa constatação marcou uma mudança da Companhia de Jesus em relação aos indígenas do Brasil. Na medida em que diminuíam as esperanças de conversão, a posição dos jesuítas convergia com a de Ramalho. Se antes eles confrontavam o escravagismo, por outro lado o justificavam, quando se tratava de submeter indígenas impenetráveis para a catequização. "A maior parte destes [indígenas que abandonaram a Vila de São Paulo] fez outras moradas não longe daqui, onde agora vivem, porque ultra de eles não se moverem nada às coisas divinas, persuadiu-se-lhes agora uma diabólica imaginação, que esta igreja é feita para sua destruição, em a qual os possamos encerrar e aí, ajudando-nos dos portugueses, matar aos que não são batizados e aos já batizados fazer nossos escravos", afirmou Anchieta.

A capitania de São Vicente chegaria, no final dos anos 1550, a 3 mil indígenas escravos. Além de seis engenhos de açúcar, eles eram utilizados em afazeres domésticos, especialmente as mulheres, cozinheiras e mucamas; os homens trabalhavam na roça e ocupavam-se de todas as tarefas às quais os portugueses se furtavam. Em seus escritos, Anchieta admitia a escravização quando resultado de "guerras justas". Entendia-se assim toda aquela que submetia indígenas resistentes à catequese. Era como diferenciar uma "guerra santa" de todas as outras guerras.

Em suas cartas, o jesuíta relata que os indígenas continuavam a capturar inimigos e comê-los. Para evitar a admoestação dos padres, faziam o ritual longe das aldeias. Quando sabiam, os jesuítas procuravam pelos cativos para lhes dar a extrema-unção.

Pelo menos duas vezes, em que foram capturados europeus protestantes, possivelmente de naus francesas que frequentavam a costa para embarcar pau-brasil, os jesuítas procuraram batizar os prisioneiros, para que pudessem desfrutar do Paraíso. Ambos os prisioneiros foram mortos a golpes de borduna, conforme o ritual, mas foram enterrados "como cristãos", em vez de devorados. Anchieta viu ali um avanço: "É também muito para espantar e dar muitas graças ao Todo-Poderoso Deus que nem estes, nem os outros dos lugares vizinhos que já em algum tempo ouviram de nós outros, e ainda agora muitas vezes ouvem a palavra de Deus, não comam carne humana, não tendo eles sujeição alguma, nem medo dos cristãos", afirmou em carta de 1560.

Para ele, a maioria dos indígenas brasileiros tinha espírito inquebrantável. Nisso ele se tornaria o jesuíta mais radical, ao considerar heresia todo e qualquer comportamento diverso dos cânones cristãos, e dispor-se a liquidá-lo custasse o que custasse. A resistência armada dos tamoios apenas começava a surgir. Fosse para escravizar, ou para matar, a Companhia de Jesus concluía, por meio da experiência de seus homens de campo, que restava aos portugueses apenas a saída mais cruel e radical: a guerra.

CAPÍTULO 2
Palavras na areia

Pay Colás e os huguenotes

A maioria dos indígenas da Guanabara passou pelo drama de ver sua aldeia destruída na caçada aos escravos e a morte de parentes e amigos passados a fio de espada. Para Aimberê, cacique da aldeia de Uruçumirim, a morte do pai, Cairuçu, escravo numa fazenda de engenho, dava energia para entrar em ação. Era um "[...] homem alto, seco, de catadura triste e carregada, de quem tínhamos sabido ser muito cruel", segundo descrição de Anchieta, na carta ao padre--geral Diogo Lainez, de janeiro de 1565. De acordo com o jesuíta, que o conheceu durante o período em que ficou refém em Iperoig, o próprio Aimberê lhe disse ter sido prisioneiro dos portugueses, dos quais escapara quando era transportado numa embarcação, ainda com grilhões nos pés.

Livre do cativeiro, Aimberê viajou para a aldeia de Pindobuçu ("folha grande de palma"), cacique tupinambá de Angra dos Reis, que aceitou a ideia de juntar-se a outras comunidades para enfrentar o inimigo em comum. A eles juntaram-se Cunhambebe, de Araraí; Coaquira, de Iperoig; e Araraig, chefe dos guaianazes, irmão de

Tibiriçá. Mais tarde, eles conquistariam o apoio de povos goitacazes, aimorés e carijós. Assim, formou-se um exército de comando unificado. Escolheram Cunhambebe como chefe. A guerrilha se tornava guerra.

Dali em diante, no litoral ou no planalto, as vilas portuguesas passaram a ser constantemente atacadas. Nem o bispo se salvou da sanha dos indígenas. Em 1556, ao partir para Portugal ao término de seu mandato, "com licença d'el-rei", nas palavras de Anchieta, dom Pedro Fernandes Sardinha foi apanhado por uma tormenta, no litoral de Pernambuco. A caravela onde viajava, jogada à costa, deixou seus ocupantes nas mãos do caetés. "Foi morto pelos indígenas com a maior parte da gente que com ele ia, em que entrou o primeiro provedor-mor desta província, Antônio Cardoso de Barros, que veio com o primeiro governador Tomé de Sousa", narra o jesuíta.[1] "[Deus] permitiu que fugindo ele dos gentios e da terra, tendo poucos desejos de morrer em suas mãos, fosse comido d'eles, e a mim que sempre o desejei e pedi a Nosso Senhor, e metendo-me nas ocasiões mais que ele, me foi negado", penitenciou-se Nóbrega.[2] Dom Francisco Fernandes regeria a Igreja provisoriamente até a chegada do segundo bispo, dom Pedro Leitão.

O governador-geral Duarte da Costa não possuía recursos para socorrer as capitanias em guerra. Tinha seus próprios problemas domésticos. Seu filho, Álvaro da Costa, acusado de "depravação" pelo bispo dom Fernando Sardinha, era o comandante em chefe das tropas portuguesas. Aliou-se aos temiminós, um ramo divergente dos tupiniquins, que migrara da ilha de Paranapuã (hoje Ilha do Governador), fugindo dos tupinambás. Sob o comando do cacique Maracaiaguaçu, reagruparam-se em 1555 no Espírito Santo, na aldeia de Nossa Senhora da Conceição, onde lhes deu guarida o donatário Vasco Fernandes Coutinho, a conselho do jesuíta Luiz da Grã.

---

[1] Padre Manoel da Nóbrega, *Informação da Terra do Brasil*.
[2] *Idem*, carta a Tomé de Sousa, 5 de julho de 1559.

Os temiminós trocaram seu apoio aos portugueses pela garantia de liberdade e a promessa de retornar à Guanabara, onde recuperariam suas terras e se vingariam do inimigo em comum. Com eles, Álvaro da Costa desbaratou os tamoios nas terras de Garcia D'Ávila, filho do ex-governador-geral Tomé de Sousa, que abdicara de usar o sobrenome do pai para poder receber uma sesmaria entre Itapuã e Tauapara, onde construiu sua fortaleza, conhecida como a Casa da Torre.

Depois de matar todos os homens, Álvaro da Costa incendiou as aldeias e dizimou mulheres, velhos e crianças. Era a primeira vez que os portugueses punham em prática um método que se tornaria comum. Diante de povos imunes à catequização, não bastava a vitória militar. Pela própria cultura indígena, eles sabiam que os filhos dos guerreiros seriam vingadores de seus pais. A batalha contínua por vingança estava na base da própria sociedade indígena. Era preciso, portanto, erradicar aquela gente que se interpunha entre eles e a conquista do continente.

A preocupação dos portugueses com a resistência confederada intensificou-se com uma iniciativa que, embora localizada, acelerou a vontade da corte em Lisboa de consolidar a ocupação do Brasil. Assim como os bretões, os franceses que frequentavam as praias brasileiras para comerciar com os indígenas propagandeavam o exotismo lúbrico das terras brasileiras, que tivera seu grande momento na festa de Rouen em 1550. Esse cartaz tornou-se ainda mais vistoso com a publicação do relato da expedição do navegador normando Binot Paulmier de Gonneville.[3] A bordo do *L'Espoir* ("Esperança"), que zarpou do porto de Honfleur, Gonneville levou dois indígenas carijós do litoral onde hoje está Santa Catarina para a França. Um chamava-se Namoa; o outro, Içá-Mirim, filho do cacique Arô-Içá, com catorze anos. Namoa morreu na viagem, possivelmente de escorbuto. Içá-Mirim foi educado na França e se casou com Suzanne, filha de Gonneville, tornando-se barão.

---

3 Intitulada *Campagne du navire l'Espoir de Honfleur*.

O rei francês Francisco I, pai de Henrique II, dizia não ter tomado conhecimento do "testamento de Adão" que teria dado a portugueses e espanhóis a propriedade das terras do Novo Mundo. Seu sucessor fazia o mesmo, porém de maneira velada, para não agravar suas relações já delicadas com a Coroa portuguesa. Os franceses sabiam do enfraquecimento das povoações portuguesas diante da resistência dos indígenas. Ao despachar corsários ao Brasil, Henrique II espoliava Portugal, mas de maneira a proteger-se de acusações formais. Contribuiu para armar Nicolas Durand de Villegagnon, cavaleiro de Malta, condecorado em lutas contra os mouros na África. E, mesmo sem apoio explícito, avalizou a tentativa de colonização que ficou conhecida como França Antártica.

Colega tanto de Calvino no Collége Montaigu quanto de Inácio de Loyola e Francisco Xavier na Universidade de Paris, onde estudou Direito e Teologia, Villegagnon serviu na Ordem dos Templários, criada na cruzada contra os mouros em Jerusalém e cuja doutrina unia o estoicismo monástico à disciplina militar. Foi para Malta, onde se combatiam piratas argelinos, à Itália e à Bretanha – afundou cinco galeras corsárias de bandeira inglesa. Em 1548, Henrique II lhe confiou uma delicada e inusitada missão: o rapto de uma princesa, Maria Stuart da Escócia, ainda uma menina, aprisionada pelos ingleses. No comando de quatro galeras, chegou ao castelo de Dunbarton pelo norte, navegando pelo rio Clyde, enquanto um exército de 6 mil franceses combatia os ingleses em Leith, mais ao sul. Levou Stuart à França, onde ela foi educada antes de assumir o trono.

Premiado com o título de vice-almirante da Bretanha, Villegagnon ainda levou dobrões de ouro à Escócia para financiar os nobres católicos escoceses e combateu os ingleses protestantes e os turcos no cerco à ilha de Malta, em 1551. Capturado pelos austríacos no retorno a Paris, foi libertado por Carlos V e voltou ao seu posto em Brest, onde um desentendimento com o capitão-tenente Jerôme de Carné o levou a procurar outras atividades.

Em 1554, com dinheiro do próprio bolso, custeou uma expedição à costa brasileira, onde estabeleceu relações com indígenas na região de Cabo Frio, entre eles Cunhambebe. O cacique reunira várias aldeias para um ataque à fortaleza de Bertioga, que resultara infrutífero. Ao receber a visita de intérpretes de Villegagnon, que lhe ofereceram uma peça de canhão em troca de pau-brasil, o chefe tamoio viu a possibilidade de conseguir a arma que lhe faltava para derrubar os muros portugueses. E mobilizou as comunidades para cumprir o acordo.

Villegagnon voltou à França com uma carga de pau-brasil que pagou as despesas da viagem e sugeriu a Henrique II e Diana de Poitiers, então com 55 anos e tão influente quanto a própria rainha Catarina, criar uma cabeça de ponte francesa no Novo Mundo. Viúva aos 35 anos, Diana de Poitiers tornara-se amante do rei quando este ainda era adolescente, no reinado de Francisco I. De decantada beleza, fonte de inspiração para artistas por gerações, tinha funções íntimas na corte. Deu aulas de sexo a Catarina para que pudesse engravidar do soberano e estimulava o rei preliminarmente nas noites nupciais.

Além de Diana, Villegagnon contava ainda com a simpatia de importantes membros da corte: o cardeal de Lorena, eminência da Igreja Católica francesa, irmão do duque de Guise, rico comerciante e financiador de campanhas militares, e o almirante Gaspar de Chatillon, conde de Coligny, protestante que pertencia ao círculo de conselheiros militares de Henrique II. Com formação católica, Villegagnon contava com o frei franciscano André Thévet, que já estivera com ele na costa tropical brasileira, para ser o líder espiritual do grupo nas novas terras, e se tornaria um de seus grandes cronistas.

Até mesmo depois da partida, o destino de Villegagnon foi mantido em sigilo. "Um empreendimento que não desejamos especificar ou declarar", escreveu Henrique II, na carta em que justificava as despesas reais com a expedição. Preocupado em despistar portugueses e espanhóis que poderiam barrá-lo no caminho, o comandante disseminou a informação de que suas três naus, com seiscentos homens a bordo, rumavam para a Guiné. A esquadra saiu do porto de Le Havre de Grace em 6 de maio de 1555. Em vez de tomar a corrente marítima que levava as naus a atravessar o Atlântico, passando por Cabo Verde, Villegagnon desceu pela costa africana, para evitar as ilhas portuguesas no Atlântico e dar mais credibilidade ao que alardeara. Cruzando o oceano ao sul, na altura do cabo da Boa Esperança, chegou em 2 de novembro a Macaé, depois Cabo Frio e, quatro dias depois, alcançou a baía da Guanabara.

Primeiro, Villegagnon procurou ocupar a Laje, pedra estreita na entrada da baía, onde uma fortaleza munida de canhões poderia fechar a entrada para qualquer embarcação indesejada. Chamou-a de ilha Ratier e ergueu ali uma paliçada, munida com um par de canhões virados para o Atlântico. A subida da maré, porém, levou a fortaleza de roldão uma semana depois. Derrotado pela natureza, Villegagnon decidiu então levantar seu forte na ilha de Serigipe, no meio da baía. Rochedo de forma elíptica, com uma centena de metros de frente por 300 de comprimento, como uma nau de granito de frente para a entrada da Guanabara, Serigipe foi também uma escolha militar. Postada atrás de outras pedras que dificultavam a aproximação de naus vindas da entrada da baía, o desembarque se fazia por trás, em uma praia onde ancoravam somente embarcações de pequeno porte, como as galés europeias, movidas a remo, ou igaras e ubás indígenas.

No alto do rochedo que dominava a ilha, Villegagnon construiu uma cisterna, capaz de prover água durante um cerco prolongado, sob uma casa de madeira em cuja porta simbolicamente pendurou a sua espada. Em seguida, mandou levantar o forte, no começo uma paliçada de madeira, pronta em três meses, com cinco torres para os canhões. Dentro, casas de palha abrigavam uma centena de homens. Em homenagem a um de seus padrinhos, Villegagnon batizou-o de Coligny.

Quando ele chegou, as aldeias que formavam um colar ao redor da baía da Guanabara estavam ocupadas por mulheres, idosos e crianças – a maioria dos homens se encontrava fazendo a guerra na capitania de São Vicente. Quando retornaram, o francês fez contato com Cunhambebe. Aos poucos, conseguiu estabelecer a paz com os tamoios, que o chamavam de Pay Colás ("senhor" Colás, de Nicolas). Deu canhões ao cacique e recebeu sementes e animais domésticos, que os indígenas tomavam dos portugueses.

Os planos de Villegagnon, porém, sofreram uma série de golpes. Entre os colonos restantes, muitos caíram doentes, incluindo o padre Thévet. Apenas três meses após a chegada, o comandante de Coligny mandou-o retornar à França para tratar-se, junto com os franceses descontentes e o sobrinho Bois-le-Comte, encarregado de buscar recursos. Villegagnon queria 4 mil soldados, mulheres brancas para casar com os colonos e trabalhadores de verdade, em lugar da corja no meio da qual se encontrava. "Os irmãos que vieram de França comigo, desanimados com as dificuldades encontradas, partiram para o Egito [África, o destino anunciado da expedição], cada qual com melhor desculpa", escreveu, em carta enviada com Bois-le-Comte, que teria chegado às mãos de Calvino.[4] "Os que ficaram não passavam de pobres diabos mercenários e doentes e suas condições eram tais que antes devia eu temê-los."

Tinha razão para preocupar-se. Ao manter um regime de vida militar, o que incluía punir seus intérpretes pela promiscuidade com as mulheres indígenas, que em vão procurava manter vestidas, Villegagnon enfrentou um motim, deflagrado apenas dois dias depois da partida de Bois-le-Comte, em 14 de fevereiro de 1556. Escapou de ser assassinado, alertado por soldados escoceses de sua guarda, fiéis desde a missão de resgate de Maria Stuart e que os amotinados tinham procurado aliciar. O plano era envenená-lo ou explodir o arsenal do forte, ao lado da cisterna, embaixo de sua casa. Os cerca

---

4 Jean de Léry, *Viagem à Terra do Brasil*.

de trinta amotinados tinham três líderes. Dois foram condenados à forca e o terceiro à escravidão. Um deles escapou, com mais um grupo de amotinados. Viveria entre os indígenas, instigando-os contra o comandante de Coligny.

Villegagnon tentou impor a ordem dali em diante por um método tão cruel quanto inútil: a chibata. Desertados e desertores se juntaram no continente, abrigados num edifício de pedra onde funcionava a olaria, a *briqueterie*. Ao redor dela surgiu uma vila, chamada de Henriville, em homenagem ao rei, na qual se reuniu quase uma centena de franceses em casas cobertas de palha. De acordo com o biógrafo de Villegagnon, Vasco Mariz, a vila possuía uma alameda de palmeiras e plantação com mandioca e hortaliças, cuidada pelos indígenas. Com a prosperidade da vila, que vivia em harmonia com os nativos, a colônia francesa se concretizava, por conta de uma cisão.

A viagem de Bois-le-Comte em busca de reforços na França não saiu bem como desejado. Em guerra com Carlos V, endividado com os banqueiros florentinos, Henrique II não quis dispor de recursos para cevar a colônia no Brasil. Sem ter a quem recorrer, o sobrinho de Villegagnon procurou uma saída. E ela se chamava Coligny.

Em 1556, o conde de Coligny tinha 37 anos. Sua família representava bem o que acontecia na Europa: o irmão mais novo, Odet, era cardeal, fiel ao papa; o outro, Francisco, era calvinista. Aumentava na França o número de huguenotes, protestantes que usavam roupas pretas em sinal de sobriedade. Diante da solicitação de Villegagnon, escreveu a um amigo em Genebra, na Suíça, Felipe de Carguilleray, senhor de Du Pont, para que falasse com Calvino. Sugeria que a França Antártica poderia ser um futuro refúgio para calvinistas na América – como aconteceria de fato, quase um século depois, porém na América do Norte.

Em 19 de novembro de 1556, Bois-le-Comte partiu de Honfleur no *Grand Roberge*, acompanhado de duas naus menores, a *Petite Roberge* e a *Rosée*. Em vez dos 4 mil combatentes solicitados por

Villegagnon, levava consigo o nobre Philippe Du Pont, dois ministros protestantes – Pierre Richer e Guillaume de Chartier – e mais trezentos colonos. Entre eles, seis crianças para aprender o tupi, cinco moças em idade para casar e Jean de Léry, jovem sapateiro protestante, nascido em 1534 em La Margelle, que mais tarde escreveria *Viagem à Terra do Brasil*. Seguia com eles também o missionário Jean de Coynta, intitulado senhor de Boules, aportuguesado como "Bolés", personagem controverso, que se misturaria a luteranos ou católicos, conforme o momento.

Em 7 de março de 1557, aportaram na Guanabara, depois das peripécias do caminho. Os franceses trocaram tiros com os portugueses nas ilhas Canárias, onde buscavam reabastecer, e saquearam navios portugueses e espanhóis, apresando um deles. No dia 10, entravam em Coligny com uma nau a mais. Villegagnon recebeu-os com alegria e certa resignação. Com elogios à seriedade de Calvino, fez um discurso que valia para católicos e calvinistas da mesma forma, e seria interpretado por cada um a seu modo: "Meus filhos (pois quero ser vosso pai), assim como Jesus Cristo nada teve deste mundo para si e tudo fez por nós, [...] tudo pretendo fazer aqui para todos que vieram com o mesmo fim que vocês", disse, segundo registrado por Léry. "Quero que os vícios sejam reprimidos, o luxo do vestuário condenado e que se remova do nosso meio tudo quanto possa prejudicar o serviço de Deus."

Convidou um grupo de calvinistas para jantar em sua casa, servindo à mesa peixe grelhado com beiju e água da cisterna – segundo Léry, "tão esverdinhada e suja como a de um charco de rãs". Na comparação, porém, achou-a melhor que a do navio. A deferência com os recém-chegados acabou no dia seguinte, quando os colonos foram convidados a trabalhar duro. "Como sobremesa própria para refazer-nos dos trabalhos do mar, mandaram-nos carregar pedras e terra para as obras do forte de Coligny, que se achava em construção", diz Léry, que, como todos os outros protestantes da colônia, em pouco tempo tomava o comandante como desafeto.

O veneno se instilava. Enquanto os luteranos se vestiam somente de preto, Léry observava que Villegagnon mandara fazer seis trajes de cores diferentes, um para cada dia da semana: "casacos e calções todos iguais, vermelhos, amarelos, pardos, brancos, azuis e verdes, que por certo não assentavam bem à sua idade e posição". Segundo ele, pela cor da roupa do dia os colonos sabiam com que humor acordara o comandante, "da mesma forma que pela verdura e amarelidão dos campos podemos dizer a estação".

A aparição dos calvinistas apenas acentuou a cizânia na fortificação. Discutiam sobre tudo: se o vinho podia ser misturado com água, se podiam comer pão com vinho, e se ambos eram ou não o corpo de Cristo. Léry faria uma comparação maldosa entre os cristãos e os antropófagos locais. "Embora sem saber como fazê-lo, [queriam os cristãos] comer a carne de Jesus Cristo, não só espiritualmente mas ainda materialmente, à maneira dos selvagens guaitacá, que mastigam e engolem a carne crua", escreveu.

Calvinistas casados na França que cobiçavam as mulheres indígenas dos trópicos defendiam a separação das mulheres trazidas da Europa. Defensor da monogamia cristã, Villegagnon era contra. Para casar, Pierre Richer exigia que os cônjuges fossem rebatizados. Villegagnon se opôs. Sugeriu que Chartier voltasse à França para uma consulta com Calvino, uma forma de livrar-se dele. Segundo Léry, sua mudança de atitude devia-se ao recebimento de uma carta do cardeal de Guise queixando-se de que um cavaleiro templário como ele não poderia receber calvinistas na colônia. A notícia chegara aos padres jesuítas portugueses, que passavam a ter razões em dobro para querer expulsar os franceses da Guanabara.

"Após a ceia de Pentecostes, Villegagnon declarou abertamente ter mudado de opinião sobre Calvino e sem esperar resposta à consulta feita por intermédio de Chartier, declarou-o herege transviado da fé", afirma Léry, que passou um tempo de castigo, com grilhões nos pés, por ter saído do forte – mesmo alegando ter recebido autorização. Segundo ele, o comandante perdia o pouco que de paciência tinha. "[...] Tornou-se tão neurastênico, que jurava a cada instante pelo corpo de São Tiago que quebraria cabeças, braços e pernas ao primeiro que o importunasse, e ninguém mais ousava ir ter à sua presença." Por fim, em junho de 1577, Villegagnon despachou os calvinistas para o continente, a fim de isolá-los, entre eles o próprio Léry. "Os selvagens nos receberam mais humanamente do que o patrício que gratuitamente não nos pôde suportar", escreveu o cronista.

Léry passou a habitar a Casa de Pedra, onde dormia numa rede à maneira indígena. Ao mesmo tempo, Villegagnon mandou uma nau para o sul, em busca de um novo lugar para a colônia e, sobretudo, de ouro e prata – a única coisa que faria o rei lhe enviar reforços de verdade. Contudo, a expedição voltou meses depois de mãos abanando. O timoneiro, acusado pelo capitão de sodomia, foi preso. Richer o absolveu. Villegagnon o executou.

Tiro de misericórdia nas ambições do comandante da França Antártica, suas relações com os tamoios foram abaladas por uma tragédia. Os indígenas que haviam tido contato com os franceses contraíram a peste. Cerca de trezentos morreram, entre eles o próprio Cunhambebe.

Atirado contra os indígenas pelo destino, e envolvido em desavenças com seus homens, Villegagnon perdia o controle do seu pequeno vice-reinado. Jean de Coynta também foi enviado ao continente por conta das dissensões. Em 4 de janeiro de 1558, um grupo de calvinistas tentou retornar à França a bordo da nau mercante *Jacques*, que começou a fazer água logo depois de sair da baía e teve de voltar. Na segunda tentativa, os que ainda tiveram coragem de embarcar chegaram, famintos e doentes, ao porto de Audierne, na França. O capitão entregou uma carta de Villegagnon às autoridades portuárias, em que pedia a prisão dos calvinistas por heresia. Os juízes de Audierne, porém, eram todos huguenotes.

As reclamações de Jean de Léry e outros segregados, que tinham chegado às mãos da corte francesa, em especial Calvino e Coligny, serviram como pretexto para Villegagnon retornar à França, onde pretendia explicar-se. Em maio de 1559, entregou o comando do forte a Bois-le-Comte – e jamais retornou. Ficaram em Coligny cerca de cem homens.

André Thévet, de volta à França, onde publicara seu livro no ano anterior, tornou-se cosmógrafo de Carlos IX. E levou para a Europa as primeiras sementes de tabaco, que outro francês, o embaixador da França em Portugal, Jean Nicot, se encarregaria de propalar. Léry foi nomeado pastor por Calvino em 1560, depois da morte de Henrique II, morto por acidente em uma justa, o que abriria espaço para o acirramento dos conflitos religiosos no país.

Villegagnon ainda trabalhou para o duque de Guise. Morreu em 15 de janeiro de 1571. Não chegaria a ver em Paris a Noite de São Bartolomeu, de 23 para 24 de agosto de 1572, início sangrento de uma implacável perseguição aos protestantes que se espalhou por toda a França. Dois anos depois do tratado de Saint-Germain, no qual estabelecia a paz com os protestantes, a rainha Catarina de Médici, viúva de Henrique II, controlando o reino em nome do filho de 22 anos, Carlos IX, montou a farsa do casamento de sua filha Margarida de Valois com o protestante Henrique, rei de Navarra, para atrair os huguenotes. Pelo menos 30 mil protestantes foram assassinados dessa noite em diante. Preso nos aposentos de Carlos IX, Henrique teve de renegar sua fé e foi para a cadeia no Louvre, onde ficou quatro anos, até fugir. O conde de Coligny, que se tornou um huguenote assumido, e inimigo dos Guise por sua influência sobre Carlos IX, teve seu cadáver arrastado pelas ruas de Paris e atirado às águas do rio Sena, que ficou coalhado de corpos.

Depois da França Antártica, Coligny tentou fundar outra colônia huguenote no Novo Mundo, desta vez na Flórida, também fracassada. Essa ideia só vingaria mais tarde, na América do Norte, por iniciativa dos quakers, protestantes ingleses liderados por William Penn, que desembarcaram do navio *Mayflower* para fundar uma colônia na Pensilvânia em 1681, no que é considerado o marco zero da colonização dos Estados Unidos. Porém, os franceses remanescentes na Guanabara ainda tiveram papel ativo na história. Serviriam em breve como motivo para uma ação militar portuguesa, fomentada pelos jesuítas, que viam na sua proximidade com os tamoios uma aliança entre diferentes tipos de hereges que não podia passar impune.

No fio da espada

Até 1557, a colônia do Brasil tinha sido largamente negligenciada. O mundo, porém, estava mudando – e Portugal passou a ter outro rei. Com a morte de dom João III, que perdera seus dez filhos, numa verdadeira maldição familiar, o trono foi para seu neto, dom Sebastião, então com apenas três anos. Pelas circunstâncias, dom Sebastião I foi chamado de "o Desejado". Sequioso pela glória militar, tornar-se-ia uma verdadeira lenda ao desaparecer na batalha contra os mouros em Alcácer-Quibir. A espera por sua maioridade, e depois pelo milagre da sua volta para governar Portugal, fez surgir o termo "sebastianismo", utilizado até hoje para designar os movimentos de fé que aguardam um messias, o líder salvador. Dom Sebastião, porém, nunca voltou, e a dinastia de Avis assim se encerrou tragicamente.

Ao longo da infância de dom Sebastião I, sob o cuidado de seus preceptores, o governo português foi inicialmente exercido por sua avó, a rainha regente dona Catarina de Áustria, viúva de dom João III. Nascida em 1507, era neta dos chamados "reis católicos", Felipe de Aragão e Isabel de Castela, e filha póstuma de Felipe, o Belo, com Joana, a Louca. Sua terra natal era Torquemada, na Espanha, onde Joana deu à luz quando levava em cortejo o caixão de chumbo de Felipe. Considerada incapaz de governar, a mãe foi interditada pelo regente dom Fernando e aprisionada em um castelo em Tordesilhas. Catarina ficou encarcerada com Joana nos seus primeiros dezoito anos de vida. Habitava um quarto dentro do quarto da mãe.

Foi libertada graças à intervenção de seu irmão. Ao atingir a maioridade, Carlos V tornou-se sucessor de Felipe no trono de Leão e Castela e a fez casar-se com dom João III, ao mesmo tempo que ele próprio se casava com Isabel, irmã do rei português – um duplo enlace realizado em 5 de fevereiro de 1525. Dona Catarina levou para o trono português o sangue da nobreza espanhola, com uma parcela de genes dos Habsburgos, herdados de seu avô Maximiliano I. Exceção na Coroa portuguesa, participava nas reuniões do conselho de Estado desde o tempo em que seu marido estava vivo. "Foi uma rainha influente e enérgica, com grande influência sobre o rei e, por decisão deste, participava nos conselhos de Estado", afirmou Joel Serrão, organizador do *Dicionário de história de Portugal*.

A morte do príncipe dom João, seu primogênito, assim como de todos os seus outros nove filhos, fez com que assumisse as rédeas do governo durante a menoridade do neto Sebastião, do casamento de João com a prima Joana, nascido após a morte do pai. Assumiu a regência entre 1557 e 1560, período crucial para o destino do Brasil.

Descrita como mulher de ânimo varonil e inteligência incomum, Catarina colocou a seu lado o cunhado, o cardeal dom Henrique de Évora (Lisboa, 1512 – Almeirim, 1580), filho de dom Manuel I e da rainha dona Maria de Castela, que também pleiteava a regência por ser o parente varão mais próximo do rei e contar com o apoio do clero. Ambos tinham em comum o fervor religioso. Já na gestão de dom João III, ficava clara a opção de Portugal pela reação ao protestantismo e a aproximação com a Igreja Católica nos assuntos de Estado. Tratava-se de uma volta ao medievalismo, abandonado em outros países da Europa – em 1536, por interesse do próprio rei, o papa Paulo III restabelecera o tribunal da Inquisição no país, sediado inicialmente em Évora.

Criador da Universidade de Évora, com ideais renascentistas, dom Henrique seria, ao lado de dona Catarina, o Torquemada da civilização brasileira, empregando com os indígenas os mesmos princípios da Inquisição. Impunha aos tupis duas saídas: a conversão ou a morte como hereges canibais. "Não é de se estranhar que o governo de dona Catarina, a seguir o de dom João III, seja uma continuação da intransigência, censura e perseguição a todas as manifestações culturais, espirituais e religiosas suspeitas de poderem abrir caminho à infiltração e aos desvios da ortodoxia católica", escreve Luisa Stella de Oliveira Coutinho Silva, professora da Faculdade Maurício de Nassau, em João Pessoa.[5] "Tal repressão também foi levada para o Ultramar [...] Foram proibidas as práticas sociais e religiosas indígenas."

Alegando a idade e o cansaço, em 1560 a rainha regente entregou o governo ao cardeal dom Henrique, que tomou o título de infante dom Henrique até a maioridade de dom Sebastião, aos vinte anos, completados em 1568. O título de infante era dado aos filhos legítimos dos reis de Portugal e Espanha, que, no entanto, não eram herdeiros diretos da Coroa, ainda que, como no caso dele, a tivessem ocupado provisoriamente. Mais tarde, com o desaparecimento do rei em Alcácer-Quibir, em 1578, dom Henrique seria proclamado rei-cardeal, assumindo o trono em definitivo.

Inquisidor-geral do Tribunal da Inquisição, nomeado em 1539 por dom João III, e arcebispo de Lisboa de 1564 a 1574, dom Henrique era um homem austero, conservador e que marcaria a unificação entre o Estado laico e a Igreja Católica em Portugal. Tanto dona Catarina quanto ele foram sensíveis aos apelos dos jesuítas no Novo Mundo e lhes dariam grande poder. As cartas enviadas de Piratininga ao provincial da Companhia de Jesus em Portugal, o padre aragonês Diogo Mirão, que acabavam chegando ao coração da corte, acentuavam a gravidade da situação dos colonos portugueses, não mais que 5 mil homens, que tinham diante de si milhares de indígenas em pé de guerra. A presença no Brasil de protestantes franceses, que se misturavam aos indígenas na Guanabara, conforme apontavam Anchieta e Nóbrega, tornava o quadro mais alarmante. Em toda a

---

5 Luisa Stella de Oliveira Coutinho Silva, *O pensamento político na época de Catarina de Áustria e as mulheres no governo*.

costa, a resistência indígena crescia a ponto de ameaçar os donatários e o destino da colônia.

A política da corte portuguesa mudava por esta e por outras razões. O Brasil se tornava importante. Manter as rotas comerciais para o Oriente, que implicavam a construção de benfeitorias pelo caminho, controle de cidades, portos e rotas marítimas até a China e o Japão, se revelava uma tarefa cada vez mais difícil mesmo para os "barões assinalados", como os definiu Camões em *Os Lusíadas*. Exaurido em guerras contínuas, Portugal sofria a concorrência de ingleses, holandeses e franceses nas rotas comerciais. Os outros países da Europa, que tinham largado com atraso na corrida dos invasores, enfim se organizavam. A hegemonia marítima portuguesa era cada vez mais ameaçada.

No tempo de dom João III, quando se começara a ocupar de fato o território brasileiro, torná-lo autossuficiente e capaz de prover recursos para o reino, o açúcar era ainda um artigo de luxo. Agora, tornava-se produto de consumo popular e a nova riqueza da época. O Brasil começava a figurar como um lugar vantajoso em relação às colônias nas Índias, com o desenvolvimento da indústria açucareira. Ficava bem mais perto, a apenas dois meses de viagem. E seu imenso território certamente tinha riquezas naturais inexploradas. "Com o declínio do comércio oriental, a ocupação e exploração do território brasileiro impunham-se como condição para manter a expansão mercantil portuguesa e fortalecer o Estado", afirma Francisco M. P. Teixeira.[6] "Depois do 'navegar é preciso', chegava a hora do 'colonizar é preciso'."

Para isso, era importante nomear um novo governador-geral capaz de sedimentar a colônia portuguesa no Brasil, fazer valer o poder central de Salvador sobre toda a costa brasileira e impor os princípios da Inquisição portuguesa sobre a população colonial. Esse governador teria poder sobre os demais donatários, que responderiam

---

6 Francisco M. P. Teixeira, *História concisa do Brasil*.

a ele, e pertenceria ao Conselho do rei, o que lhe dava poderes mais amplos que os de seus antecessores.

Homem de sessenta anos, idade avançada para a época, Mem de Sá era um fidalgo de antiga linhagem. Nascido em Coimbra, trabalhara como desembargador dos agravos, um juiz do tribunal de apelações, importante cargo em Lisboa, cujos ocupantes eram escolhidos diretamente pelo rei. Como acontece com cargos em condições insalubres, de curta duração, seu governo seria de três anos, conforme previsto na Carta Régia de 23 de julho de 1556, onde se estabelecia também um salário de 400 reais, aumentados para 600 no mês seguinte.

As ações de Mem de Sá no Brasil foram bem retratadas por ele mesmo, transcritas pelo escrivão João Pereira em setembro de 1570 nos *Instrumentos dos serviços de Mem de Sá*, balanço de sua gestão para a corte, arquivado na Torre do Tombo entre os papéis dos jesuítas,[7] além de cartas dirigidas a "Sua Alteza" – sucessivamente, dom João III, dona Catarina, depois dom Henrique e, por fim, o próprio dom Sebastião I. Outro retrato de seu governo é pintado num poema laudatório, intitulado *De gestis Mendi de Saa*, ou *A saga de Mem de Sá*, onde é descrito como um homens de "vastas cãs" que lhe pendiam do queixo. A face denotava "muito poder, de peso senil ornada"; apesar dessa imagem austera, possuía "olho ágil", "vigor juvenil" e "ânimo altivo".

Publicado em 1563 em Coimbra, com 3.135 versos originalmente em latim, o *De gestis* conta a história das conquistas de Mem de Sá. Como na *Eneida* de Virgílio, subtraído o hiperbolismo da linguagem poética e sua intenção laudatória, dali se podem extrair informações históricas relevantes. De tom popular e épico, como uma literatura de cordel redigida em latim, o *De gestis* é apócrifo, quer dizer, foi originalmente publicado sem assinatura. Sua autoria, porém, é comumente atribuída pelos historiadores a Anchieta, o único

---

[7] Maço 20, número 6.

que tinha os dois ingredientes necessários para escrevê-lo naquele tempo: cultura e informação.

Levando consigo o novo bispo português no Brasil, dom Pedro Leitão, e parte de sua família, incluindo o filho Fernão e o sobrinho Estácio, filho de sua irmã Filipa com Gonçalo Correia, que comandava uma das naus da frota, Mem de Sá partiu de Lisboa em abril de 1557. "Com tempos contrários, andei oito meses no mar", narrou o governador-geral.[8] Parte desse tempo, ficou ancorado nas ilhas de Cabo Verde e São Tomé para cuidar dos tripulantes, que adoeceram "praticamente todos". Das 336 pessoas embarcadas em Portugal, morreram 42. Tratou de dar marido para as órfãs, de modo que permanecessem "casadas e honradas". Por essas tribulações, a nau de sua esquadra que primeiro alcançou o Brasil foi a que trazia um carregamento de cabeças de gado.[9]

Mem de Sá chegou a Salvador em 28 de dezembro de 1557 e tomou posse em 3 de janeiro de 1558. Sua missão inicial: pacificar a costa brasileira, a começar pela capitania de Todos-os-Santos. "Achei toda a terra de guerra, sem os homens ousarem fazer suas fazendas senão ao redor da cidade", afirmou.[10] Ficava claro o quanto sua administração teria de influência jesuítica. É frequente nas suas ordens a subordinados a instrução de seguirem conforme orientação de Manoel da Nóbrega e de Anchieta. Em 1558, logo depois de tomar posse do governo, a conselho de Nóbrega, o governador-geral promulgou três leis para estabelecer a paz entre os indígenas da baía e facilitar a sua catequese, "sob graves penas", segundo o padre Simão de Vasconcelos:[11]

> Primeira, que nenhum de nossos confederados ousasse dali em diante comer carne humana. Segunda, que não fizesse guerra, senão com

---

8 Mem de Sá, *Instrumentos dos serviços de Mem de Sá*.
9 Padre Manoel da Nóbrega, carta ao provincial, 1557.
10 Mem de Sá, *Instrumentos dos serviços de Mem de Sá*.
11 Simão de Vasconcelos, *Crônica da Companhia de Jesus no Estado do Brasil*, 1663.

causa justa, aprovada por ele [Mem de Sá] e os de seu conselho. Terceira, que se juntassem em povoações grandes, em forma de repúblicas, levantassem nelas igrejas, a que acudissem os já cristãos a cumprir com as obrigações de seu estado, e os catecúmenos à doutrina da Fé; fazendo casas aos padres da Companhia para que residissem entre eles, a fim da instrução dos que quisessem converter-se.

A paz não viria pela promulgação de leis, nem pelo convencimento. "Por o gentio não querer paz", Mem de Sá teve que enviar tropas a uma aldeia em Corupeba, ilha no Recôncavo Baiano, "onde estava muita gente de guerra". Os indígenas foram mortos e os portugueses trouxeram preso o cacique – o que pôs "grande espanto nos gentios e medo nos brancos". O governador-geral mandou fazer outra incursão, esta em Jaguaripe, "18 léguas" ao sul de Salvador. Assumiu pessoalmente o comando das tropas contra os tupiniquins do cacique que identificou como "Boca Torta". Novidade para as tropas portuguesas, usaria a cavalaria, com animais vindos de Portugal – faria no Brasil como os espanhóis na América Central e depois nos Andes, onde a simples presença do cavalo provocava respeito e temor nos indígenas. Era uma vantagem adicional às armas de fogo para impor-se rapidamente.

Invadiu a aldeia ao amanhecer, queimando as malocas e matando seus ocupantes. "Muitos dos gentios fugiram, o que foi causa do deus deles mandar cometer pazes", afirmou Mem de Sá nos *Instrumentos*. À frente de 4 mil homens, de acordo com o padre Antônio Dias, em carta a José de Anchieta datada de 2 de outubro de 1559, dividiu-os em dois pelotões para correr as aldeias do interior. Um deles entrou num sangrento conflito com indígenas, no qual, relata o padre, "o filho de Rui Falcão" foi o primeiro a entrar pela cerca, recebendo dez flechadas. Dias deu-lhe assistência depois da luta, com um crucifixo na mão. "Era cruel vê-lo tirar as flechas com os dentes", afirmou.

De Mem de Sá, que comandava pessoalmente a expedição, o padre Antônio Dias teve a melhor impressão. "É o mais solícito capitão que já vi", afirmou. "Sofre muita coisa e com *spiritu lenitatis* leva tudo e mostrando muita perfeição em suas palavras e nas obras muita paciência." Por ordem do governador-geral, cada aldeia conquistada era rebatizada com um nome cristão e ganhava uma igreja como marco civilizatório.

Por toda a costa, vinham notícias do estado permanente de guerra em que viviam os colonos. Uma carta do donatário da capitania do Espírito Santo, Vasco Fernandes Coutinho, informava que a Vila do Espírito Santo estava cercada por tupinambás, que tinham feito "muitos mortos", e pedia socorro urgente. Coutinho tinha fama de valente: dele escreveu o padre Fernão Cardim que se tornara famoso por realizar "maravilhas" em Malaca, onde enfrentara um elefante que brandia uma espada com a tromba.[12] Diante dos nativos selvagens, porém, se encontrava em situação ainda mais periclitante.

A resposta do governador foi uma força-tarefa liderada por seu filho, Fernão de Sá. Segundo o *Instrumentos*, Fernão partiu de Salvador com "seis velas e duzentos homens". O segundo em comando era seu primo Baltazar de Sá, capitão da *Conceição*, uma galé – embarcação menor, auxiliada por remos, puxados por fileiras de três a quatro homens de cada lado, que facilitava a incursão pelos rios, onde estavam os indígenas conflagrados. Em Porto Seguro juntaram-se à expedição dois caravelões. Apesar do nome no aumentativo, o caravelão era menor que uma caravela; possuía duas velas triangulares e, desde o reinado de dom João II, costumava ser artilhado com canhões no convés.

Ao entrar na costa do Espírito Santo, "por conselho dos que consigo levava",[13] Fernão primeiro entrou na barra do rio Cicaree, ou

---

12 Fernão Cardim, *Tratados da terra e gente do Brasil*.
13 Mem de Sá, *Instrumentos dos serviços de Mem de Sá*.

Cricaré, a meio caminho entre Porto Seguro e Vitória. Ali, segundo os portugueses foram informados, localizavam-se três aldeias indígenas hostis. A flotilha navegou contra a corrente por quatro dias, com a ajuda de remos, cautelosamente, por temer um ataque de surpresa. Encontrou os indígenas próximos à confluência dos rios Cricaré e Marerique, ou Mariricu, em uma fortificação dotada de três paliçadas concêntricas, inspirada nas portuguesas.

No raiar do dia, os homens de Fernão de Sá travaram combate já na praia, onde os indígenas tentaram impedir o desembarque deles. "Uns arrojam da terra chuvas de setas, outros coalham as águas de igaras ligeiras e de perto esticam os fortes arcos", descreve o *De gestis*. Com a artilharia de bordo, os portugueses os fizeram recuar até a fortificação. O assalto às três paliçadas é relatado no poema com riqueza de detalhes e corroborado nas cartas do irmão Antônio Blasquez.

Fernão de Sá desembarcou, deixando marinheiros e artilheiros a bordo, e mandou as embarcações para o meio do rio, para não encalharem na vazante. Dessa forma, porém, cortou de si mesmo a possibilidade de uma retirada. À distância, os caravelões fizeram fogo sobre o forte indígena. A tropa em terra avançou contra a primeira paliçada a golpes de machado e disparos de mosquetão, respondidos com uma nuvem de flechas que os portugueses procuraram conter com seus escudos de metal. Aberta a paliçada, o combate se tornou corpo a corpo. O grupo de guerreiros tupinambás, então, "voltou as costas e em fuga apressada abandonou as cercas e escapou por portas bem conhecidas", para reagrupar-se na segunda paliçada. Esta também foi atravessada pelos portugueses, assim como a última.

Ao final, os indígenas fugiram do combate, internando-se na mata. Com a aparente vitória, os portugueses trataram de levar os feridos para as embarcações e apresar os indígenas fugitivos. Fernão de Sá seguiu-os com quarenta homens, para descobrir apenas que caíra em uma cilada. A volta dos guerreiros em grande número, reforçados por indígenas de outras aldeias, possivelmente aimorés, fez os portugueses descarregarem toda sua pólvora.

Sem munição, não lhes restou alternativa senão fugir até a praia. A decisão de manter as embarcações a distância, com os canhões inativos, uma vez que os disparos podiam atingir tanto indígenas quanto os portugueses que com eles lutavam corpo a corpo, praticamente deixou os homens remanescentes em terra à mercê do inimigo. "Pelejaram um grande espaço, esperando socorro dos navios, que ao cabo nunca lhes veio", relata o jesuíta Antônio Blasquez.[14] O *De gestis*, que atribuiu a distância mantida pelas embarcações da margem à covardia dos tripulantes, e não a uma instrução do seu comandante, reproduz assim o episódio:

> A custo [Fernão de Sá] percebeu finalmente que os seus desertaram, enquanto ele mergulhava na turba, inebriado de sangue, olhos na derradeira vitória. Ao ver-se abandonado, entre inimigos, com poucos companheiros, entendendo ser inútil lutar contra tantos, retira-se dos arraiais e pouco a pouco recua na direção do rio, para entrar com seus bravos nas barcas que aí estariam presas. Mas, ai, cobardes, menosprezaram as ordens e a vida do chefe e largaram para longe da margem a armada, cederam a um temor vergonhoso.

Cinco portugueses salvaram-se a nado. Trajado com uma armadura de metal, Fernão de Sá se encontrava pesado demais para nadar. Ficou para trás e foi trucidado com seu alferes, Joanne Monge, e os irmãos Manoel e Diogo Álvares, filhos de Diogo Álvares, o Caramuru. "As flechas lançadas de todos os lados já o cobrem todo, as armas tinem, rompe-se a malha da couraça", canta o poema-relato.

A trágica perda do comandante não foi o fim da força-tarefa. Assumindo o lugar de Fernão, Baltazar de Sá retornou com a esquadra completa e exterminou os indígenas locais. Depois, seguiu

---

14 Antônio Blasquez, *Cartas avulsas*.

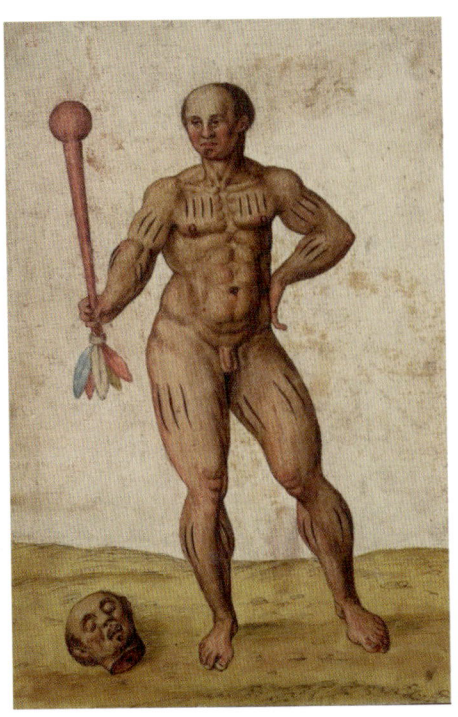

Tupinambá na gravura de Theodore Dietrich de Bry, com a fronte rapada, cicatrizes rituais e o tacape: sistema comunitário com população controlada pelo círculo permanente da guerra de vingança. Wikipedia Commons.

João Ramalho, em óleo de José Wasth Rodrigues: o português deixado no Brasil para morrer virou caçador de indígenas, criou uma guerra e fundou uma dinastia de mestiços desbravadores do sertão. Museu Paulista, São Paulo.

Vista atual da serra do Mar. Para os europeus, a subida para o planalto de Piratininga era o "pior caminho do mundo". Wikipedia Commons.

Aldeia tupinambá sob ataque, na representação de Theodore de Bry: de sete a oito malocas com até quatrocentos indígenas e paliçadas externas, por conta da guerra constante contra os povos inimigos. Biblioteca Brasiliana, São Paulo, Brasil.

Tupinambás contra maracajás, por Jean de Léry: os inimigos que não podiam ser levados como prisioneiros eram esquartejados para serem comidos mais tarde. Bibliotheque Nationale de France, Paris, França.

Caboclo, por Jean-Baptiste Debret 1834: o arco tupi era uma arma letal a longa distância, capaz de fazer frente aos portugueses, que abandonaram as couraças de metal no Brasil por causa do calor tropical e ficavam rapidamente sem munição para os tiros de trabuco. Fundação Biblioteca Nacional, Rio de Janeiro, Brasil.

Segundo diziam os tupis, foi um "Grande Caraíba", o mais alto desses pajés nômades com fama de sábios curandeiros, quem os ensinou a fazer o fogo com o atrito de galhos de ibiracuíba, como mostra o desenho feito para a obra original de Hans Staden. Biblioteca Nacional, Rio de Janeiro, Brasil.

Reprodução, conforme o relato de Staden, do festim feito com o prisioneiro: esquartejado, as partes eram assadas para depois serem comidas frias. Biblioteca Nacional, Rio de Janeiro, Brasil.

A execução ritual do prisioneiro: amarrado à mussurana com os braços livres, tinha a oportunidade de mostrar sua bravura, às vezes tomando o tacape dos seus algozes, até receber a bordunada fatal, na base do crânio. Biblioteca Nacional, Rio de Janeiro, Brasil.

Os tupis utilizavam o moquém, grelha de madeira, para assar a carne humana. Miolos, língua e vísceras viravam uma papa para mulheres e crianças, o "mingau". Wikipedia Commons.

A caravela, na representação antiga (Fotoarena): as velas triangulares, que permitiam velejar mesmo com vento contrário, viabilizaram a travessia dos oceanos e deram a partida na era das conquistas.

As pinturas de jenipapo quase cobriam o corpo. Mas não eram o suficiente para os jesuítas, que, em carta de Manoel da Nóbrega aos superiores em Lisboa, perguntavam se eles poderiam entrar dessa forma na igreja. Wikipedia Commons.

Gravura de 1592, de Theodore Dietrich de Bry, mostra a dança tupinambá ao redor dos pajés com seus maracás, cabaças com ornamentos de formas humanas que ganhavam vida e propriedades mágicas quando os pajés exalavam dentro delas a fumaça ritual. Wikipedia Commons.

O genovês Américo Vespúcio, encarregado do abastecimento da segunda e da terceira viagens de Colombo, esteve no Brasil em 1499 com Alonso de Ojeda, voltou para reconhecer o território com os portugueses e, ao retornar, foi o primeiro a afirmar que estavam diante de um outro continente, que chamou de "Novo Mundo". Mary Evans Picture Library, Londres, Reino Unido.

Vicente Yañez Pinzón, no retrato de Julio Condoy: o ex-capitão da caravela Niña, da esquadra de Colombo, armou quatro caravelas com dinheiro do próprio bolso e desceu do Haiti até o território brasileiro três meses antes de Cabral. Wikipedia Commons.

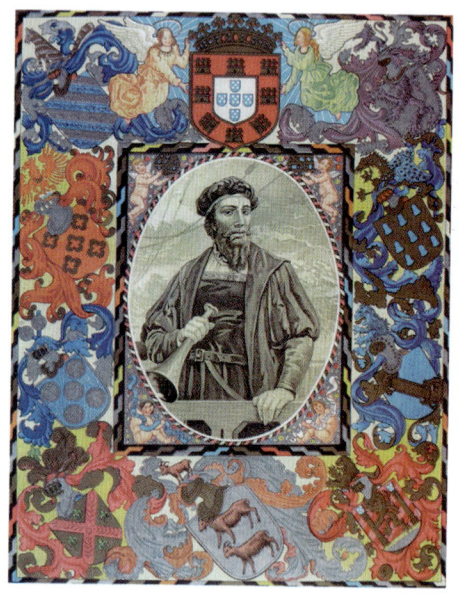

Pedro Álvares Cabral: seu destino eram os potentados do oceano Índico, com a diferença de que, para chegar, pretendia experimentar a mesma corrente marítima que os navegantes franceses, espanhóis e genoveses tinham aprendido a usar para chegar ao novo continente. Wikipedia Commons.

Desembarque de Pedro Álvares Cabral, em 1500: o comandante primeiro achou que era uma ilha, e seu escriba não teve tempo para ver que os indígenas não eram tão pacíficos nem o clima "temperado". Museu Paulista, São Paulo, Brasil.

A missa segundo a visão classicista do artista Victor Meirelles: dom Henrique celebrou a Pascoela para os marinheiros portugueses e um grupo de indígenas curiosos, que pouco ou nada entenderam. Wikipedia Commons.

Cunhambebe, retrato de André Thévet: o comandante dos tamoios contra os portugueses morreu doente no contato com os franceses, mas, reencarnado no sucessor, voltou à guerra. Wikipedia Commons.

Hans Staden: aventureiro mercenário, naufragado na costa brasileira, foi artilheiro do forte de Bertioga e conviveu durante quase nove meses com a perspectiva da mais terrível das mortes. Museu Regional de Wolfhagen, Oldenburg, Alemanha.

Martim Afonso de Sousa fundou a Vila de São Vicente como base de sua futura capitania, que imaginava como porto para os tesouros que no futuro viriam por terra de Potosí e dos Andes pela trilha dos indígenas. Porém, mandado às Índias, nunca mais voltou. Museu Paulista, São Paulo, Brasil.

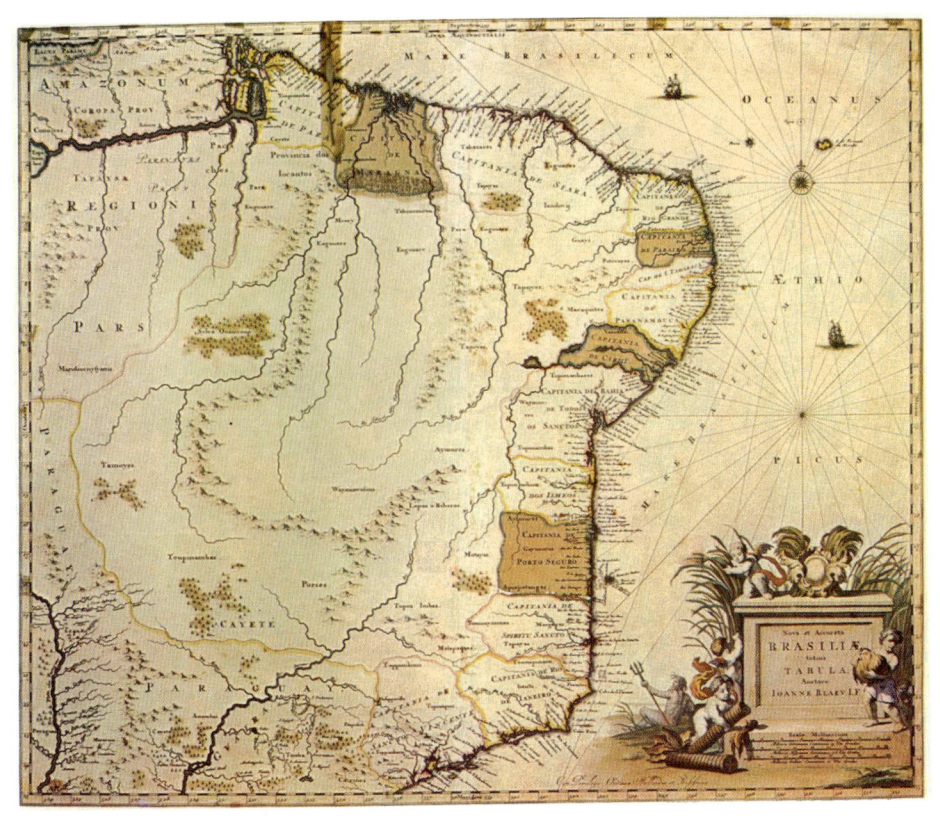

O mapa das capitanias: a maior parte dos donatários se desinteressava de dirigir pessoalmente as terras recebidas do rei e se limitava a faturar em cima das taxas cobradas aos sesmeiros. Biblioteca Nacional, Rio de Janeiro, Brasil.

Fundação de São Paulo, por Oscar Pereira da Silva: no colégio e na igreja que seriam a semente da maior metrópole da América Latina, depois de algum tempo, até mesmo as crianças voltaram à vida nativa, e somente a guerra reuniu os indígenas novamente na vila. Museu Paulista, São Paulo, Brasil.

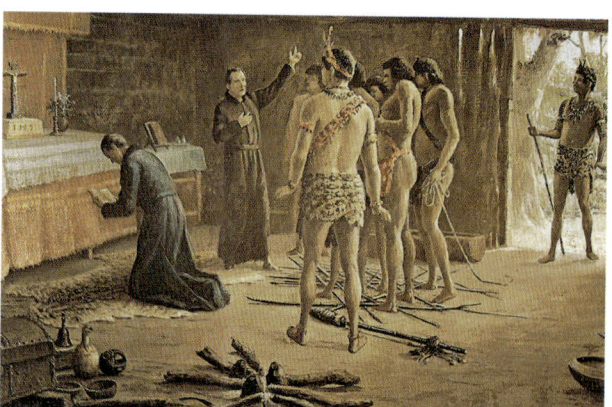

José de Anchieta, o padre corcunda que foi o braço direito de Manoel da Nóbrega na "empresa" do Brasil, aprendeu o tupi e aproximou-se dos indígenas. Depois de fracassar na catequese até mesmo das crianças e correr perigo de vida, tornou-se um dos mentores da política de extermínio: "Para este gênero de gente não há melhor pregação do que espada e vara de ferro, na qual mais do que em nenhuma outra é necessário que se cumpra o – *compelle eos intrare*", escreveu. Museu Paulista, São Paulo, Brasil (topo); Wikipedia Commons (esquerda); Museu Paulista, São Paulo, Brasil. (direita).

Depois de perder dez filhos, Catarina da Áustria foi regente entre 1557 e 1560, na infância do sucessor, seu neto Sebastião, e levou adiante a opção de Portugal pela reação ao protestantismo e a aproximação com a Igreja Católica nos assuntos de Estado, que chegaria ao ápice quando entregou o posto ao cardeal dom Henrique. Wikipedia Commons, Museo del Prado, Madrid, Espanha.

Dom Sebastião I, aqui no retrato de Alonso Sanches Coelho, assumiu o trono português quando completou vinte anos, em 1568. Com seu desaparecimento em Alcácer-Quibir, em 1578, dom Sebastião seria o último monarca da Casa de Avis, também o fim de uma era para Portugal. Wikipedia Commons.

O cardeal infante dom Henrique, que reinou até a maioridade de dom Sebastião I, foi o Torquemada da civilização brasileira, empregando com os indígenas os mesmos princípios da Inquisição, ao colocar diante dos tupis duas saídas: a conversão ou a morte como hereges canibais. Wikipedia Commons.

Frontispício de *A arte de gramática da língua mais usada na costa do Brasil*, escrita em 1555 para instruir novos jesuítas que desembarcavam por Salvador, publicada em Portugal tardiamente, em 1595: Anchieta aprofundou-se na língua nativa e é o provável autor do poema laudatório sobre Mem de Sá, com descrições relevantes de episódios históricos, como a morte de Fernão, filho do governador. Biblioteca Nacional, Rio de Janeiro, Brasil.

Estátua de Arariboia, em São Lourenço dos Índios, hoje Niterói: o indígena que entrou para a história trocou o nome para Martim Afonso, combateu ao lado dos portugueses e recebeu do rei dom Sebastião I o título de Cavaleiro da Ordem de Cristo. Wikipedia Commons.

Paço Municipal de São Paulo, em 1628, quadro de José Wasth Rodrigues, coleção do Museu Paulista, reprodução a partir da mais antiga imagem da cidade, no acervo do Archivo General de Indias, em Sevilha, Espanha: a câmara dos representantes era originalmente designada aos "homens bons". Museu Paulista, São Paulo, Brasil.

Partida de Estácio de Sá com Manoel da Nóbrega de São Vicente para plantar uma fortaleza na Guanabara, que se tornaria a cidade do Rio de Janeiro: o jesuíta afirmou ao jovem comandante que não tivesse medo, pois responderia por ele perante a corte em Lisboa e o próprio Deus. Palácio São Joaquim, Rio de Janeiro, Brasil.

A ilha de Serigipe, onde Villegagnon ergueu o forte de Coligny, no registro do padre André Thévet: a derrubada do forte dos franceses e a razia nas aldeias por Mem de Sá não foram o bastante para a corte portuguesa. Wikipedia Commons.

Os portugueses entram na baía da Guanabara: a queda das fortalezas tamoias quebrou a resistência e permitiu o extermínio dos tupinambás e seus aliados, passados de aldeia em aldeia a fio de espada. Biblioteca Nacional, Rio de Janeiro, Brasil.

O Brasil oficial e o real: a divisão do território português em capitanias hereditárias (no detalhe), na prática, tornou-se alguns focos de colonização na costa, que só se consolidou com a fundação do forte no Rio de Janeiro e o massacre dos tamoios na baía da Guanabara, no final da década de 1550.

Andaluzia (VENEZUELA)

OCEANO ATLÂNTICO

Rio Orinoco
Rio Doce (Essequibo)
0° Equador
Rio Amazonas ou Rio Marañon

Cabo de São Roque
Pernambuco
Cabo de Santo Agostinho

Rio São Francisco

TERRA DE SANTA CRUZ
BRASIL

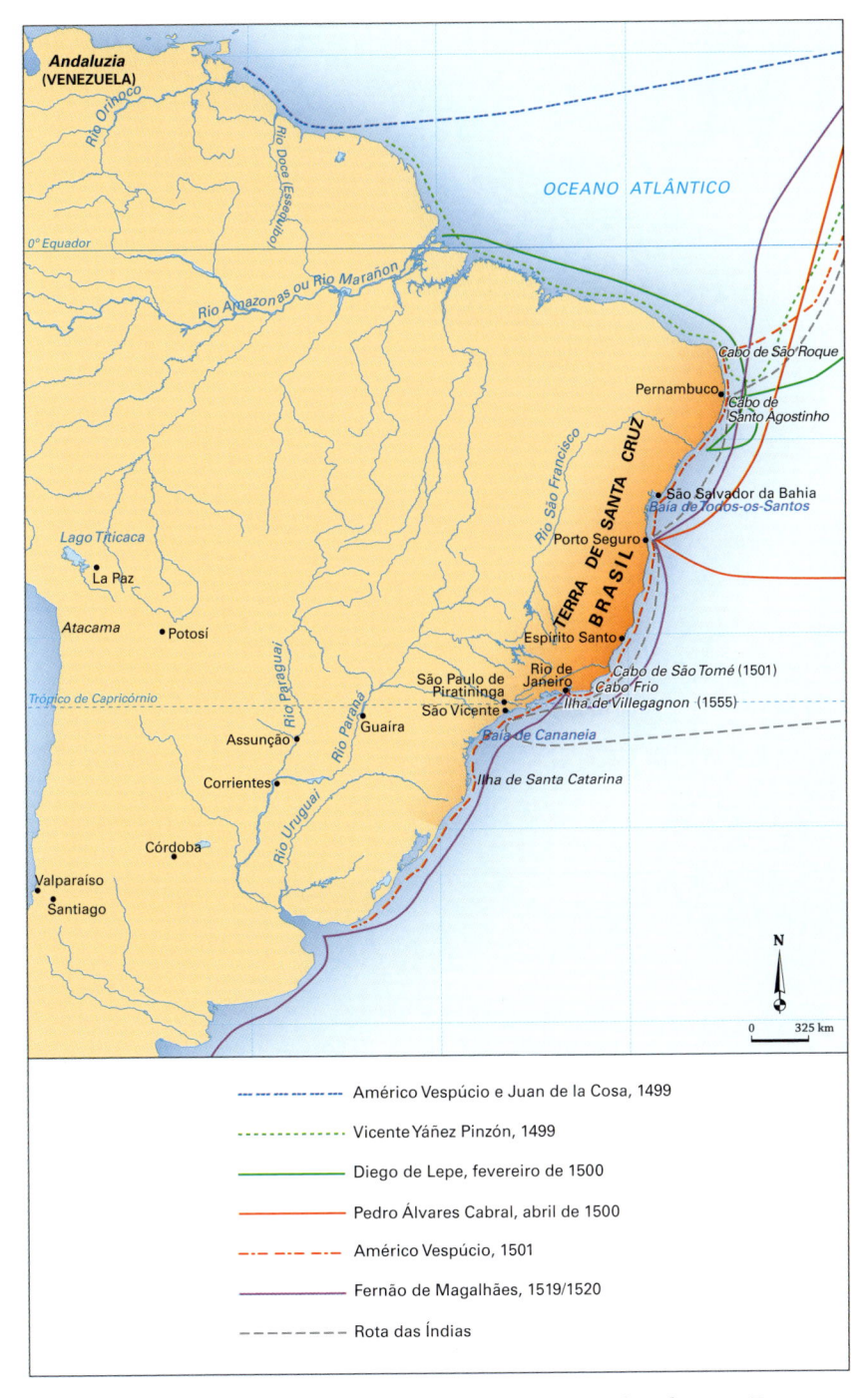

São Salvador da Bahia
Baía de Todos-os-Santos
Porto Seguro

Lago Titicaca
La Paz
Atacama
• Potosí

Espírito Santo
Cabo de São Tomé (1501)
São Paulo de Piratininga
Rio de Janeiro
Cabo Frio
São Vicente
Ilha de Villegagnon (1555)

Trópico de Capricórnio

Rio Paraguai
Assunção
Guaíra
Baía de Cananeia

Rio Paraná
Corrientes
Ilha de Santa Catarina

Rio Uruguai
Córdoba

Valparaíso
• Santiago

N

0   325 km

- — — — — Américo Vespúcio e Juan de la Cosa, 1499
- · · · · · · · Vicente Yáñez Pinzón, 1499
- ———— Diego de Lepe, fevereiro de 1500
- ———— Pedro Álvares Cabral, abril de 1500
- — · — · — Américo Vespúcio, 1501
- ———— Fernão de Magalhães, 1519/1520
- — — — — Rota das Índias

Os primeiros viajantes: a chegada à Ilha do Paraíso, depois conhecida como Terra dos Papagaios, Terra de Santa Cruz, Vera Cruz e, no período colonial, Estado do Brasil.

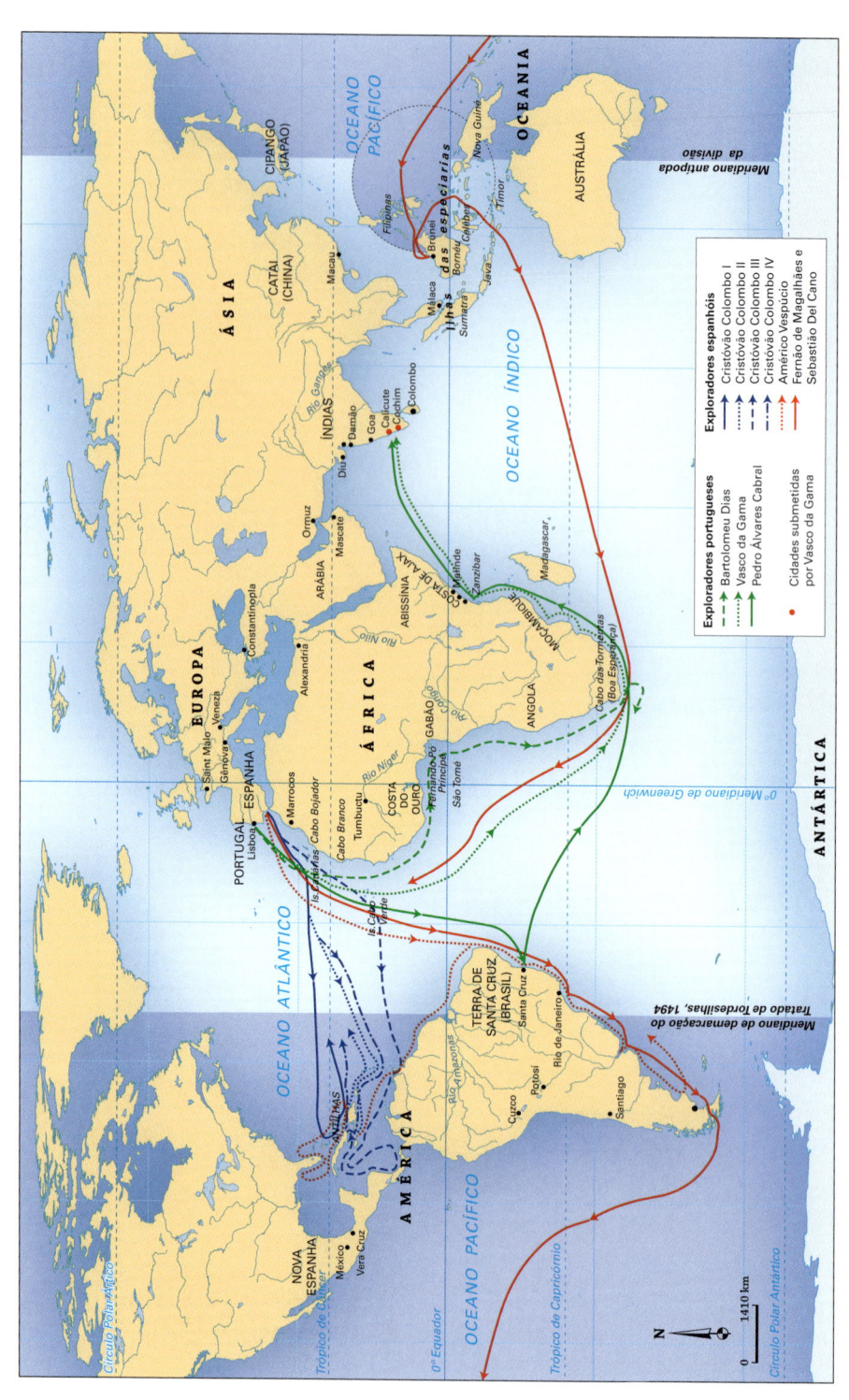

A era das navegações: os primeiros exploradores buscavam o Oriente, não a América do Sul.

pela costa no sentido sul, até a vila do Espírito Santo. Encontraram a vila de Vasco Fernandes Coutinho desertada pelos portugueses e os tupinambás alojados numa de suas fortalezas. "Baltazar de Sá meu sobrinho com os demais da armada a combateram, entraram e mataram os que mais nela estavam", relatou Mem de Sá. "O que foi causa de [os indígenas] pedirem paz e se submeterem com toda obediência."

A morte do filho foi um duro golpe para o governador-geral, embora na carta enviada à corte em 1º de junho de 1558, endereçada à rainha regente dona Catarina, tenha encoberto a perda com fidalguia: "Dou muitas graças a Deus por acabar Fernão de Sá meu filho nesta jornada em seu serviço e de Vossa Alteza", escreveu. "O perigo que esta terra pode ter é capitão tão velho e pobre, e nisto Vossa Alteza verá que os armadores são o nervo do Brasil, e a capitania que não os tiver, não as poderá sustentar." Registrou na carta ter encontrado o donatário Vasco Fernandes Coutinho já tão "enfadado" que só queria passar a capitania adiante. E ter recebido informações de que os franceses construíam navios na Guanabara.

Sabedor do conhecimento que o ex-governador tinha do Brasil, ou em busca de apoio em Lisboa, Nóbrega faz em sua carta de 1559 a Tomé de Sousa um relato preocupante da situação de Mem de Sá, segundo ele tão isolado do poder em Portugal quanto carente de apoio nas capitanias. Afirmava Nóbrega: "Uns não ajudavam, outros estorvavam, outros mordiam e todos com fastio e outros o desacatavam, de maneira que como a homem de capa caída quem quer se lhe atreve, porque dizem que não tem lá no reino ninguém por si e tudo lhe convertem em mal, até a morte de seu filho, que ele sacrificou por esta terra". Apesar disso, o jesuíta observou que o governador-geral se comportava condignamente: "Desta maneira o tratam, mas ele se há com muito sofrimento e paciência em tudo".

Mem de Sá prosseguiu sua campanha para pacificar as outras capitanias, uma a uma, passando os indígenas a fio de espada. Depois do Espírito Santo, foi a vez de Ilhéus, de onde chegara mensagem de que tinham sido "mortos muitos cristãos e queimados os engenhos de açúcar". De acordo com Nóbrega, os indígenas tinham matado três colonos em represália ao assassinato de dois indígenas, em Ilhéus e Porto Seguro. Os colonos ficaram com "tanto medo nos ossos" que abandonaram os quatro engenhos de Ilhéus "sem indígena atirar flechas", refugiando-se na vila, que se encontrava cercada. "Assim postos os cristãos em cerco, mandaram pedir socorro a esta Bahia ao Governador de gente, munição e mantimentos, porque não comiam senão laranjas", afirmou o jesuíta.[15]

Da expedição a Ilhéus, que empreendeu segundo Nóbrega com uma "armada pobre, feita mal e por mal cabo e mal aviado, com muita desconsolação", o governador-geral relatou:[16] "[...] na noite em que entrei em Ilhéus, fui a pé dar em uma aldeia que estava a 7 léguas da vila, num alto pequeno, toda cercada de água ao redor; passamos as alagoas com muito trabalho e às duas horas da madrugada entrei na aldeia, a destruí e matei todos os que quiseram resistir". Comandando seus homens pessoalmente, contava com um lugar-tenente terrível e eficaz: Vasco Rodrigues de Caldas, capitão do mato que seria mais tarde um dos primeiros responsáveis pelas entradas no sertão, homem que na definição de Nóbrega "tirava o medo aos cristãos desta terra", mostrando que os indígenas eram apenas "gente nua".

Os homens do governador-geral voltaram queimando as aldeias que tinham pelo caminho. "Por o gentio ajuntar e me ver, seguindo ao longo da praia lhe fiz algumas ciladas onde os cerquei e lhes foi forçado deitarem-se a nado ao mar", relatou o governador-geral.[17] Sob o comando de Vasco Rodrigues de Caldas, Mem de Sá enviou indígenas aliados em igaras atrás dos fugitivos, liquidados em alto-mar. "Nenhum tupiniquim ficou vivo", afirmou Mem de Sá. "Trouxeram-nos [os cadáveres] à terra e os puseram ao longo da praia."

---
15 Padre Manoel da Nóbrega, carta a Tomé de Sousa, 1559.
16 Mem de Sá, *Instrumentos dos serviços de Mem de Sá*.
17 *Ibidem*.

Durante um mês, o governador-geral percorreu os campos nas proximidades de Ilhéus, incendiando malocas, matando indígenas e submetendo os sobreviventes, que se tornavam escravos ou aliados. Dali, voltou a Salvador, mas logo teve de rumar para Itaparica, onde os indígenas da aldeia de Peruaçu tinham matado três pescadores e tomado outro barco "com muita fazenda [mercadoria]" de colonos que escaparam a nado. Como resultado, os portugueses da ilha andavam receando sair ao mar. Em oito dias, Mem de Sá reuniu "trezentos homens brancos e 2 mil indígenas de pazes".[18]

Por meio de emissários, o governador-geral exigiu que os indígenas entregassem os culpados, aos quais daria a pena de morte. Diante da recusa, fez abrir uma estrada "por onde gente e os cavalos pudessem ir" entre os morros onde se encontravam as povoações tupinambás. Fez no Peruaçu uma razia na qual foram destruídas "cento e trinta e tantas aldeias". De acordo com Anchieta, foram 160 as aldeias dizimadas.[19] "Mataram toda a gente de uma grande aldeia e os meninos e mulheres trouxeram todos cativos, sem perigar nenhum cristão", relatou o padre Antônio Pires, na carta de 22 de julho de 1558. "Foi coisa esta que não somente a este gentio mas a toda costa fará espanto e medo, porque nunca outra tal se fez nesta terra."

Para Nóbrega, em carta ao rei em 1º de julho de 1560, o governador-geral empreendera "cousa nunca imaginada que podia ser, porque geralmente quando se nisso falava, diziam que nem todo o poder de Portugal abastaria, por [o Brasil] ser terra mui fragosa e cheia de muita gente". Assim, de acordo com o jesuíta, os indígenas do Peruaçu foram submetidos a "ficar tributários e sujeitos e obrigados a receber a palavra de Nosso Senhor".

Ao concluir a campanha, Mem de Sá deu início com os jesuítas ao que seria a versão brasileira das missões, nos mesmos moldes que reuniriam os guaranis na região da atual tríplice fronteira.[20] Agrupou

---

18 Mem de Sá, *Instrumentos dos serviços de Mem de Sá*.
19 José de Anchieta, *Informação do Brasil e suas capitanias*.
20 Brasil, Argentina e Paraguai.

os habitantes rendidos de quatro aldeias em uma missão a "1 légua" de Salvador, conforme registrou o jesuíta Antônio Blasquez, em suas *Cartas avulsas*. "Eu lhas dei [as pazes], com se fazerem cristãos, e os ajuntei em grandes aldeias e mandei fazer igrejas onde os padres da companhia dizem a missa", afirmou Mem de Sá.[21] "Esta gente é que sempre me ajudou nas guerras que fiz nesta capitania e nas outras onde fui, e foi depois de Deus das melhores ajudas que tive."

Em 12 de novembro de 1559, foram batizados de uma só vez na Igreja do Espírito Santo 437 indígenas. Na mesma data, registrava-se 360 indígenas passados pela catequese e alfabetizados nas escolas jesuítas. José de Anchieta registrou batizados simultâneos de até mil indígenas. "Está a terra tão pacífica que não somente os brancos vão por ela léguas adentro seguros, mas um indígena seguindo por dentro dos contrários retornou sem lhe fazerem mal", assinalou o padre Ruy Pereira aos jesuítas em Lisboa, em carta de 15 de setembro de 1560.

Com a capitania pacificada, Mem de Sá mandou fazer um engenho, para poder começar a remeter dividendos a Lisboa. Chegou a produzir 500 arrobas de açúcar, com uma renda de 6 mil cruzados à Coroa portuguesa – "e renderá em breve muito mais, por a terra estar de paz", prometeu o governador-geral. Em Salvador, levantou a Igreja da Sé, "com três naves de boa grandura", a Igreja de Misericórdia, o Mosteiro Jesuíta e uma "torre forte" na sede do governo – todas de "pedra e cal". "A cidade vai em muito crescimento e com estas terras que agora se sujeitaram se podia fazer um reino só ao redor da baía", escreveu à Coroa em 31 de março de 1560, num balanço do início de seu governo.

O governo-geral do Brasil consolidara-se com punho de ferro. Contudo, Mem de Sá divisava ainda um amplo desafio administrativo, que apontava ao cardeal infante dom Henrique como condição para o sucesso. "Porto Seguro está por se despovoar por causa de seu

---

21 Mem de Sá, *Instrumentos dos serviços de Mem de Sá*.

capitão", escreveu. "Os Ilhéus, se não o acudira, houvera de se perder e haverão de matar o capitão. No Espírito Santo estão três filhos de Vasco Fernandes Coutinho, moços sem barbas e são todos capitães. Os de São Vicente estão quase alevantados. Se Vossa Alteza quer o Brasil povoado, é necessário ter outra ordem nos capitães [...]".[22]

Em sua correspondência, é recorrente o pedido a Lisboa para enviar ao Brasil administradores competentes e, acima de tudo, homens de bem. "Os meios para isso necessários [conservar o Brasil] era pôr nestas capitanias capitães honrados e de boa consciência", afirma Mem de Sá na carta ao cardeal infante dom Henrique.[23] Sua impressão dos portugueses que encontrou na terra era a pior possível. "Deve Vossa Alteza lembrar que povoa esta terra de degradados malfeitores, que os mais deles mereciam a morte, e que não têm outro ofício senão urdir males", diz, na mesma carta.

Estabeleceu normas de conduta, tantos para portugueses quanto para indígenas. "Depois de haver chegado, [o governador-geral] começou logo a pôr a terra em ordem, assim aos cristãos como aos gentios", escreveu o jesuíta Antônio Blasquez, em 30 de abril de 1558, ao padre-geral em Lisboa.[24] "Atalhou as demandas com que toda a terra andava revolta, tirou o jogo da cidade, que tão público andava, e com tanta ofensa do Senhor; fazia os vagabundos e ociosos trabalhar, assim por palavra, como pelo exemplo, porque é muito fragueiro; tirou que andasse entre os indígenas a gente que entre eles soía ser escandalosa."

Mem de Sá fez uma limpeza nos processos administrativos e judiciários para acabar com a corrupção. "Primeiramente cortou as longas demandas que havia, concertando as partes, e as que de novo nasciam atalhava da mesma maneira, ficando as audiências vazias e os procuradores e escrivães sem ganho, que era uma grande

---

22 Mem de Sá, *Instrumentos dos serviços de Mem de Sá*.
23 *Idem*, carta ao cardeal infante dom Henrique, 31 de março de 1560.
24 Antônio Blasquez, *Cartas avulsas*.

imundície que comia esta terra e fazia gastar mal o tempo e engendrava ódios e paixões", afirmou Manoel da Nóbrega.[25]

Uma das principais preocupações de Mem de Sá foi o estabelecimento de um sistema judicial eficiente e capaz de funcionar com os indígenas catequizados. Nas cidades por onde passava, o governador-geral instalava um meirinho, responsável pela ordem local. O mesmo meirinho era encarregado de punir os indígenas quando necessário. Por penas leves e médias, um indígena podia passar de um a dois dias no tronco, exposto ao público. "Mandei fazer o tronco e o pelourinho em cada vila para lhes mostrar que têm tudo o que os cristãos têm", afirma Mem de Sá em suas cartas a Lisboa. "E para o meirinho meter os moços no tronco quando fogem da escola e para outros casos leves de autoridade de quem os ensina e reside na vila. Eles [os indígenas] são muito contentes e recebem melhor o castigo que nós."

O jesuíta Antônio Pires não via tanta tranquilidade dos indígenas em aceitar o castigo. Segundo ele, aos poucos os indígenas convertidos perdiam o costume de comer carne humana, menos por temor das forças divinas que da mão pesada de Mem de Sá. "Se sabemos que alguns a têm [carne humana] para comer e lha mandamos pedir, a mandam, como fizeram estes dias passados; e no-las trazem de mui longe, para que a enterremos ou queimemos, de maneira que todos tremem de medo do governador", afirmou, em carta de Salvador, em 19 de julho de 1558. "O qual [governador], ainda que não baste para a vida eterna, bastará para com ele podermos edificar [...]."

Com esses métodos de administração da Idade Média, o Brasil português se organizava. O maior desafio de Mem de Sá estava agora no sul, onde os tupinambás desafiavam a colonização portuguesa. Para eles, aqueles homens que andavam a cavalo e cuspiam chumbo não eram invulneráveis. A notícia da morte de Fernão de Sá lhes injetara novo ânimo. "Esta nova, ultra de entristecer os corações todos

---

25 Padre Manoel da Nóbrega, carta a Tomé de Sousa, 1559.

da terra, deu esforço e ânimo à gentilidade por se matar pessoa tão assinalada", escreveu o padre Antônio Blasquez.[26] "Estou mui arrependido de não haver já tirado meus irmãos de lá [de Piratininga], porque segundo parece mui claro, está aquela terra com a candeia na mão, porque cada vez se lhe acrescenta a desventura e lhe falta o socorro", lamentava Manoel da Nóbrega na carta a Tomé de Sousa.

A conquista do sul, certamente, seria a etapa mais difícil da colonização – e o governador-geral ainda aguardava o momento certo para começá-la.

A queda de Coligny

A presença francesa na Guanabara reforçou a convicção dos portugueses de que aquela baía era estratégica. Ali estavam sediadas as principais aldeias indígenas resistentes à colonização portuguesa. Dali tinham saído as lideranças da Confederação dos Tamoios, que praticamente aniquilara os negócios portugueses da capitania de São Vicente. Ali os franceses protestantes tinham criado uma zona de influência. Era um pedaço de território que não se podia classificar como colônia. O Brasil somente seria português uma vez que a Coroa plantasse sua bandeira no coração do território tamoio.

Mem de Sá sabia das dificuldades para conquistar o último bastião com o qual daria as capitanias por pacificadas, unindo-as no vasto território que cobria a maior parte da costa atlântica do Novo Mundo. Zona pantanosa, localizada entre a baía e as montanhas, a Guanabara por muito tempo fora um local de difícil acesso, uma terra inóspita com uma população hostil. Desde sua chegada, o governador-geral estudou como ocupá-la. Viu afinal sua oportunidade em 1559, quando recebeu um inusitado presente dos jesuítas de Piratininga.

---

26 Antônio Blasquez, *Cartas avulsas*.

Expelido por Villegagnon, junto com outros franceses que aos poucos se dispersavam também de Henriville, Jean Coynta procurou os administradores de São Vicente para mostrar-lhes as fraquezas de Coligny. Aproveitou um ataque tamoio para desertar com mais três compatriotas. "[Vieram] quatro franceses que, com o pretexto de ajudar aos inimigos na guerra, se queriam passar para nós outros, o que não puderam fazer sem muito perigo", narra José de Anchieta, na carta de São Vicente, em 1º de junho de 1560. "Estes, como depois se supôs, apartaram-se dos seus, que estão entre os inimigos em uma povoação que chamamos Rio de Janeiro, daqui a 50 léguas, e têm trato com eles; fizeram casas, e edificaram uma torre mui provida de artilharia, e forte de todas as partes, onde se dizia ser mandados por el-rei de França assenhorearem-se daquela terra."

É difícil imaginar o que levou Coynta a desertar, exceto que, uma vez clara a cisão da França Antártica, independentemente da religião, preferira ficar do lado mais forte. Os jesuítas acolheram o "herege", embora o vissem com restrições. "[...] Um deles [Coynta] ensinava as artes liberais, grego e hebraico, e era mui versado na Sagrada Escritura, e por medo do seu capitão, que tinha diversa opinião, ou por querer semear os seus erros entre os portugueses, uniu-se aqui com outros três companheiros idiotas, os quais como hóspedes e peregrinos foram recebidos e tratados mui benignamente", escreveu Anchieta na carta de São Vicente. Em outro documento, a *Informação do Brasil e suas capitanias,* no qual se refere ao mesmo homem com o nome de Joannes de Boles, "mui lido na escritura sagrada, mas grande herege", Anchieta diz que em São Vicente este "começou logo a vomitar a peçonha de suas heresias".

O padre Luiz da Grã desceu a serra de Piratininga até São Vicente para avaliar Coynta, dando início a seu julgamento por heresia. Coynta encontrou-se com o padre Manoel da Nóbrega na casa do italiano José Adorno, conhecido como "o Genovês". Chegado ao Brasil com os irmãos Paolo e Francesco na esquadra de Tomé de Sousa, e tio do jesuíta Francisco Adorno, era dono do engenho São

João e um dos mais ricos comerciantes e proprietários de escravos da região. Interessado em saber o que acontecia com o reduto francês e seus protestantes, Nóbrega viu no francês, ao mesmo tempo que uma fonte permanente de cizânia, caso ficasse em São Vicente, um grande conhecedor do forte de Coligny. E o homem certo para colaborar na expulsão dos franceses de sua ilha.

O testemunho de Coynta poderia ajudar na campanha de Nóbrega para combater tanto os "hereges" franceses quanto os indígenas resistentes à ocupação. É também o que afirma Anchieta, em carta de 1560: "Mandaram [Coynta] para a Baía, para lá se conhecer mais amplamente da sua causa". Nóbrega levou-o ao governador-geral, que os recebeu quando estava em campanha na capitania de Ilhéus. "Quando queria partir de Ilhéus, me veio um gentil homem francês que se chamava senhor de Bolés", relata Mem de Sá ao infante dom Henrique. "E me descobriu algumas ruins determinações de Villa Ganhão [Villegagnon] em prejuízo desta terra e do serviço de Sua Alteza."

Com as dissensões que enfraqueceram Coligny, conforme relatado por Coynta, Mem de Sá acreditou que aquele era o momento de tirar os franceses da Guanabara. Partiu de Salvador para o sul com duas naus, uma delas capitaneada pelo sobrinho Estácio de Sá, e oito embarcações menores. Fez escala nas capitanias de Ilhéus, Porto Seguro e Espírito Santo, onde aguardou reforços pedidos a Lisboa: três naus comandadas por Bartolomeu de Vasconcellos. Levou consigo também Manoel da Nóbrega, conselheiro e fomentador da campanha contra os franceses, e o informante Coynta, disposto a colaborar na luta contra seus compatriotas.

A esquadra do governador-geral entrou na baía em 21 de fevereiro de 1560, a princípio para realizar um ataque de surpresa, que não aconteceu. "Mandou o governador a um que sabia bem aquele Rio, que fosse adiante guiando a armada, e que ancorasse bem perto de onde pudessem os batéis deitar gente em terra", relata Manoel da Nóbrega, em carta ao infante dom Henrique. "Mas isto aconteceu de outra maneira do que se ordenara, porque este guia, ou por não saber, ou por não querer, fez ancorar a armada tão longe do porto que não puderam os batéis chegar senão de dia, com andarem muita parte da noite, e foi logo vista e sentida a armada."

Pela primeira vez Mem de Sá se deparou pessoalmente com as dificuldades da conquista da Guanabara. No rochedo fortificado por Villegagnon, "uma das mais fortes fortalezas da cristandade, com muita e formosa artilharia de metal e outra de ferro coado, munições e naus de remo para correr a costa", conforme descreveu,[27] abrigavam-se 74 franceses, mais alguns escravos. Somaram-se a eles os quarenta tripulantes de uma nau cargueira de pau-brasil que os franceses, sem qualquer chance num confronto naval, abandonaram na baía. Além dos homens na fortaleza de Coligny, Mem de Sá estimou em 1.500 os guerreiros tamoios na Guanabara, muito embora naquele momento a maior parte deles se encontrasse longe dali, combatendo os homens de Brás Cubas e João Ramalho em Piratininga. Em carta à corte, Nóbrega afirma que eram oitocentos os indígenas que davam suporte aos franceses fora da fortaleza.

Mem de Sá usou primeiro da diplomacia. Em uma mensagem enviada a Bois-le-Comte, comandante de Coligny, o governador propunha-lhe a rendição:

> El-rei de Portugal, sabedor que Villegagnon, vosso tio, lhe tinha usurpado esta terra, foi se queixar a el-rei de França, que respondeu que cá estava, que lhe fizesse guerra e que botasse fora, porque não viera por suas ordens. E como não acho Villegagnon aqui, está vós em seu lugar, peço em nome de Deus, de vosso rei e do meu, que largueis a terra alheia e vos vades em paz sem querer experimentar os danos que sucederão da guerra.

---

27 Mem de Sá, *Instrumentos dos serviços de Mem de Sá*.

Respondeu Bois-le-Comte:

Não é meu papel julgar de quem é a terra do Rio de Janeiro. [Minha missão] é fazer o que o senhor Villegagnon, meu tio, me mandou, que é sustentar e defender esta sua fortaleza, e que assim hei de cumprir, ainda que assim me custe a vida e muitas vidas.

E pedia a Mem de Sá que fosse embora, deixando os franceses incólumes.

O governador-geral levava consigo "muitos mais de mil homens que os do gentio da terra, tudo gente escolhida e tão bons espingardeiros como os franceses". Porém, além da posição vantajosa do inimigo, os homens do governador lhe pareceram insuficientes e pouco experimentados no combate corporal. "Fui com muito pequena armada e pouca gente, ao menos do reino, que não trazia mais que gente do mar", escreveu, nos *Instrumentos*. Segundo Nóbrega, Mem de Sá enfrentava a relutância dos portugueses em atacar. "Toda gente o contradiz porque já tinham espiado bem tudo e parecia coisa impossível entrar no forte", escreveu o jesuíta, em carta ao cardeal e infante dom Henrique. "Sobre isso fizeram muitos desacatamentos e desobediências."

O governador-geral admitiu os problemas de comando, em especial com o capitão enviado de Lisboa. "No meio do dia combati contra a vontade dos da armada do reino, do seu capitão [Bartolomeu de Vasconcellos] e dos demais capitães." De acordo com Nóbrega, a insubordinação dos capitães da armada "[...] nasceu de se dizer publicamente e saberem que o governador estava mal acreditado no reino com Vossa Alteza", conforme o jesuíta escreveu ao cardeal infante dom Henrique. "[...] E por dizer que tinha lá inimigos no reino e poucos que favorecessem sua causa, o que lhe tirou muito a liberdade de bem governar."

Diante da relutância das tropas, da possibilidade de grandes perdas no combate, ou de um cerco prolongado, talvez inútil, o governador concluiu que para invadir a ilha precisaria dos homens de São Vicente, mais acostumados ao combate direto. Assim, diluiria também a importância dos capitães que não lhe batiam continência. Ficou estacionado na Guanabara, à espera dos reforços, chamados por meio de uma carta escrita por Nóbrega. Depois de um mês, enfim surgiram: um bergantim e uma flotilha de canoas guaianazes e carijós. "Daqui foi socorro em navios e canoas, e nós outros demos o costumado socorro de orações", escreveu, de São Vicente, José de Anchieta. "E foi assim que a uns por vergonha, a outros por vontade, lhes pareceu bem de acometerem a fortaleza", afirmou Nóbrega.

Em 13 de março de 1560, o ataque finalmente começou. Segundo um plano concebido com auxílio de Jean Coynta, enquanto as naus de Bartolomeu de Vasconcellos avançavam num ataque frontal, bombardeando o forte sobre as águas de maré alta, um destacamento saiu em canoas e outras embarcações de pequeno porte para invadir a ilha do outro lado, onde estava a praia, a partir de uma base na ilha das Palmas. "O governador mandou ao capitão-mor que ele desse na fortaleza ao tempo que entrasse a viração, que se fizesse prestes e desse a vela com os seus navios por uma das bandas", escreveu Bartolomeu de Vasconcellos ao meirinho (oficial de Justiça) Luís Costa. "Ele, governador, havia de ir pelo outro lado em barcos e navios pequenos com um número maior de pessoas."

O desembarque das canoas foi à meia-noite, quando os franceses estivessem imaginando que o bombardeio por horas a fio era tudo o que os portugueses fariam. Liderados pelo mameluco Manoel Coutinho e o português Afonso Martins Diabo, com a orientação de Jean Coynta, os portugueses alcançaram a praia a nado e avançaram para o paiol do forte, cuja explosão liquidou com a munição francesa. Pela manhã do dia 15, depois de dois enfrentamentos, os franceses que não tinham ainda fugido para o continente entregaram as armas.

Nóbrega entrou na fortaleza, claudicando com as pernas inchadas e cheias de feridas pela inação prolongada dentro do navio. Rezou a missa, acompanhado por Fernão Luís e Gaspar Lourenço, dois jesuítas que tinham vindo com as naus de São Vicente. Apesar das ordens do infante dom Henrique, enviadas por meio de Bartolomeu de Vasconcellos, de que deviam ocupar o forte, assim que tomaram suas armas e canhões, o governador deu ordens para incendiá-lo. De acordo com Nóbrega, Mem de Sá julgava que não tinha homens suficientes nem dispostos a ocupar a ilha, assim como a toda a baía. Em pouco tempo, a aventura francesa na costa brasileira transformou-se em um monte de cinzas e pedras calcinadas.

Depois de destruir a fortaleza, as tropas do governador se voltaram para o continente. Henriville foi arrasada. Aproveitando-se do fato de que a maior parte dos guerreiros tamoios se encontrava em Piratininga, os portugueses sob o comando de Bartolomeu de Vasconcellos saquearam e queimaram as aldeias indefesas, entre elas Uruçumirim, de Aimberê. "Destruí muitas aldeias fortes, com matar de muitos indígenas", afirmou Mem de Sá sobre a razia na Guanabara.[28] É difícil precisar quantas foram as mortes. No poema dedicado ao governador-geral, a narrativa da vitória é um cenário de horror. "O sangue correu em riachos que espumejavam: muitos tombaram passados a fio de espada; muitos, de mãos e pescoço presos, carregavam cadeias", descreve o *De gestis*. "Cessou finalmente o terror, a altivez e a ameaça dos bárbaros; e voltou aos lusos a paz suspirada."

Mem de Sá retirou sua esquadra da Guanabara, deixando para trás a baía pontilhada por espirais de fumaça. "Matou a muitos, e não pôde fazer mais porque tinha necessidade de consertar os navios, que das bombardas ficaram mal aviados", afirmou Nóbrega. Os indígenas prisioneiros foram levados a ferros para São Vicente, onde o governador-geral mandou reaparelhar a esquadra.

Os jesuítas chegaram em mau estado, de acordo com Anchieta: Gaspar Lourenço "mui doente em febres e câmeras em sangue pelo muito frio e trabalhos que sofreu" e Manoel da Nóbrega "magro, com os pés e cara inchada, pernas cheias de postemas, e outras muitas

---

28 Mem de Sá, *Instrumentos dos serviços de Mem de Sá*.

enfermidades". Para receber o governador-geral em Piratininga, Anchieta mandou os indígenas abrirem um caminho mais largo na serra do Mar, que ficou conhecido como o Caminho do Padre José, inspirador da futura Via Anchieta.

Em 31 de março de 1560, Mem de Sá deparou-se com São Paulo, que em tamanho já sobrepujava Santo André da Borda do Campo. Sob influência de Luiz da Grã e sobretudo Manoel da Nóbrega, o governador-geral fez com que ela incorporasse os moradores da Borda do Campo e a promoveu a Vila de São Paulo de Piratininga, seis anos após sua fundação. O pelourinho foi transferido para a praça diante do Colégio Jesuíta, também mudado de São Vicente para o planalto. O governador-geral procurava agrupar as povoações portuguesas em núcleos mais fortes.

João Ramalho mantinha poder. De acordo com Antônio de Alcântara Machado, em *Anchieta na Capitania de São Vicente*, a entrada forçada de seus mamelucos na Vila de São Paulo contribuiu para afastar ainda mais os indígenas catequizados, temerosos de sua proximidade. Abandonando a vila, eles fundaram as aldeias de Nossa Senhora dos Pinheiros e São Miguel, de acordo com frei Gaspar da Madre de Deus.[29]

De São Vicente, Mem de Sá retornou em junho para Todos-os-Santos. Muitos historiadores apontam o governador como um homem hesitante, confrontado por seus subordinados e lento para tomar decisões. Porém, foi reto o bastante para sustentar perante a corte portuguesa sua decisão de abandonar a Guanabara, em vez de tentar ocupá-la. Via naquela enorme baía de 380 quilômetros quadrados, que em breve receberia de volta milhares de guerreiros hostis, um lugar ainda fora do alcance para as ambições portuguesas. Não bastava a vontade real. "Esta terra não pode nem se deve regular pelas leis e estilos do reino", escreveu ele ao cardeal infante

---

29 Frei Gaspar da Madre de Deus, *Memórias para a História da capitania de São Vicente*, 1920.

dom Henrique.[30] "Se Vossa Alteza não for fácil em perdoar, não terá gente no Brasil."

Ainda assim, compartilhava com Nóbrega a certeza de que se tratava de um lugar estratégico. Insistia o jesuíta na carta ao cardeal infante dom Henrique, escrita logo em seguida, na chegada a São Vicente, que a tarefa não estava terminada. "Parece muito necessário povoar-se o Rio de Janeiro e fazer-se nele outra cidade como a da Bahia, porque com ela ficará tudo guardado, assim esta capitania de São Vicente como a do Espírito Santo, que agora estão bem fracas, e os franceses lançados de todo fora, e os indígenas se poderem melhor sujeitar", afirmou. Mem de Sá teria que voltar, por ordem real, para cumprir a missão de ocupar a Guanabara. Porém, a corte teria antes que lhe dar uma armada capaz de impor, afinal, o Brasil português.

O GRANDE CERCO

A ordem de Mem de Sá para que lhe enviassem reforços deixou alarmados os fazendeiros da capitania de São Vicente, que teriam enfraquecidas suas defesas. Porém, os tamoios – que cercavam o planalto e poderiam ter arrasado São Vicente, Santos ou mesmo a Vila de São Paulo – tinham recebido a notícia da partida da esquadra em Salvador rumo à Guanabara. Imaginando que suas aldeias seriam atacadas, partiram incontinenti, uma vez que era demorada a viagem do planalto serra abaixo a pé, onde estavam as igaras que os levariam de volta.

Ao chegar, encontraram as aldeias destruídas, assim como o forte de Coligny. Não é difícil imaginar a lamentação, a raiva e a sede de vingança dos tamoios diante das atrocidades cometidas pelas

---

30 Mem de Sá, carta de 31 de março de 1560.

tropas de Mem de Sá. O conselho das comunidades reuniu-se mais uma vez. Sucessor de Cunhambebe no comando da Confederação, Aimberê reafirmou a guerra, mas decidiu-se que, antes de uma expedição punitiva a São Vicente, as aldeias seriam reconstruídas, desta vez como fortificações levantadas à maneira dos franceses, os mesmos que tinham erguido Coligny. Eles não correriam novamente o risco de deixá-las desprotegidas. Árvores foram derrubadas com machados franceses para a construção de paliçadas e retomaram-se as plantações. Guerreiros ficaram nas aldeias para defendê-las durante as futuras incursões contra as vilas portuguesas.

Para melhor se proteger, as aldeias se agruparam, rompendo a antiga divisão para o controle populacional. Criaram-se na Guanabara pelo menos três grandes povoações fortificadas. Além da proteção natural entre os braços do rio Carioca e a mata, Uruçumirim ganhou uma murada reforçada. Duas outras aldeias também foram transformadas em fortalezas: Paranapuã, com uma parede dupla de paliçadas e um fosso defendido por ponteiras, e uma terceira, em local não identificado, descrita mais tarde por Mem de Sá com "três cercas, muitos baluartes e casas fortes".[31]

A chegada da esquadra do governador Mem de Sá a São Vicente trazendo de volta os homens da capitania foi motivo de celebração. Os jesuítas respiraram aliviados com a vitória, mesmo tendo custado tantas mortes entre os silvícolas cujas vidas originalmente eles tinham como missão salvar. Com os tamoios ocupados com a reconstrução das aldeias na Guanabara, Piratininga ganhou uma trégua de cerca de um ano. As coisas voltaram a ser como antes. Por ordem de Mem de Sá, Brás Cubas retomou as expedições pelo interior em busca de escravos e metais preciosos. Um de seus capitães, Luis Martins, descobriu uma mina de ouro próxima ao Colégio de São Paulo. O tabelião Jácome da Mota registrou em ata da

---

31 Mem de Sá, *Instrumentos dos serviços de Mem de Sá*.

Câmara dos Vereadores de Santos que Martins apresentou ali seu achado – "três quartos de dobra e seis grãos" de ouro – a Brás Cubas e outros vereadores. Uma boa notícia para o governador-geral e a corte portuguesa.

A "paz suspirada" no poema dedicado a Mem de Sá, porém, não durou muito. O massacre das aldeias na Guanabara levantou muitas nações contra os portugueses. Em vez de conquistar a terra, o governador-geral acendeu o pavio de um barril de pólvora muito maior. Quando as malocas foram levantadas, as paliçadas erguidas e a mandioca plantada, os indígenas pintaram-se de novo para a guerra. Logo as forças de Aimberê voltaram a subir a serra. As incursões contra os portugueses redobraram. Espalhou-se entre as vilas a notícia de que entre eles ainda se encontrava o feroz Cunhambebe, cuja lenda ganhava vulto pela boca dos apavorados colonos.

A figura do cacique sanguinário tomava contornos sobrenaturais: ele se tornava o "guerreiro imortal". Na realidade, segundo o costume indígena, um parente de Cunhambebe, um filho ou neto, assumiu o seu lugar. Entre os indígenas brasileiros, é um conhecido ritual: quando morre um homem importante, um descendente não apenas toma o seu nome, como incorpora sua personalidade. Dessa forma, perante os indígenas passa a ser o homem que encarnou. Para os indígenas, de fato era o mesmo Cunhambebe que se encontrava lá. E a presença do antigo chefe, como um El Cid tropical, ressuscitado entre os guerreiros, lhes infundia coragem.

Ao apoiar o massacre na Guanabara, Piratininga se tornara um alvo ainda mais importante. Acampamentos foram levantados no alto da serra, nas bordas do planalto, de modo a cortar a comunicação dos portugueses com São Vicente. Alertados por indígenas, os jesuítas pediram socorro aos aliados nas aldeias próximas. "Somente direi as grandes misericórdias de que Deus usou para conosco, das quais a principal foi mover o coração de muitos indígenas dos nossos catecúmenos e cristãos a nos ajudar a tomar armas contra os seus; os quais, sabida a notícia e verdade da guerra, vieram de sete ou oito aldeias, em que estavam esparzidos, a meter-se conosco", escreveu Anchieta na carta ao padre-geral Diogo Lainez, em 16 de abril de 1563.

Diante do novo ataque, João Ramalho, que tinha sido ferozmente discriminado pelos padres, juntou-se a eles na defesa da Vila de São Paulo, com guaianazes reunidos por Tibiriçá, ao qual Anchieta se refere pelo seu nome de batismo. "O que deu maiores demonstrações de cristão e amigo de Deus foi Martim Afonso, principal [cacique] de Piratininga [...], o qual juntou logo toda a sua gente, que estava repartida por três aldeias pequenas, desmanchando suas casas, e deixando todas as suas lavouras para serem destruídas pelos inimigos", escreveu[32].

Segundo Anchieta, Tibiriçá passou cinco dias na vila, organizando a defesa e exortando seus comandados, para que não tivessem medo das forças que se aproximavam:

> Nunca outra coisa fez em cinco dias que estivemos à espera do combate, senão dar-lhes avisos e esforços porque eram mui poucos, e destes muitos tolhidos e enfermos: pregando continuamente de noite e de dia aos seus pelas ruas (como é costume) que defendessem a igreja que os padres haviam feito para os ensinar a eles e a seus filhos, que Deus lhes daria vitória contra seus inimigos, que tão sem razão lhes queriam dar guerra.

Deixara para trás parentes e sobrinhos, uns que se recusaram a segui-lo, ficando em suas aldeias, e outros que decidiram juntar-se às forças tamoias. No dia 10 de junho de 1562, o cacique Ararig, líder dos tupis e carijós, irmão de Tibiriçá, chegou às cercanias da Vila de São Paulo, acompanhado por seu filho, Jagoanharo. Enviou um mensageiro a Tibiriçá, para que mudasse de lado. Apesar de muitos considerarem certo o massacre diante dos tamoios, Tibiriçá era um

---

32 José de Anchieta, carta ao padre-geral Diogo Lainez, 16 de abril de 1563.

indígena vestido com roupas europeias. Com seu nome de batismo cristão, já velho, sogro de João Ramalho há trinta anos, e próximo dos jesuítas, escolhera o seu lado.

Na carta de 16 de abril de 1563, Anchieta exaltava a decisão do cacique de permanecer com os cristãos portugueses:

> Ainda que alguns de seus irmãos e sobrinhos ficassem em uma aldeia sem o querer seguir, e um deles vinha juntamente com os inimigos, e lhe mandou incutir grande medo, que eram muitos e haviam de destruir a vila, todavia teve em mais o amor de nós outros e dos cristãos que o dos seus próprios sobrinhos, que tem em conta de filhos, levantando logo bandeira contra todos eles, e uma espada de pau mui pintada e ornada de penas de diversas cores, que é sinal de guerra.

Antes de avançar sobre São Paulo, os tamoios queimaram fazendas e libertaram indígenas escravos, que se juntavam aos guerreiros. Atacaram primeiro uma fazenda de engenho que pertencia a Brás Cubas. Depois, duas fazendas de João Ramalho, próximas à Vila do Colégio de São Paulo. Na igreja, os jesuítas rezavam, ao mesmo tempo que se preparavam para morrer. Os indígenas mantiveram o povoado sob cerco durante dois dias, até uma batalha fratricida, assim narrada por Anchieta:[33]

> Chegando pois o dia, que foi o oitavo da visitação de Nossa Senhora, [os tamoios] deram de manhã sobre Piratininga com grande corpo de inimigos pintados e emplumados, e com grandes alaridos, aos quais saíram logo a receber os nossos discípulos, que eram mui poucos, com grande esforço, e os trataram bem mal, sendo cousa maravilhosa que se achavam e encontravam às flechadas irmãos com irmãos, primos com primos, sobrinhos com tios, e o que mais é, dois filhos que eram

---

33 José de Anchieta, carta ao padre-geral Diogo Lainez, 16 de abril de 1563.

cristãos, estavam conosco contra seu pai, que era contra nós: de maneira que parece que a mão de Deus os apartou assim e os forçou, sem que eles o entendessem, a fazerem isto. As mulheres dos portugueses e meninos, ainda dos mesmos indígenas, recolheram-se a maior parte delas à nossa casa e igreja, por ser um pouco mais segura e forte, onde algumas das mestiças estavam toda a noite em oração com velas acesas ante o altar, e deixaram as paredes e bancos da igreja bem tintos do sangue que se tiravam com as disciplinas, o qual não duvido que pelejava mais rijamente contra os inimigos do que as flechas e arcabuzes.

Tiveram-nos em cerco dois dias somente, dando-nos sempre combate, ferindo muitos dos nossos indígenas, e ainda que fossem flechadas perigosas, nenhum morreu por bondade do Senhor, pois que se recolhiam à nossa casa, e aí os curávamos do corpo e da alma, e assim fizemos depois, até que de todo sararam. Mas dos inimigos foram muitos feridos e alguns mortos, dentre os quais foi um nosso catecúmeno, que fora quase capitão dos maus, o qual sabendo que todas a mulheres se haviam de recolher à nossa casa, e que aí havia mais que roubar, veio dar combate pela cerca da nossa horta, mas aí mesmo achou uma flecha, que lhe deu pela barriga e o matou, dando-lhe a paga que ele nos queria dar pela doutrina que lhe havíamos ensinado [...].

Ao segundo dia do combate, vendo-se mui feridos e maltratados, e perdida a esperança de nos poderem entrar, deram-se a matar as vacas dos cristãos, e mataram muitas, destruindo grande parte dos mantimentos dos campos, e puseram-se a fugir já sobre a tarde, com tanta pressa que não esperava pai por filho, nem irmão por irmão, em cujo alcance saíram os nossos discípulos e tomaram dois deles, um dos quais quis ter padrinhos os padres chamados por ele, dizendo que o haviam ensinado e catequizado, que seria seu escravo, mas pouco lhe aproveitou, pois sem nos dar conta disso Martim Afonso [Tibiriçá] lhe quebrou logo a cabeça com sua espada de pau pintada e emplumada, que para isso tinha já erguida com a bandeira, e assim fez para *omnimo* apartar-se dos seus, que tão injustamente vinham para o matar, e a nós outros, se Deus o permitisse.

Como os tamoios tinham invadido as aldeias e fazendas próximas à vila e feito prisioneiros, Ramalho e Tibiriçá organizaram expedições de resgate. Entraram, segundo Anchieta, "quase 20 léguas pela terra dos malfeitores e trouxeram quarenta pessoas, homens, mulheres e meninos, os mais deles cristãos, dos quais uns tinham seus filhos em Piratininga, outros as mulheres, e algumas seus maridos". A batalha servira para concentrar os indígenas convertidos novamente na Vila de São Paulo, sob a influência da Igreja. E sedimentou a noção de que somente pela força se imporia a civilização portuguesa. "Parece-nos agora que estão as portas abertas nesta capitania para a conversão dos gentios, se Deus Nosso Senhor quiser dar maneira com que sejam postos debaixo de jugo, porque para este gênero de gente não há melhor pregação do que espada e vara de ferro, na qual mais do que em nenhuma outra é necessário que se cumpra o – *compelle eos intrare*", escreveu Anchieta.

Essa frase – "a espada ou a vara de ferro" –, reproduzida por João Lúcio d'Azevedo em *Os jesuítas no Grão-Pará* e citada por Gilberto Freyre em *Casa-grande e senzala*, regeria dali em diante a implantação da colônia portuguesa no Brasil. Embora Anchieta visse a reunião dos indígenas cristãos como trunfo em meio à tormenta, admitia que o "jugo" dos indígenas, fosse pela catequização com o escravagismo ou a morte, era a única forma de sair da situação, que nunca fora tão ruim para os portugueses. São Paulo não caiu, mas estava ilhada. A variedade das pinturas de guerra indicava a procedência dos indígenas, que agora eram não somente tupinambás como tupiniquins e tapuias, vindos de terras distantes.

A notícia da luta no planalto fez com que outros povos aderissem à confederação. Goitacazes, camacuans, carajás e aimorés se apresentavam. Escaramuças e combates se multiplicavam. Em Porto Seguro, os aimorés cercaram e incendiaram a Cidade Alta. Segundo pensavam os portugueses, depois que Mem de Sá dizimara mulheres, idosos e crianças na Guanabara, seria de se esperar que os indígenas confederados de Aimberê fizessem o mesmo nas vilas e fazendas de engenho, agora que tinham ficado praticamente à sua mercê. Os colonos de São Vicente empacotavam seus pertencentes em carroças e buscavam refúgio em Itanhaém e outras vilas mais ao sul, à espera de lugar em alguma nau que os levasse de volta a Portugal.

Os portugueses remanescentes queriam que suas vidas fossem poupadas, pois já não podiam oferecer aos indígenas nada em troca. Apelaram aos jesuítas para que intercedessem, como última, ou única, possibilidade de salvação.

Era uma missão de alto risco, que foi aceita por uma razão: os jesuítas sabiam que a morte já estava tão próxima que nada tinham a perder.

CAPÍTULO 3

Berço de sangue

A PAZ DOS DERROTADOS

Partindo da orgulhosa versão dos registros portugueses, a maioria dos livros de história fala do acordo de Iperoig como um tratado de paz, como havia muito Anchieta e Nóbrega defendiam, enquanto os portugueses tinham armas para barganhar. Na realidade, o que se negociou em 1563 foram os termos da sua rendição. Os jesuítas confessavam sua derrota, como cruzados e missionários. "É chegada esta terra a tal estado que já não devem esperar dela novas de fruto na conversão da gentilidade", escreveu Anchieta.[1] Eles tinham, porém, que salvar os portugueses restantes:

> Em as letras passadas toquei algo das grandes opressões que dão a esta terra uns nossos inimigos chamados *tamuya*, do Rio de Janeiro, levando continuamente os escravos, mulheres e filhos dos cristãos, matando-os e comendo-os, e isto sem cessar, uns idos, outros vindos por mar e por terra; nem bastam serras e montanhas mui ásperas, nem tormentas

---

[1] José de Anchieta, carta ao padre-geral Diogo Lainez, janeiro de 1565.

mui graves, para lhes impedir seu cruel ofício, sem poder, ou por melhor dizer, sem querer resistir-lhes, de maneira que parece que a Divina Justiça tem atadas as mãos aos portugueses para que não se defendam, e permite que lhe venham estes castigos [...].

Diante da virtual vitória dos "bárbaros" confederados na sua "guerra justa", o que restava era buscar a salvação. Os capitães de São Vicente entraram em acordo para enviar Manoel da Nóbrega e o próprio Anchieta aos tamoios, em um par de naus comandadas por José Adorno, "para que algum pouco cessassem tantos incursos e opressões".[2] Imaginavam os portugueses que, por ser de outra nacionalidade, Adorno teria melhores condições de estabelecer a paz com os franceses remanescentes da França Antártica. Segundo as contas de Anchieta, entre os defenestrados por Villegagnon e os fugitivos da destruição de Coligny e Henriville, restaram na Guanabara três dezenas de franceses. Numa diáspora protestante, moravam rarefeitos em diferentes comunidades indígenas e continuavam a trabalhar na extração e comércio de pau-brasil.

Para eles, ficar com os indígenas era melhor do que render-se aos portugueses, os jesuítas e a Inquisição. Ao chegar em 1560 com o governador-geral Mem de Sá a São Vicente, mesmo após ter lutado ao lado dos portugueses na tomada de Coligny, Coynta voltou ao processo instaurado por Luiz da Grã, acompanhado do vigário Gonçalo Monteiro, ouvidor eclesiástico. A partir daí, existem duas histórias divergentes a respeito da conclusão de seu julgamento por heresia. A primeira vem do depoimento do padre Simão de Vasconcelos, segundo o qual Coynta foi condenado e executado com a colaboração de Anchieta.[3] O carrasco não teria conseguido executar Coynta, que ficara agonizando. Usa para com o jesuíta a mesma condescendência com que a Igreja Católica chamava a Inquisição de

---

2 José de Anchieta, carta ao padre-geral, junho de 1565.
3 Simão de Vasconcelos, *Crónica da Companhia de Jesus no Estado do Brasil*, 1663.

"Santo Ofício": para que não se perdesse o trabalho de encomendar sua alma ao céu, Anchieta o teria auxiliado a dar cabo do condenado.

> [...] aconteceu aqui um caso digno de ser sabido: porque o algoz, quando foi à execução do castigo, como era pouco destro no ofício, detinha o penitente no tormento demasiadamente, com agonia e impaciência conhecida. Joseph, que via esse erro tão grande e receava que por impaciência se perdesse a alma de um homem, por natural colérico, e tão pouco [ele, Anchieta] havia convertido, entrou em zelo, repreendeu o algoz e instruiu-o ele mesmo de como havia de fazer o seu ofício com a brevidade desejada: ato de fina caridade.

Historiadores, como Capistrano de Abreu, indicaram que o verdadeiro Jean Coynta teve destino diferente. Segundo Abreu, absolvido pelo ouvidor eclesiástico, que não achou nos depoimentos prova de "cousa importante nem que obrigue", Coynta foi enviado ao bispo dom Pedro Leitão na nau de Estácio de Sá, sobrinho do governador-geral, que de São Vicente foi a Portugal buscar reforços para a guerra contra os tamoios. Na escala feita por Estácio em Salvador, em 28 de dezembro de 1560, Coynta teria sido preso, por ordem do bispo. Instaurado o auto de culpas, tomaram-se, entre outros, os depoimentos de Estácio de Sá e dos jesuítas Gaspar Pinheiro e Adão Gonçalves.

Em meados de 1563, ao mesmo tempo que se negociava em Piratininga a paz de Iperoig, Coynta teria seguido para Lisboa na nau *Barrileira*, uma vez que o cardeal infante dom Henrique decidira avocar a causa, isto é, trazê-la para si, julgando-a pessoalmente. Entregue em 28 de outubro ao alcaide do cárcere da Inquisição de Lisboa, Coynta respondeu a novo processo, "durante o qual requereu uma justificação dos serviços prestados no Rio de Janeiro". O Tribunal da Inquisição, por decisão de 12 de agosto de 1564, sob condição de abjurar seus "heréticos errores", condenou-o "em pena e penitência" ao cárcere por tempo indeterminado. Preso no mosteiro de São Domingos, após três meses teria sido permitido a Coynta cumprir o resto da pena em liberdade. Desterrado, teria vindo a falecer na Índia.

Essa versão corrobora o depoimento do próprio Anchieta na *Informação do Brasil e suas capitanias*, em que afirma que "depois de julgá-lo em São Vicente, o padre Luiz da Grã o fez mandar preso à Baía e daí foi mandado pelo bispo dom Pedro Leitão a Portugal e de Portugal à Índia e nunca mais apareceu".

Se Adorno era o melhor que os portugueses podiam arrumar para negociar com os franceses, os jesuítas eram a única esperança para levar a bandeira branca aos povos tamoios. Nóbrega tinha deixado o cargo de provincial em 1559, devido à precariedade de sua saúde – o padre-geral Diogo Lainez deixaria no cargo Luís da Grã. Andava apenas com a ajuda de um bastão e "lançava sangue pela boca", segundo seu biógrafo, o padre Antônio Franco.[4] Porém, não deixara a ativa. "Ficou mui alegre por se ver livre do governo [dos jesuítas], mas nem por isso se desobrigou de trabalhar, como se de todo estivera com suas forças", afirmou Franco. Em 1560, esteve em Porto Seguro, onde rezou missa na Igreja d'Ajuda, ainda em construção – nesse momento irrompeu uma fonte de água ao pé do morro, milagre atribuído ao padre, e ali se construiu um pequeno santuário.

Conhecido e respeitado pelos indígenas, Nóbrega preocupava-se com a situação, que punha seu trabalho, a colônia e a vida de todos a perder. "Entendia o padre que tudo era castigo de Deus por muitos desmandos dos portugueses: gritava em púlpitos e praças que houvesse penitências, para que Deus temperasse sua ira", afirmou Antônio Franco.[5] "Pois os inimigos com os contínuos assaltos tudo traziam assombrado e entravam em consideração de se fazer por uma vez senhores de todo o país."

---

4   Antônio Franco, biografia de Manoel da Nóbrega, *Vida*.
5   *Ibidem*.

Apesar da sua desilusão com os indígenas, Anchieta também era bem-visto por muitos tupinambás, por conta das suas andanças de aldeia em aldeia, nas quais curara doentes e mostrara mais a sua face de pajé branco que de emissário do império conquistador. Conhecia Coaquira, cacique da aldeia de Iperoig (*ypiru-y*, "água do tubarão"), na região da atual cidade de Ubatuba, no litoral norte de São Paulo, que mais tarde se tornou um dos cinco principais líderes tamoios. Precisavam convencê-lo a servir de ponte com os chefes tamoios.

A embaixada em Iperoig é narrada em detalhes por Anchieta em uma longa carta ao padre-geral Diogo Lainez, datada de janeiro de 1565. Ele aguardou Nóbrega em Bertioga, onde os jesuítas ficaram cinco dias até o aparelhamento das duas naus que os levariam. Embarcaram em 23 de abril no bergantim capitaneado por Adorno e chegaram a Iperoig em 5 de maio de 1563. Abordados por três canoas de tamoios, estes impuseram como condição para parlamentar que trocassem reféns, "porque temiam que se entrassem todos juntos nos navios os salteassem (como outras muitas vezes haviam feito os nossos)". Quatro indígenas subiram a bordo, dois em cada nau. E Anchieta e Nóbrega desembarcaram em terra.

Quando a canoa encalhou na areia, já eram esperados por mulheres e crianças. Na bagagem, levavam um baú cheio de bugigangas, como se estivessem chegando naquela terra pela primeira vez. Na aldeia, Nóbrega deixou que Anchieta falasse. A distribuição dos presentes e o testemunho da mulher de Coaquira, também uma escrava foragida que com eles já tivera contato, e sabia de sua oposição à escravidão dos indígenas, lhes abriu caminho para serem recebidos pelo chefe. Este estava com guerreiros tamoios a cerca de 50 quilômetros de Iperoig. Apareceu somente um dia depois.

"Falando em voz alta", como era costume dos indígenas, Anchieta explicou a que tinham vindo. Fez um discurso segundo o qual os portugueses diziam aceitar a vontade divina da paz eterna. Em troca da paz, prometiam sementes e animais domésticos para criação.

Com consentimento de Coaquira, os indígenas concordaram em conversar, desde que os escravos tamoios fossem libertos e os portugueses passassem para seu lado na guerra contra os tupiniquins, da qual não abriam mão.

Em sua carta ao padre-geral, Anchieta mostra sua admiração por Coaquira, que já tinha sido prisioneiro dos portugueses como Aimberê, e depois de escapar de uma nau atravessara a noite em fuga, arrastando correntes pelos pés. "Ainda que tivesse razão por isto de ter-nos grande ódio, determinou de olvidar-se dele e convertê-lo todo em amor, mostrando-se como um dos principais autores desta paz", apontou.[6] De acordo com Anchieta, colaborou para a boa vontade do cacique o depoimento de sua mulher, que contou como os jesuítas tinham se recusado a confessar e perdoar os pecados do português que a tomara como escrava, até que "a pusesse em liberdade".

Ficou estabelecido que Coaquira, com um grupo de indígenas, iria a bordo das naus portuguesas para o Rio de Janeiro, onde estavam os franceses e os principais chefes tamoios. Nóbrega e Anchieta ficariam em Iperoig como reféns, uma garantia de que Coaquira e seus homens retornariam em segurança da viagem parlamentar. Concordaram. A bagagem dos dois jesuítas foi depositada em terra, enquanto Adorno e suas naus zarpavam com o cacique.

Assim Anchieta descreve a sensação de insegurança desde o momento em que os portugueses partiram, deixando-o ali com Nóbrega:

> Despedindo-se os nossos de nós outros com muitas lágrimas, como que nos deixavam entre dentes de lobos famintos, e na verdade a todos os cristãos desta costa e ainda a nossos padres, que conhecem esta brava e carniceira nação, cujas queixadas ainda estão cheias de carne dos portugueses, pareceu isto não só grande façanha, mas quase temeridade,

---

6 José de Anchieta, carta ao padre-geral Diogo Lainez, janeiro de 1565.

sendo esta gente de maneira que cada um faz lei para si, e não dá nada pelos pactos e contratos que fazem os outros.[7]

Ao partir, Coaquira ordenou aos guerreiros da aldeia que não fizessem mal aos padres portugueses. E alojou-os em sua própria maloca, onde foram bem tratados, em especial por sua esposa. Os indígenas ofereceram-lhe mulheres, como costumavam fazer a todos os visitantes, o que os padres delicadamente recusaram. Ao saber que os jesuítas não tomavam mulheres em casamento, segundo Anchieta, tiveram deles "grande pena".

Apesar de terem Coaquira como fiador de sua segurança, eles sabiam o perigo que estavam correndo. Os indígenas já até planejavam como iriam morrer. Na reunião do conselho da aldeia, deliberou-se que o primeiro prisioneiro português a ser executado dali em diante seria morto pelas velhas, que eram as "mais carniceiras", para que elas "o matassem à sua vontade a estocadas e pancadas de paus agudos".[8]

Diante de uma imagem de Jesus crucificado, Nóbrega e Anchieta rezavam a missa todo dia, antes do amanhecer. Os indígenas tendiam a cercá-los, por curiosidade, o que lhes causava grande "inquietação". Procuraram ganhar força com a importância da missão, da qual "se esperava resultar tanto bem e salvação de tantas almas".

Em 23 de maio, chegaram a Iperoig duas canoas, trazendo Pindobuçu, um dos cinco membros do conselho de guerra tamoio, acompanhado de um irmão de Coaquira. Embora o segundo tratasse os jesuítas de forma rude, Pindobuçu se mostrou a favor da paz. Ciente do temor que os jesuítas impunham aos portugueses, pela sua capacidade de mandá-los para o inferno, Pindobuçu exortava os nativos para que os respeitassem, dizendo: "Se nós outros temos medo de nossos feiticeiros, quanto mais o devemos de ter dos padres, que

---

7 José de Anchieta, carta ao padre-geral Diogo Lainez, janeiro de 1565.
8 *Ibidem*.

devem ser santos verdadeiros, e teriam poder para nos fazer vir câmaras de sangue, tosse e dor de cabeça".

Assim que soube da presença das naus portuguesas em Iperoig, Aimberê embarcou em Uruçumirim numa flotilha com dez igaras, seguida por outra com mais quatro embarcações, chefiada por seu genro Ernesto, um dos franceses remanescentes da França Antártica que viviam entre os indígenas. Conhecido entre os indígenas como Guaraciaba ("cabelo de fogo"), Ernesto se tornara conselheiro do sogro, que o consultava especialmente nos assuntos de guerra, por conhecer a malícia e as estratégias do branco europeu.

De acordo com Anchieta, Aimberê estava determinado a matar os portugueses. No caminho, porém, "ordenando assim a Divina Providência", cruzou com a nau de José Adorno levando Coaquira, na altura da Ilha Grande. "Sabendo que [o capitão Adorno] não era português, entrou no navio abraçando-o e mostrando muito contentamento das pazes", relata Anchieta. Adorno garantiu-lhe que a proposta portuguesa de paz era sincera. E Aimberê aconselhou-o a voltar para Iperoig, em vez de seguir à Guanabara, "porque se fosse adiante se punha em grande perigo de ser morto, com todos os seus". Em Iperoig, eles tratariam do acordo de paz.

No retorno, enquanto Adorno permaneceu ancorado diante de Iperoig, Aimberê desembarcou com seus guerreiros. Vestido com uma camisa, entrou na aldeia ao lado de Coaquira, com arco e flecha na mão. Deixou em Anchieta forte impressão. "[...] Assentado em uma rede começou a tratar das pazes, e a tudo o que lhe dizíamos se mostrava incrédulo e duro, trazendo à memória quantos males lhe haviam feito os nossos e como a ele mesmo haviam já prendido em outro tempo com pretexto de [fazer] pazes", escreve. "Mas que ele por sua valentia, com uns ferros nos pés, saltara do navio e havia escapado de suas mãos, e com isto arregaçava os braços e bulia com as flechas, contando suas valentias." Com a chegada de Ernesto, e a notícia de que se encontrara com Adorno e fizera também com ele as pazes, o chefe dos tamoios se acalmou.

No dia seguinte, Anchieta tomou um batel para buscar José Adorno no bergantim, deixando em seu lugar, como refém, um irmão de Pindobuçu. Ao retornar, ao lado de Adorno, soube que os chefes confederados tinham chegado à aldeia e já falavam "sobre nossas cabeças". Bravamente, ambos decidiram continuar até a aldeia, erguida no alto de um morro, a certa distância da praia. Conduzidos à maloca de Coaquira, foram colocados diante do membros do conselho de guerra. Entre eles, estava Cunhambebe, a segunda encarnação do legendário guerreiro tamoio. E Araraig, chefe dos guaianazes que enfrentara o irmão Tibiriçá e os convertidos de sua própria gente na Vila de São Paulo, em Piratininga.

Com a espada descansando sobre o "saio preto bem fino" dos cavaleiros cruzados, o comandante da expedição de paz se comportou com a serenidade possível diante do tribunal tamoio, segundo Anchieta. Adorno falou em francês, que Ernesto traduziu, mas teve de admitir que não era da França, o que causou irritação, seguida de altercações. Com tal revelação, que cheirava a embuste, os chefes tamoios o desqualificaram como interlocutor e passaram a tratar diretamente com os padres.

Os tamoios aceitavam a rendição portuguesa, sem outras consequências, mas com duas condições. Uma, a de que fossem libertados todos os escravos das fazendas portuguesas. A segunda servia para aplacar a ira de Araraig: que fossem entregues todos os traidores indígenas aliados dos portugueses, incluindo-se os caciques Caiubi, batizado com o nome de João, e Tibiriçá. "Os contrários [indígenas aliados dos portugueses] não são Deus", disse um dos caciques, que pelo texto de Anchieta se entende ter sido Aimberê. "Vós outros sois os que tratais as coisas de Deus, haveis de no-los entregar." Como Anchieta e Nóbrega se negassem a concordar, segundo o primeiro "pouco faltou para [Aimberê] logo as quebrar [as prometidas pazes] e quebrar-nos a cabeça".

Usando Anchieta como intérprete, a resposta de Nóbrega foi de que eles não tinham poderes para aceitar sozinhos as condições de rendição. Deveriam voltar a São Vicente para levá-las aos chefes portugueses. Nesse momento, em que os jesuítas se encontravam diante da morte, interveio Pindobuçu, "que até então se encontrava calado". "Disse que assim seria bem, que bastava o dito, e com isto se foram e nos deixaram", acrescentou Anchieta. Em tribunais indígenas, não importa o testemunho dos réus, ou mesmo o que acontece na discussão: o final é súbito e muitas vezes inesperado.

Um dos membros do conselho deveria acompanhá-los na missão. Aimberê decidiu ir pessoalmente. "Depois de vários dares e tomares se acabou com Aimberê que este ponto dos três [caciques aliados dos portugueses] que queria fossem entregues se propusesse aos principais da capitania em São Vicente", afirma Antônio Franco no prefácio às *Cartas do Brasil*, do padre Manoel da Nóbrega. "Vindo ele neste partido, quis ser o embaixador da proposta." Os jesuítas não tinham a menor intenção de entregar Tibiriçá e outros, que lhes tinham salvado a vida. Porém, aceitaram que a conversa prosseguisse em São Vicente. "Tomaram os outros padres este conselho para meter tempo, o qual costuma em negócios intrincados desfazer grandes embaraços e descobrir novos caminhos", acrescenta Franco.

Como garantia de vida, os jesuítas ficariam em Iperoig. Caso algo acontecesse ao chefe tamoio, seriam executados. Aimberê seguiu para São Vicente com seus homens nas igaras para finalizar o acordo e começar o resgate dos escravos, na companhia de seu cunhado, Parabuçu, filho de Pindobuçu. A bordo do seu bergantim, José Adorno rapidamente fez velas, para chegar a São Vicente antes dos tamoios. Levava cartas dos jesuítas para os prefeitos das vilas e Pedro Ferraz Barreto, governador da capitania de São Vicente desde 1562, para que libertassem os escravos tamoios como parte do acordo de paz. Porém, que não lhes entregassem indígenas aliados, uma vez que não podiam concordar que fossem "devorados".

Nóbrega e Anchieta permaneceram em Iperoig como reféns e companheiros de paranoia, apesar das palavras tranquilizadoras de Pindobuçu, que acreditava na magia dos padres e procurava conquistar sua simpatia. "[...] Vivíamos em contínuos temores, esperando cada dia por canoas, assim do Rio, como das que eram passadas a Beriquioca, temendo que fossem descontentes ou houvessem recebido algum dano se acometessem a fortaleza, e se quisessem vingar em nós", narra Anchieta.

Cada dia, para ele, tinha "seu trago de morte". Em sua carta, conta como ele e Nóbrega fugiram da praia certa vez, ao avistar o desembarque de uma canoa de guerra com trinta tamoios vindos do Rio de Janeiro, liderados por Parabuçu, o filho de Pindobuçu, "um dos mais insígnes em maldade que há entre aquela gente". Apavorados, correram como puderam. Nóbrega claudicava por causa das pernas congestionadas de varizes. Sem tempo de alcançar a ponte sobre o rio que ficava a meio caminho da aldeia, cuja água dava na cintura, passaram a vau. Anchieta tentou levar Nóbrega nas costas para que se molhasse menos, mas sua corcunda não resistiu e ambos caíram na água.

"Pelo monte arriba foi coisa de ver, ficou-se o padre [Nóbrega] as botas, calças e roupeta e todo molhado, com toda a sua roupa molhada às costas", narrou Anchieta. Diante da dificuldade de Nóbrega para chegar à aldeia, eles se esconderam no mato, encharcados e exangues, até que os tamoios passassem. Com Nóbrega levado às costas por um indígena, foram direto à maloca de Pindobuçu, que não estava. Ameaçados por Parabuçu, foram protegidos por um irmão do cacique, que garantiu ao sobrinho e aos outros guerreiros recém-chegados que os padres estavam sob sua custódia.

Apesar desses percalços, a sorte estava ao lado dos reféns. Quanto aos chefes cujo sangue os tamoios queriam, havia pouco o que fazer. Caiubi perecera com ferimentos de combate. Já em idade avançada, Tibiriçá encontrava-se doente e desenganado. Morreria dali a três meses, em 25 de dezembro – seu corpo, sepultado no Colégio de São Paulo, jaz na cripta da Catedral de São Paulo, na Praça da Sé. Dos cerca de 3 mil indígenas que tinham sido escravizados, restavam poucos a resgatar. Nas fazendas, abandonadas pelos portugueses em meio à guerra, a maioria tinha morrido de doenças ou se libertado sozinha.

Em sua carta de janeiro de 1565, Anchieta narra uma trama urdida na Vila de Itanhaém para atacar os tamoios em sua viagem de resgate dos escravos que restavam na região. Segundo ele, o governador Pedro Ferraz Barreto desta vez combateu ao lado dos tamoios de Aimberê. Os indígenas rebelados de Itanhaém foram entregues para serem levados como prisioneiros, o que foi tomado como uma confirmação dos termos do tratado de paz, saciando a sede de vingança dos chefes confederados. Embora descontentes, os jesuítas tiveram de se curvar. "[...] *Ultra* da causa dos tupis, se vinham com traição ou não, não ser bem examinada, bastara quando isso fora fazer verdugos de seus contrários, mas não deixá-los levar a comer", lamentou Anchieta.

Mesmo sem a possibilidade de sacrificar os chefes dos quais queria vingança, Aimberê teve o seu triunfo. Entrou em São Vicente dessa vez não como escravo, mas como um César tropical. De acordo com Anchieta, o sucesso da luta contra os amotinados de Itanhaém deu impulso ao acordo de paz. A chegada dos prisioneiros de Itanhaém em Iperoig foi recebida com grande festa e saciou um pouco da sede de outras vinganças. De lá, os tamoios do Rio de Janeiro partiram com sua cota de prisioneiros para a Guanabara, onde também realizariam o seu festim.

Tão desconfiados quanto os indígenas, os portugueses, especialmente Luiz da Grã, pediram o retorno dos dois reféns. Conforme instruções de Aimberê, o padre Manoel da Nóbrega foi liberado para voltar a São Vicente, onde sua presença era considerada necessária para a conclusão do acordo de paz. Mas Anchieta ficou retido em Iperoig, onde lhe tinham levantado uma palhoça. "[...] Os indígenas ainda não estavam de todo seguros, e crendo nossa fé e verdade pela sua, que é mui pouca, não nos deixaram vir a ambos, nem nós outros lhes instamos por isso", explicou. Na vaga de Nóbrega, ficou Antônio Dias, um pedreiro que, como muitos portugueses, perdera a mulher, os filhos, uma cunhada e os escravos, capturados um ano antes pelos tamoios. Levando presentes para conquistar simpatias e obter informação, procurava a família entre os indígenas.

Em 21 de junho, Nóbrega partiu de Iperoig em uma igara tamoia. No que poderia ter resultado no lance mais funesto possível para o tratado em andamento, uma tempestade apanhou a embarcação à noite em plena viagem. Nóbrega quase morreu afogado. "Uns dos domésticos [nativos] já tratavam de tomar ao padre sobre uma tábua e levá-lo à terra a nado, se pudessem", escreve Anchieta. O jesuíta conseguiu alcançar Bertioga, de onde foi levado pelos portugueses a Piratininga, onde se encontravam Aimberê, o governador Ferraz e os líderes portugueses.

Anchieta narra ainda outro lance novelesco para a conclusão do acordo. Segundo ele, certo indígena intrigante convenceu os tamoios que se encontravam em São Vicente de que um português, Domingos de Braga, havia matado um nativo, desaparecido pouco tempo antes de Iperoig. Os indígenas somente não se retiraram de São Vicente pela intervenção de Cunhambebe e pelo aparecimento miraculoso do indígena supostamente morto.

Extenuado após a viagem, Nóbrega precisou de alguns dias para se recuperar, até que as negociações foram retomadas para selar com o governador de São Vicente a "Paz de Iperoig". Os portugueses se comprometeram a não mais atacar, nem aprisionar os indígenas. Libertariam os que estavam em São Vicente e também entregariam os que haviam tido a oportunidade de sair dos engenhos, mas decidido permanecer. Os indígenas "tinham todos os caminhos abertos, sem nada lhes poder resistir", escreveu Anchieta.

De São Vicente, Nóbrega subiu a Piratininga com Aimberê e uma tropa portuguesa para percorrer as fazendas. Em Itanhaém, e depois na Vila de São Paulo, foram feitas as pazes com os indígenas catequizados, em reuniões realizadas por Nóbrega dentro da igreja. Sabedores de que Anchieta se encontrava em poder dos tamoios, os carijós e guaianazes se conformaram em hospedar e alimentar o antigo inimigo. Com mais trezentos guerreiros de Cunhambebe, vindos do vale do Paraíba, os tamoios retiraram dos engenhos os indígenas escravos remanescentes. Em muitas fazendas, já não encontravam ninguém – nem o feitor, nem os colonos, nem os escravos.

Enquanto aguardava em Iperoig, Anchieta passou por dura provação. Insatisfeitas com o acordo de paz, mulheres da aldeia incendiaram a palhoça na qual ele rezava a sua missa diária. Cada vez que chegavam canoas do Rio de Janeiro, recebia ameaças de morte. Ouvia na aldeia que estavam somente à espera da volta de Aimberê e Cunhambebe para liquidá-lo. Pindobuçu lhe garantia proteção, em troca da vida eterna que Anchieta lhe prometia com a conversão. Acreditava no padre como um poderoso pajé branco, mas desejava uma vida mais longa na terra mesmo. "Vós outros sabeis todas as cousas, Deus vos descobre tudo, rogai-lhe que me dê longa vida, que eu me ponho por vós outros contra os meus", disse ele ao jesuíta.

Levado a se meter perigosamente no cotidiano da aldeia, certo dia, chamado por uma mãe, Anchieta salvou o filho recém-nascido, gerado quando ela tinha sido oferecida a um prisioneiro. O padre desenterrou o menino ainda vivo do chão da ocara. Tirou-lhe o cordão umbilical, lavou-o e pediu às mulheres da maloca de Pindobuçu que lhe dessem leite. No episódio, desafiou o pajé, para quem manter a criança faria com que ela se transformasse num monstro e o ameaçou de maldição semelhante. Anchieta ficou com o bebê toda a noite e apareceu com ele intacto no dia seguinte, para provar que sua magia era mais forte e inspirar respeito na aldeia. Os indígenas o deixaram criar o bebê, rindo-se do "filho do padre", mas em um mês a criança pereceu, por doença ou inanição.

Quatro dias após a partida de Nóbrega, o jesuíta ainda presenciou a execução de um escravo indígena de Antônio Dias, tirado de dentro da maloca e morto com outro indígena inimigo num festim, momento máximo de consciência de que ali muito pouca coisa faltava para lhe "dar a morte":

[...] finalmente o levaram fora e lhe quebraram a cabeça, e junto com ele mataram outro seu contrário, os quais logo despedaçaram com grandíssimo regozijo, maximé das mulheres, as quais andavam cantando e bailando, umas lhes espetavam com paus agudos os membros cortados, outras untavam as mãos com a gordura deles e andavam untando as caras e bocas às outras, e tal havia que colhia o sangue com as mãos e o lambia, espetáculo abominável, de maneira que tiveram uma boa carniçaria com que se fartar.

Nesse tempo, Anchieta teria escrito nas areias de Iperoig o "Poema à Virgem", invocando proteção divina, enquanto esperava o resultado das conversações das quais dependiam sua vida. Diz a lenda que decorou todas as estrofes, com 1.107 palavras, para registrá-las mais tarde no papel. Em suas cartas, o próprio Anchieta não faz referência aos poemas quando descreve o período passado como refém. O mais provável é que tenha escrito os versos tempos depois, assim como as cartas, datadas de 1565, que falam da mesma época. O "Poema à Virgem" seria publicado apenas postumamente, em Lisboa, em 1650, e, embora literariamente pobre, reflete aquele período de angústia:

> No sangue que jorrou lavarei meus delitos,
> e manchas delirei em seus caudais benditos!
> Se neste teto e lar decorrer minha sorte,
> me será doce a vida, e será doce a morte!

Em Iperoig, procurava atender os doentes, o que aumentava a confiança que tinham nele. Teve que curar Antônio Dias de uma enfermidade. Malvisto pelo propósito com que estava ali, o pedreiro encontrava-se em apuros. Sem a simpatia angariada pelo padre, a tolerância com sua presença na aldeia diminuía na mesma medida em que se esgotavam seus presentes – foices, machados, contas. Anchieta pediu a Pindobuçu que intercedesse para protegê-lo, no que o cacique consentiu, com o argumento de que, sendo pedreiro, era o homem que construía as "casas de Deus". Em 14 de agosto, com a chegada de Cunhambebe trazendo prisioneiros e a notícia do acordo de paz, conseguiu de Pindobuçu que libertasse Antônio Dias, enviado de volta a Bertioga numa embarcação à vela.

Cunhambebe encarregou-se de levar Anchieta de volta a São Vicente. O padre despediu-se de Coaquira, garantindo-lhe que os portugueses não desrespeitariam o acordo de paz. Passou oito dias na aldeia de Cunhambebe, até partirem para Bertioga em 14 de setembro, numa igara com vinte guerreiros. No trajeto, ensopado e com a boca salgada do mar, Anchieta experimentou o mesmo medo pelo qual passara Nóbrega em meio a uma tempestade, apesar da confiança dos indígenas, exortados por Cunhambebe a atravessar as grandes ondas. "Ao dobrar de uma ponta nos deu tão grande tempestade de vento que estivemos meio afogados", escreveu ele. "Ao menos eu nunca tive por tão certa a morte em todos os transes passados como ali, e ainda agora me espanto como foi possível passar uma só cortiça de um pau por onde um navio tivera muito perigo e trabalho em passar." Depois de pernoitar em terra, Anchieta preferiu terminar o trajeto até Bertioga a pé, mesmo enregelado pela chuva, coroamento de sua via-crúcis.

Para os jesuítas, a paz de Iperoig teve apenas um efeito: ganhar tempo. Em nenhum momento, acreditaram que seria duradoura, depois do que tinham visto ainda mais de perto, na convivência tão próxima com os tupinambás. "Agora [os tamoios] são todos tornados a suas terras e creio que também à sua natureza cruel, amiga da guerra e inimiga de toda paz", escreveu Anchieta. Seu diálogo com Ernesto, que lhe contara sobre como os padres tinham sido tratados entre os protestantes na ilha de Villegagnon, e o modo de vida que os franceses adotavam entre os indígenas, faltando-lhes, segundo Anchieta, apenas comer carne humana, dava aos padres a certeza de que não havia convivência possível e precisavam se preparar novamente para a guerra.

Os jesuítas saíram da paz de Iperoig mais convencidos que nunca de que, sem a tomada do Rio de Janeiro à força, a colônia jamais seria estabelecida. Na avaliação de Anchieta, apenas as aldeias de Coaquira e Pindobuçu se mostravam fiéis ao acordo de paz, segundo ouvira do próprio Pindobuçu, por estarem na fronteira entre a capitania de São Vicente e a Guanabara, o que os forçava a uma posição equidistante também no conflito. Ainda assim, convencera-se de que no final também estes fariam "o que a maior parte dos seus" fizesse. Já tinha notícia, por meio dos indígenas que vinham da Guanabara, de que os tamoios tinham construído duzentas canoas de combate. Outro confronto era questão de tempo.

Para ele, a esperança vinha de Salvador. Precisavam dissimular a paz enquanto trabalhavam para que o governador-geral Mem de Sá reunisse forças capazes de fazer uma guerra que pudessem vencer. Este aguardava a viagem que Estácio de Sá empreendera a Lisboa, em busca de reforços. A paz de Iperoig estava feita, graças ao trabalho dos jesuítas. As promessas de Anchieta aos indígenas, porém, tinham sido escritas na areia, como seu poema. E ambas não durariam muito – tanto as palavras, quanto a paz.

Resistência e morte

Enquanto os jesuítas se entregavam aos indígenas no sudeste, na capitania de Todos-os-Santos, sede do governo-geral e maior núcleo de povoamento, Mem de Sá lidava com outros problemas, alguns criados por ele mesmo. Como que insatisfeito com a relativa bonança, em 1562 o governador-geral decidiu castigar os caetés, habitantes da costa nordeste, que em 1556 tinham assassinado o bispo dom Pedro Fernandes Sardinha, entre outros portugueses vítimas do temporal que os lançara à costa a caminho de Lisboa. Numa proposital generalização, segundo Anchieta para atender o "desejo que os portugueses tinham de haver escravos", o governador-geral assinou uma sentença condenando à escravidão não apenas os implicados no massacre como indiscriminadamente todo o povo caeté – "onde quer que fossem achados, sem fazer exceção nenhuma, nem advertir no mal que podia vir à terra".[9]

Dessa forma, a sentença foi lançada desde Salvador até Cirigipe (Sergipe), incluindo os catequizados da Baía, "que não viram nem foram em tais mortes [do bispo e dos portugueses]". Com isso, houve um verdadeiro êxodo das cidades e das missões que os jesuítas tinham acabado de implantar. A criação de missões jesuítas em onze paróquias, onde se agruparam 34 mil indígenas entre os anos de 1563 e 1565, já sofria com uma série de dificuldades. Diferentemente dos guaranis no sudoeste, os tupis se recusavam a viver na ordem criada pelos padres, que impunham horário para o trabalho, a leitura, a reza e até mesmo para o sexo. Diante da arbitrariedade cometida contra os caetés, os indígenas de outras aldeias decidiram que o melhor era escapar ao governador antes que voltasse sua espada também contra eles. Conforme escreveu Anchieta, "em breves dias se despovoou toda a terra, vendo o gentio que lhe levavam suas mulheres e filhos, irmãs e irmãos, e salteados em suas aldeias, e pelos caminhos por onde andavam, e sendo nascidos e naturais da terra, se viam levar cativos sem nenhum remédio, por dizerem os portugueses que eles também eram homicidas naquelas mortes".

De acordo com o jesuíta, os caetés de Paraguaçu e Cirigipe refugiaram-se no sertão. Nas missões jesuítas da Baía, onde estavam as igrejas de Santo Antônio, Bom Jesus, São Pedro e Santo André, dos 12 mil indígenas que ali se encontravam, restaram cerca de mil. "E toda esta gente e a mais que tenho dito se foi meter por esses matos por escaparem aos agravos e sem razões, que lhes os portugueses faziam", completou o padre. Os indígenas do litoral tinham as aldeias saqueadas e filhos levados como escravos. As missões nas

---

9 José de Anchieta, *Informação dos primeiros aldeamentos*, cartas de 1585 coligidas pelo historiador João Capistrano de Abreu.

redondezas de Salvador "se despovoaram" da noite para o dia. Em Tapepigtanga e Itaparica, os indígenas fugiram "todos sem os padres lhes poderem valer nem aquietar, porque [como os mamelucos faziam as coisas em segredo], eles também souberam fazer a sua [partida] tão secretamente que os padres o não souberam, senão quando já iam de caminho", diz Anchieta. "E assim se perderam estas três igrejas, as quais foram povoadas com 8 mil almas."

Ao mesmo tempo que dinamitou o trabalho de catequização, Mem de Sá estimulou o mercado negro de escravos indígenas, no qual capitães do mato, auxiliados pelos próprios indígenas, caçavam indígenas sertão adentro, para serem vendidos nas vilas como caetés, mesmo que não o fossem. "Depois que fugiram, poucos escaparam que não fossem escravos, porque uns vendiam aos outros, outros se vendiam a si mesmos, introduzidos todos estes costumes pelos portugueses", relata Anchieta, alarmado ao ver que assim "se gastava o gentio todo". "Vendo o governador quão mal isto saíra, e quantos males e pecados daqui resultaram, que pagavam os inocentes pelos culpados, e que a terra se destruirá em tão pouco espaço de tempo, revogou a sentença dos caetés", afirmou.

A mudança, de fato, se deveu menos a uma revisão de atos pelo governador, que a uma ação dos próprios jesuítas, que alertaram em Lisboa o rei dom Sebastião. Este, delicadamente, enviou a Mem de Sá uma carta para que consertasse o malfeito. "Encomendo-vos que com o bispo e o Padre Provincial da Companhia, e o padre Inácio de Azevedo e Manoel da Nóbrega, e o ouvidor geral, que lá está e o que ora vai, consulteis e pratiqueis, neste caso, e o modo que se pode e deve se ter para atalhar aos tais resgates e cativeiros, e me escrevais miudamente como correm, e as desordens que neles há, e o remédio que pôde haver para os tais injustos cativeiros se evitarem, de maneira que haja gente com que se granjeiem as fazendas e se cultive a terra", escreveu el-rei. Ao mesmo tempo, chegou às mãos do governador outra carta, enviada pelo bispo dom Pedro Leitão, do mesmo teor.

Diante disso, Mem de Sá promulgou nova lei, mediante a qual nenhum indígena das missões poderia ser vendido. Ordenou, ainda, que um ouvidor visitasse cada uma das missões "de quatro em quatro meses" para averiguar se ali se instalavam indígenas foragidos ou, por outro lado, se os portugueses mantinham indígenas escravos de forma indevida. Deu aos indígenas sesmarias na costa para mantê-los nas missões e instalou capitães para protegê-los, assim como às suas terras. À custa do erário português, instalou nas vilas procuradores para olhar pelos interesses dos indígenas. Porém, afirmava Anchieta, já não havia "remédio".

Para completar o desastre, naquele mesmo ano a capitania de Todos-os-Santos foi varrida pela primeira onda de uma epidemia de varíola, que não atingiu os portugueses, mas dizimou cerca de 30 mil indígenas e negros em dois ou três meses, pela estimativa de Anchieta. No ano seguinte, um segundo surto da doença levou outros tantos, espalhando-se além da capitania: "Em janeiro de 1563 foi a grande morte das bexigas tão geral em todo o Brasil, de que morreu muito gentio [...]". De acordo com o jesuíta, somente na capitania de Todos-os-Santos, da população indígena de 80 mil pessoas, restaram cerca de 8 mil.[10] Com a morte de nove em cada dez nativos, as comunidades foram dizimadas. "Parece cousa que se não pode crer; porque nunca ninguém cuidou que tanta gente se gastasse, quanto mais em tão pouco tempo", afirmou.

Sem mão de obra, a agricultura foi abandonada e faltou comida. "Nestes tempos não se via entre eles [indígenas] nem ouviam os bailes e regozijos acostumados, tudo era choro e tristeza, vendo-se uns sem pais, outros sem filhos, e muitas viúvas sem maridos", relata o padre Antônio Blasquez, lotado naquele momento em Salvador.[11] "Quem os via nesse seu desamparo, e quão muitos eram e quão poucos são agora, e como d'antes tinham o que comer e ao presente

---

10 José de Anchieta, *Informação dos primeiros aldeamentos*, 1585.
11 Antônio Blasquez, *Cartas avulsas*.

morriam de fome, e como antes viviam com liberdade [...] não podia deixar de chorar lágrimas de compaixão."

Para escapar à fome, valia tudo, incluindo vender-se como escravo. "Dos [indígenas] que ficavam vivos, muitos se vendiam e se iam meter por casa dos portugueses a se fazer escravos, vendendo-se por um prato de farinha, e outros diziam, que lhes pusessem ferretes, que queriam ser escravos", diz Anchieta. De acordo com o padre Simão de Vasconcelos, alguns "se alugavam para servir toda a vida ou parte dela", ou "vendiam filhos que geraram e até os que não geraram, fingindo que eram seus".[12]

Diante dos dilemas morais entre os que compravam os filhos de indígenas nessas circunstâncias, assim como outras questões que Nóbrega já havia levantado para exame em Coimbra, o caso foi enviado para análise do Tribunal da Mesa da Consciência e Ordens. Criado por dom João III em 1532, ratificado pelo papa naquele ano de 1563, e em funcionamento até 1933, o Tribunal era um conselho régio, formado por quatro deputados e consultores especialmente convocados conforme o assunto, para auxiliar o rei em suas decisões, além de dirigir uma série de repartições.

De lá voltou por escrito a resolução de que "o pai podia em direito vender ao filho em caso de apertada necessidade: e que qualquer se podia vender a si mesmo para gozar do preço". Reunida cúpula do governo para examinar o resultado da consulta, o governador Mem de Sá, o bispo dom Pedro Leitão, o ouvidor-geral Braz Fragoso e o provincial Luiz da Grã concordaram em ratificar e publicar a sentença do tribunal. Segundo o padre Simão de Vasconcelos, para que "com ela ficassem quietos os que compraram na forma conteúda, e os que foram comprados fora dela se tivessem por livres".

A medida não agradou os jesuítas, em especial Manoel da Nóbrega. "Não posso acabar com minha ciência e em consciência aprovar os remédios que se buscam para cativar os Brasis, ainda que

---

12 Simão de Vasconcelos, *Crônica da Companhia de Jesus no Estado do Brasil*.

[a decisão] venha da Mesa da Consciência, porque lá não são informados da verdade", dizia repetidas vezes, de acordo com Anchieta.[13] "Porque nunca se achou pai no Brasil que vendesse filho verdadeiro, porque os amam grandissimamente."

Para Nóbrega, os indígenas que se vendiam a si mesmos ou às suas crianças o faziam por não entender o que era a liberdade, ou induzidos por mentiras e às vezes "com muitos açoites". Como resultado, depois fugiam, mesmo correndo o risco de serem mortos ou recapturados. "Obrigá-los a servir toda a vida com o título de livres é verdadeiro cativeiro, porque não tem mais que o nome de liberdade, pois os deixam em testamento aos filhos que os sirvam toda a sua vida e assim os avaliam e vendem como escravos", afirmou.[14]

Por sua vez, os portugueses criticavam os próprios jesuítas, dizendo que tinham se assenhorado dos indígenas, pois estes também trabalhavam praticamente como escravos nas propriedades da Igreja. "Eram verdadeiros servos [...] não só nos colégios, como nas terras chamadas 'dos indígenas', que acabavam por ser fazendas e engenhos dos padres jesuítas", afirmou Varnhagen. No fim das contas, a situação dos indígenas se tornava sujeita a todo tipo de interpretação. Os que restaram nas casas dos portugueses podiam ser alugados, vendidos ou alforriados, mas pouco disso estava documentado. Nascia aí a ambígua figura do "agregado", comum nas casas brasileiras ao tempo da colônia, em que se adotava ou dava sustento a um morador que não era da família. Este não era empregado, ou escravo, nem parente, e trabalhava na casa e nos negócios da família a título de gratidão por ter sido recolhido da pobreza.

O agregado foi uma versão tropical da "casta de escravos que os árabes tomavam de seus pais para adestrar e criar em suas casas-criatórios, onde desenvolviam o talento que acaso tivessem", afirma

---

13 José de Anchieta, perfil do padre Manoel da Nóbrega, em *Cartas, informações, sermões e fragmentos históricos*.
14 Manoel da Nóbrega, *Cartas do Brasil: 1549-1560*.

Darcy Ribeiro.[15] "Seriam janízaros, se ágeis cavaleiros de guerra, ou xipaios, se covardes e servissem melhor para policiais e espiões. Castrados, serviriam como eunucos nos haréns, se não tivessem outro mérito." No Brasil, eram serviçais domésticos que podiam alcançar funções mais importantes, como a de capataz.

Em muitos casos, o agregado convivia com o patriarca e seus filhos e, mesmo sem o laço de sangue, tornava-se fiel à família; por essa relação, também se tornava digno de confiança. Pertencia, conforme aponta Gilberto Freyre, ao vasto campo de "vassalos" que não eram "escravos nem cidadãos", colocados "entre os senhores das casas-grandes e os negros das senzalas". Formava-se a casta dos "senhores de engenho com altar e capelão dentro de casa e indígenas de arco e flecha ou negros armados de arcabuzes às suas ordens".[16]

Enquanto em Todos-os-Santos e Pernambuco o indígena começava a ser subordinado e absorvido, ao sul a paz de Iperoig custava bastante caro aos portugueses. Os indígenas lhes tomaram gado, animais domésticos e, sob inspiração de Ernesto, até mesmo teares. Em Uruçumirim, Aimberê plantava algodão para a confecção de redes vendidas a naus mercantes que aportavam na Guanabara e passaram a levar o produto manufaturado. Prosperava o comércio com os navios franceses que aportavam na costa com renovada liberdade. "Estão mui soberbos com as coisas que lhes dão os franceses", afirmou Anchieta na carta de São Vicente.[17]

Diferentemente dos franceses, adaptados à vida comunitária, misturados aos indígenas e vivendo nas aldeias, os portugueses resistiam a assimilar os costumes nativos. Mantinham-se nas vilas, mas não se sustentavam sem o trabalho escravo. Para eles, os indígenas cristianizados pelos jesuítas só representavam problemas. Com a instalação de suas próprias fazendas, os jesuítas passaram a

---

15 Darcy Ribeiro, *O povo brasileiro*.
16 Gilberto Freyre, *Casa-grande e senzala*.
17 José de Anchieta, carta de São Vicente, 1º de junho de 1560.

pagar aos indígenas um salário, na realidade arcado pelos colonos de forma indireta.

Por influência de Nóbrega, os jesuítas recebiam parte dos dízimos pagos à Coroa pelos fazendeiros. "Nóbrega opinara anteriormente [à paz de Iperoig] sobre a necessidade da instituição de um dízimo que pudesse assegurar a perpetuidade dos estabelecimentos jesuíticos", registrou o historiador Sérgio Buarque de Holanda na sua *História geral da civilização brasileira*. "E as modestas reivindicações do grande inaciano foram prodigamente recompensadas." Assim, os fazendeiros se viam subsidiando aqueles que antes eram seus escravos para trabalhar nas fazendas dos padres, os maiores beneficiários do acordo. Se os jesuítas responsabilizavam os fazendeiros por aquela onda de escaramuças, os colonos portugueses se revoltavam contra o custo da missão divina, que pesava nas suas costas. Não podiam pagar os indígenas nem sustentar o subsídio aos jesuítas, que drenavam o dinheiro para manter estabelecimentos como o Colégio da Bahia.

Depois de conviver com os indígenas em Iperoig, e de toda sua experiência nas escolas, os jesuítas já haviam concluído que seu esforço com o "gentio" era inútil, como afirma o próprio Nóbrega, em carta de 1559 ao então ex-governador-geral Tomé de Sousa: "como é gente brutal, não se faz nada com eles, como por experiência vimos todo este tempo que com ele tratamos com muito trabalho, sem dele tirarmos mais fruto que poucas almas inocentes que aos céus mandamos". Veladamente, os jesuítas amadureciam a ideia de que a única saída para a colonização era o extermínio dos tupinambás. E não apenas defenderiam essa ideia na correspondência a seus superiores e com a corte em Lisboa como atuariam diretamente na sua execução.

Os jesuítas não se opunham à importação de escravos negros africanos, como acontecia nas posses portuguesas da Madeira e dos Açores e em Pernambuco e na Bahia. Não lhes interessava, ao final, se havia ou não escravidão, desde que todos estivessem ao alcance da influência catequética. Nas capitanias mais ricas, impulsionadas pela cultura de cana, os escravos da Guiné já eram uma alternativa para manter a produção. Mais adaptáveis ao trabalho no engenho e aos serviços domésticos, os negros não faziam parte do acordo com os indígenas confederados. Porém, essa também era uma opção cara, e as fazendas de São Vicente, depauperadas pela guerra, não podiam se arriscar.

De volta à caça, João Ramalho punha em ação capitães do mato cada vez mais longe no sertão para a captura de indígenas, como Simão Jorge e Jerônimo Leitão. "Sob a pressão das lamúrias, de miséria por falta de escravo, porque o português e seus descendentes já tinham se desabituado definitivamente ao trabalho, foi organizada a expedição de Jerônimo Leitão, que trouxe muitos escravos", afirma Eudoro Lincoln Berlinck, engenheiro paulista, estudioso da história brasileira, em *Fatores adversos na formação brasileira*, publicado em 1948. "Foi seguida de outras."

A ação dos mamelucos pedia uma resposta imediata. Porém, os tamoios não queriam mais deixar as aldeias à mercê de ataques portugueses enquanto os guerreiros estivessem fora. Além disso, não podiam abandonar a lavoura, duramente plantada. Sob a orientação dos franceses, escolheram a guerra de guerrilhas, organizando grupos menores de combate, de maneira que suas forças estariam mais espalhadas, capazes de proteger as aldeias e realizar ataques de surpresa ao mesmo tempo. Os remanescentes de Coligny estavam ao seu lado. Avaliaram se seria melhor deixar a região, internando-se na mata como os indígenas do sertão. Lá, porém, não teriam com quem negociar, já que o comércio dependia completamente da presença no litoral. Sua decisão foi ficar, e lutar.

A primeira incursão dos tamoios contra os portugueses após o acordo de paz foi justamente pelo rio Iperoig, onde uma dezena de canoas percorreu cerca de 4 quilômetros acima da aldeia de Coaquira. Ali, os tamoios começaram a atacar fazendas de engenho. Um segundo grupo avançou pelo rio Paraíba até suas cachoeiras.

Deixou as igaras ocultas na mata e subiu a serra, onde havia colonos portugueses dispersos. Os ataques se multiplicaram. As noites dos fazendeiros portugueses passaram a ser de insônia.

Em Lisboa, incitada pelas cartas dos jesuítas que vinham do Brasil, a corte portuguesa organizava um expedição militar definitiva. A decisão de voltar à baía da Guanabara, para eliminar de uma só vez os bárbaros canibais e os hereges franceses, estabelecendo de fato o domínio português na costa brasileira, foi tomada praticamente ao mesmo tempo que se negociava a paz de Iperoig. Com o discurso conciliador dos jesuítas, dom Sebastião I ganhou tempo para concluir a tarefa deixada inacabada por Mem de Sá e que, de outra maneira, se encaminharia para um desastre militar e político.

O rei e seus conselheiros estavam determinados a liquidar com os "brasis". O ponto de partida para isso seria a fundação de uma fortaleza e depois um povoado no Rio de Janeiro, começo da ocupação de toda a baía da Guanabara. Tinham esperado a hora. E a hora chegava.

A GRANDE ARMADA

Para comandar a nova esquadra, foi nomeado capitão-mor Estácio de Sá, que o governador-geral enviara a Lisboa em 1561, a bordo da nau mercante tomada pelos portugueses em sua primeira invasão da Guanabara. Entre a chegada e a partida de Estácio de Sá com os reforços esperados pelo governador-geral, tinham se passado quase dois anos.

O sobrinho do governador-geral partiu do rio Tejo em 1563 na caravela *Santa Maria, a Nova*, sua nau capitânia. Acompanhava-a o galeão *São João* e o bergantim em que viera de São Vicente. Fez escala em Salvador. Ali o governador recomendou que procurasse atrair os tamoios para o combate naval, onde teria mais chances, e que "não fizesse coisa de importância" sem consultar antes o padre Nóbrega.

Em sua passagem pelo Espírito Santo, juntaram-se à esquadra portuguesa os homens de Belchior de Azevedo, um fazendeiro local. E Paolo Adorno, comendador de Santiago, irmão de José Adorno, que trouxe uma galeota de Ilhéus, onde vivia com a mulher, Felipa Álvares, filha de Diogo Álvares. Completaram a esquadra as igaras dos temiminós de Arariboia, sucessor de Maracaiaguaçu, amigo dos jesuítas e das autoridades portuguesas em Salvador. Seriam os batedores de Estácio de Sá na baía da Guanabara, que conheciam desde sua expulsão pelo inimigo tupinambá.

O comandante chegou à Ilha Grande em 16 de fevereiro de 1565, no meio de um temporal que quase pôs a pique a *Santa Maria, a Nova*, quebrando-lhe a mastreação. Somente no dia seguinte a nau capitânia reencontrou a esquadra, que também buscara abrigo: um galeão, seis caravelas, uma galeota, um caravelão, uma galé e as igaras indígenas. Na Ilha Grande, Estácio de Sá enviou os temiminós de Arariboia à frente, em missão de reconhecimento, e esperou uma flotilha de três naus de São Vicente, trazendo a bordo os padres Manoel da Nóbrega e José de Anchieta.

Ao voltar Arariboia, o comandante foi informado de que a baía estava infestada de tamoios preparados para combatê-los, o que tornava temerário o desembarque. Pela experiência do convívio com os tamoios em Iperoig, Nóbrega sabia que havia lá concentradas pelo menos duzentas igaras e "muitos mil arcos".[18]

Com a fortificação das aldeias e a construção de bastiões em pontos estratégicos, a baía estava bem defendida. Por meio de goitacazes, que tinham feito prisioneiros entre os temiminós, Aimberê soubera que Arariboia e seus guerreiros estavam ao lado de Estácio de Sá. Inimigos tradicionais dos tupiniquins, os tupinambás os chamavam de "maracajás", uma espécie de gato-do-mato, felino belicoso e traiçoeiro. Ao antecessor de Arariboia, Maracaiaguaçu ("gato

---

18 Padre Antônio Franco, *Vida*.

grande"), se deve o nome da ilha do Gato. Os indígenas tinham feito a paz em Iperoig, mas também tinham se preparado para a guerra.

Passando ao largo da Ilha Grande, as naus de São Vicente desencontraram-se da esquadra, depois de uma escala em Iperoig, onde Nóbrega e Anchieta visitaram as aldeias de Coaquira e Pindobuçu – Anchieta relata ter recebido de volta livros e outros pertences ali deixados em seus dias de cativeiro. Foram direto à Guanabara, levando uma nau comercial francesa, apresada com sua carga de vinho, pão e carne, que ajudou a abastecer a tripulação. Chegando à noite, e meio perdidos, os portugueses aportaram na ilha de Villegagnon. No cenário macabro formado pelos restos calcinados da fortaleza de Coligny, viram flechas boiando. Temeram que a armada de Estácio de Sá tivesse sido atacada e destruída. Pelo chão, encontraram covas de onde os tamoios haviam exumado os cadáveres inimigos. "Não se contentam de matar os vivos, mas também desenterrar os mortos e lhes quebrar as cabeças para maior vingança e tomar novo nome", afirmou Anchieta.

Estranhando a demora das naus de São Vicente com os jesuítas, e empurrado por uma tempestade que recomendava resguardar-se na baía, Estácio de Sá entrou novamente na Guanabara, onde afinal se encontraram, para alívio de Anchieta. Um grupo enviado à noite para buscar água no continente, no rio Carioca, foi cercado. O contramestre de Estácio de Sá foi morto por uma flecha. A galé, socorrida pela galeota de Paolo Adorno, voltou com oito homens feridos e um prisioneiro. Logo a praia se encheu de indígenas, que aos gritos disparavam suas flechas ao mar, como ameaça.

Diante daquele cenário, Estácio de Sá reconheceu o risco de um ataque precipitado. Pisou em terra somente em Sergipe, onde Nóbrega celebrou uma missa, na qual "exortou-os a confiar em Deus, cuja vontade era que se povoasse o Rio".[19] Mesmo com a chegada dos reforços, e a inspiração divina, Estácio de Sá concluiu que suas

---

19 Padre Antônio Franco, *Vida*.

forças eram insuficientes para vencer. Preferiu apenas explorar a baía, assim como o litoral próximo. Nessa sondagem, escolheu um morro para a futura construção de uma fortaleza na península, batizado de Cara de Cão. Em sua carta da Bahia, com data de 9 de julho de 1565, endereçada ao provincial Diogo Mirão, Anchieta se refere ao lugar como aquele onde já "estava assentado que se havia de fundar a povoação".

No Cara de Cão não havia tamoios, concentrados mais fundo na baía. A localização era estratégica para os sentinelas e canhões portugueses. No vértice entre a Pedra da Urca e o morro do Pão de Açúcar, que já levava esse nome, o Cara de Cão permitia ao mesmo tempo vigiar de um lado o Atlântico e, de outro, a entrada da baía. Antes, porém, Estácio de Sá voltou a São Vicente, de modo a reparar as naus danificadas durante a tempestade, reabastecer e retornar com reforços. Só depois começaria a erguer seu forte.

A retirada das naus portuguesas da Guanabara não foi interpretada pelos tamoios como vitória. Na saída da baía, a esquadra foi atacada pelos indígenas em igaras, que investiram sobre a caravela e o caravelão da vanguarda. As canoas rompiam as ondas para emparelhar com os navios, de modo que os guerreiros pudessem abrir buracos no madeiramento do casco com machados de ponta de ferro. "Se não foram as grandes ondas que faziam, houveram-os de tomar, porque à nau romperam por duas partes com machados junto à água, dando-lhes para isto favor e ardis os franceses que vinham com eles misturados, e mataram alguns homens e flecharam muitos", narrou Anchieta.[20]

Um tiro de canhão explodiu dentro da própria caravela. O caravelão ficou coalhado de mortos, entre eles seu comandante, trespassado pelas flechas tupinambás. Quando afinal as naus passaram, a retirada de Estácio de Sá da Guanabara pareceu mais uma debandada de adolescentes que a esquadra de um conquistador.

---

20 José de Anchieta, carta ao padre-geral, janeiro de 1565.

Em São Vicente, Estácio de Sá colocou as naus para consertar, enquanto tentava ganhar a boa vontade dos paulistas com sua expedição. Não era fácil: ali também se travava a guerra, embora as forças dos tamoios estivessem divididas entre Piratininga e a Guanabara. Na guerra de guerrilhas de Aimberê, o resultado era uma campanha prolongada e desgastante que minava os paulistas. "Estava a capitania, por causa das guerras passadas, em falta de mantimentos", afirma Antônio Franco.[21] "Por isso foi necessário mais tempo do que se cuidava para refazer a armada. Como os mais dali tinham pouca vontade de tornar ao Rio e muitos [da sua própria esquadra queriam] ir para suas casas, não cessavam requerimentos e inquietações dissuadindo ao capitão-mor à empresa."

Nóbrega buscou apoio entre os indígenas, exortando-os à guerra com "invencível constância, assim nas pregações como em práticas particulares", segundo Antônio Franco.[22] Tanto que, quando chegava a uma aldeia, ouvia dizerem às suas costas: "Cá vem o tirano, demônio, que nos têm quase cativos". Fazia o padre "que não ouvia, continuando sem afrouxar em nada". Nóbrega hospedou Estácio de Sá entre os jesuítas e levou-o a Piratininga, onde, apesar da guerra de escaramuças com os tamoios, havia mais recursos para abastecer a esquadra. Procurou levantar-lhe o ânimo. "Que conta darei a Deus e a el-rei, se deitar a perder esta armada?", perguntou-lhe Estácio. "Eu darei conta a Deus de tudo e, se for necessário, irei diante d'el-rei a responder por vós", respondeu o jesuíta.[23]

Para incentivar os capitães de São Vicente, com a ajuda dos jesuítas, Estácio de Sá prometeu terras na Guanabara, onde as sesmarias seriam distribuídas a todos que colaborassem na campanha. Dessa forma, conseguiu a adesão de José Adorno, que se juntaria ao irmão Paolo e Martim Paris, francês que desertara com Jean Coynta

---

21 Padre Antônio Franco, *Vida*.
22 *Ibidem*.
23 *Ibidem*.

e radicara-se em São Vicente. Mesmo assim, enviou à Bahia o pedido de outros navios de guerra e mantimentos. O que conseguira em São Vicente não era muito, mas era melhor que nada, conforme Anchieta em sua carta a Diogo Mirão:

> Depois de passar muito tempo em se reformar a armada de cordas, amarras e outras coisas necessárias, e esperar pelo gentio dos tupiniquins, com os quais se fizeram as pazes, indo duas vezes de navio a suas povoações e os chamar, para darem ajuda contra os tamoios do Rio, os quais prometendo vir, não vieram senão mui tarde e poucos, tornaram-se logo de São Vicente, sem quererem com os nossos vir ao Rio, a qual foi a principal causa de muita detença que a armada fez em São Vicente [...].

Apesar de conseguir poucos indígenas, Estácio de Sá concordou com Nóbrega em não recuar. Segundo Anchieta, deixou o ouvidor-geral Braz Fragoso em São Vicente, para cuidar do galeão e da nau francesa, que ainda estavam em reparos, e zarpou de São Vicente em 22 de janeiro de 1565. Fez uma escala na ilha de São Sebastião para aguardar cinco embarcações menores, três delas a remo, que saíram de Bertioga no dia 27, com José Adorno e os padres Anchieta e Gonçalo de Oliveira. Com eles, vieram oito canoas levando mamelucos de São Vicente e Piratininga, indígenas cristãos e os homens de Arariboia. Depois, fez nova parada em 10 de fevereiro na Ilha Grande, onde aguardaria a flotilha solicitada a seu tio Mem de Sá na capitania de Todos-os-Santos.

A longa espera pelos reforços de Salvador diminuiu dramaticamente as provisões para os duzentos homens a bordo, estimadas para durar de dois a três meses, segundo Anchieta. Mamelucos e indígenas entraram na mata para caçar. Encontraram uma aldeia tupinambá. Ali, os combatentes de Estácio de Sá mostraram pela primeira vez a que tinham vindo. "Os mamelucos e indígenas, enfadados de esperar tanto tempo pela [ajuda da] capitania, e forçados da fome, que quase já não tinham mantimentos, determinaram de o ir buscar a uma aldeia de tamoios, que estava daí a 2 ou 3 léguas", escreveu Anchieta. "E ajudou-os Cristo Nosso Senhor, que chegaram à aldeia e queimaram-a, matando um contrário, e tomando um menino vivo, e toda a mais gente se acolheu pelos matos." Com o apresamento dos víveres da aldeia, os navios foram reabastecidos.

Diante da demora da esquadra de Todos-os-Santos, Estácio de Sá ordenou nova partida: encontrariam os navios vindos da Bahia pelo caminho. Enfunaram velas para a Guanabara. No dia 16 de fevereiro, porém, uma violenta tempestade quase pôs a pique a *Santa Maria, a Nova*. Algumas naus se desgarraram e retornaram à Ilha Grande para se reagrupar. O mau tempo colaborava com o humor. A demora das naus do governo-central deixava todos insatisfeitos, incluindo os capitães. Os temiminós resolveram voltar para o Espírito Santo em três canoas, e os demais indígenas e mamelucos, nas outras cinco, para São Vicente.

Então surgiram quatro naus de guerra vindas de Salvador, o que deu ânimo para esperarem mais um pouco. Ainda faltavam a nau capitânia e suprimentos. Não apenas indígenas e mamelucos, como também os capitães das naus portuguesas ameaçavam revoltar-se. "Houve muito trabalho em os aquietar", escreveu Anchieta.[24] "O porto em que estávamos era mui perigoso, os navios não tinham breu, e faziam tanta água que era necessário grande parte do dia dar à bomba; os indígenas não tinham o que comer; os portugueses não tinham para lho dar; porque havia quase um mês que com os partidos todos andavam fracos, e muitos doentes." Para ele, foi a Divina Providência que fez aparecer naquele dia três navios com armas, soldados e provisões para todos, mais a nau capitânia, do comandante João Andrade.

A esquadra que zarpou afinal para a Guanabara tinha três grandes naus de guerra, a *Santa Maria, a Nova* e outras cinco naus

---

24 José de Anchieta, carta da Bahia ao padre Diogo Mirão, 9 de julho de 1565.

menores, mais as oito igaras com mamelucos, carijós e temiminós liderados por Arariboia. Baixaram âncoras "no último dia de fevereiro ou primeiro de março" de 1565, de acordo com Anchieta. E desembarcaram na atual praia Vermelha para se instalar no Cara de Cão.

No mesmo dia, conforme Anchieta, "começaram a roçar em terra com grande fervor e cortar madeira para a cerca, sem querer saber dos tamoios nem dos franceses, mas como quem entrava em sua terra".[25] Diante do cenário espetacular na entrada da baía da Guanabara, com a escarpa do Pão de Açúcar à frente, a da Urca atrás, o oceano de um lado e a imensa baía de outro, Estácio de Sá exortou seus homens a trabalharem rápido antes que surgisse o perigo. Conforme relata Anchieta, foi seu discurso de posse: "Não há tempo nem oportunidade para recuarmos, porque de um lado nos cercam essas penhas e, do outro, as águas do oceano; e pela direita e esquerda os inimigos, só podemos romper o cerco debandando-os".

O forte consistia em uma paliçada de troncos de árvore, enterrados no chão lado a lado, com as juntas rebocadas de pedra, areia e galhos. Ao redor, um fosso servia ao mesmo tempo como trincheira e, em caso de necessidade, obstáculo que deixaria em posição mais vantajosa a defesa a partir da amurada. Essa tosca construção foi o núcleo inicial da povoação que Estácio de Sá batizou como São Sebastião do Rio de Janeiro. "Ao contrário de Villegagnon, [Estácio de Sá] estabeleceu-se em terra firme, logo à entrada da barra, com a frente para o levante", afirmou Capistrano de Abreu.[26] "Juntamente com a cerca artilhada, começou as plantações, sem se fiar nos mantimentos que poderiam vir das capitanias. Mesmo assim curtiu bravas fomes."

Os fundadores da povoação portuguesa na Guanabara não podiam ser mais heterogêneos: havia os genoveses Paolo e José Adorno, os indígenas temiminós de Arariboia, carijós e mamelucos

---

25 José de Anchieta, carta da Bahia ao padre Diogo Mirão, 9 de julho de 1565.
26 João Capistrano de Abreu, *Capítulos de história colonial*.

de Piratininga e fidalgos portugueses colonizadores de São Vicente e São Paulo, como Belchior Azevedo e Domingos Fernandes, que mais tarde receberia uma sesmaria ali próxima e por isso levaria o apelido de Cara de Cão.

O primeiro desafio da fundação do Rio de Janeiro foi encontrar água para abastecer a fortaleza, escassa naquele lugar. Durante dias, José Adorno e seus homens cavaram um fosso, auxiliados por um português vindo da Vila de São Paulo, Pedro Martins Namorado, que lá exercia a função de juiz pedâneo – como não existia tribunal, julgava as causas públicas em pé, na praça. Em seis dias, o forte ganhou o seu poço. E, logo depois, um paiol para as armas e mantimentos, coberto com telhas de barro, trazidas de São Vicente.

A partir do levantamento do forte no Cara de Cão, os portugueses mostraram sua disposição em ficar. Em 6 de março de 1565, quatro canoas tamoias se aproximaram das naus ancoradas na baía. Pelo número de guerreiros diante da poderosa esquadra, não representavam ameaça. Sequer tiveram, porém, oportunidade de dizer a que vinham. Perseguidos pelos temiminós, os tamoios foram obrigados a fugir, cruzando a enseada entre o Cara de Cão e a Ponta do Carioca, hoje morro da Viúva, onde saltaram das embarcações, embrenhando-se na mata.

Em 10 de março, uma nau francesa se aproximou da baía, sem saber da instalação do forte e das forças que ali se concentravam. Estácio de Sá enviou quatro navios para apresá-la. Ao verem a esquadra portuguesa, muitos franceses atiraram-se ao mar. Enquanto as naus se afastavam da baía, os tamoios realizaram um ataque-surpresa ao Cara de Cão com 48 canoas, para aproveitar a divisão de forças do inimigo. Visavam desmantelar o forte ainda inacabado, "sem baluarte nem casa alguma feita em que se pudesse a gente recolher", nas palavras de Anchieta.

Ao perceber o que acontecia, Estácio de Sá deixou sua esquadra no cerco à nau francesa e voltou ao forte às pressas num barco a remo. Sob uma chuva de flechas, os portugueses saíram da paliçada para combater os indígenas em campo aberto e conseguiram fazê-los recuar, rechaçando-os graças à sua artilharia e o apoio de um dos galeões, num combate que durou o dia todo. Os tamoios foram obrigados a abandonar a investida, batendo em retirada nas suas igaras.

Quando terminou a batalha, o comandante da nau francesa foi trazido à presença de Estácio de Sá. Explicou que se tratava de uma expedição comercial e, bem tratado, ouviu do comandante português a proposta de que descesse em terra para negociar a rendição dos seus conterrâneos, habitantes da costa. Seriam enviados à França naquela mesma nau, da qual seriam apenas retirados armas e canhões. Em suas cartas, Anchieta externa sua admiração pela sabedoria do comandante. Com aquele gesto, Estácio de Sá abria caminho para livrar-se de forma limpa dos luteranos infiltrados na costa, "que vivem em diversas aldeias, e todos homens baixos, que vivem com os indígenas selvagens".

Satisfeito com o acordo, o comandante francês acedeu. A maioria dos remanescentes da França Antártica aceitou retornar ao seu país na embarcação agora fundeada na baía. Enquanto as naus portuguesas escoltavam sua partida, os indígenas confederados aproveitaram para realizar mais uma escaramuça, desta vez num ataque com 27 canoas. Foram mais uma vez repelidos.

Com a consolidação do forte, os portugueses passaram à iniciativa do combate. As primeiras expedições às aldeias eram assaltos em busca de provisões para abastecer os ocupantes da fortaleza e a tripulação remanescente nas naus estacionadas na baía. Os combates e escaramuças custavam vidas de ambos os lados. Com menos de um mês estabelecido em terra, Estácio de Sá concluiu que não resistiria muito tempo às forças tamoias. A seu pedido, depois de consulta feita ao padre Nóbrega, em 31 de março José de Anchieta foi enviado à Bahia para pedir ajuda a Mem de Sá. Embarcou na nau do comandante João de Andrade, da capitania de Ilhéus, que viera de São Vicente com mantimentos, munição e combatentes.

Diante das forças portuguesas na Guanabara, Aimberê enviou um pedido de ajuda a três naus francesas que, segundo soubera, tinham acabado de aportar em Cabo Frio, a cerca de 120 quilômetros dali pelo mar. Ernesto lhes ofereceu em troca um grande carregamento de pau-brasil, cedro, sândalo e outras madeiras de interesse para o comércio. Mais: argumentou que, se os portugueses tomassem aquelas terras, seus negócios acabariam para sempre.

No dia seguinte, as naus francesas avançaram para o Rio de Janeiro. O plano dos tamoios era fazer com que elas mantivessem ocupada a frota naval de Estácio de Sá, enquanto atacavam em terra a fortaleza. De acordo com o padre jesuíta Quirício Caxa, que recebeu informações da nau capitânia em seu retorno à Bahia, os tamoios possuíam um exército estimado pelos portugueses em 3 mil homens.[27] Com o aprendizado da queda de Coligny, preparavam pesados aríetes para penetrar no forte Cara de Cão. Mesmo assim, tinham pela frente uma dura tarefa. Os portugueses tinham reforçado a paliçada inicial com taipa de pilão e levado peças de artilharia das embarcações para a amurada. Baluartes e guaritas protegiam sentinelas e os soldados em combate.

Os tamoios aguardaram em terra a chegada das naus francesas para começar a investida. Atacaram, mesmo ao perceber que as naus não se aproximavam em ângulo de ataque. Uma delas vinha quase 1 quilômetro à frente das outras. Quando os indígenas se lançaram à batalha, com suas flechas e tiros de bombardas adquiridas dos franceses, o forte respondeu com seus canhões. Apesar do poder de fogo e da posição vantajosa do forte, os indígenas se aproximaram dos muros de São Sebastião com seus aríetes.

O aguardado apoio por mar foi um desastre. A primeira nau francesa a se aproximar dos portugueses não deu um disparo sequer. Um único tiro português, que era para ser de "espera", uma forma

---

27 Quirício Caxa, carta ao provincial da Companhia de Jesus, Diogo Mirão, 13 de julho de 1565.

de aviso, acertou o alvo de verdade, varando-o "de proa a popa". Assim narrou o padre Caxa:[28]

> Fizeram apontar uma espera e a primeira [nau] que chegou era a capitânia, a qual ia mui soberba com estandartes e bandeiras de seda, pífaro e tambor de guerra, foi varada da popa à proa com a espera, da qual recebeu muito dano, e sendo alguns mortos acudiram-lhe com outros e com eles, ou Deus assim queria, foi dar a nau sobre uma lage que está à entrada do Rio, onde correu muito perigo, mas foi ajudada dos indígenas com suas canoas e chalupas e com a maré que enchia a tiraram fora; estando eles nisto chegou Estácio de Sá, que era capitão-mor, com muitos flecheiros, e não achando neles resistência fez muita destruição.

As outras duas embarcações, também recebidas com tiros de "espera", mantiveram-se mais ao largo na baía, sem atacar. Por fim, bateram em retirada, abandonando a nau capitânia naufragada com seus tripulantes. "As naus saíram-se fora e, querendo-as seguir o capitão-mor [Estácio de Sá] ao outro dia, por aquele ser tarde, elas tomaram melhor conselho e acolheram-se aquela noite ao mais fugir que puderam", escreveu o padre Caxa. Frustrado o apoio marítimo, os tamoios recuaram. O forte Cara de Cão continuava em seu lugar.

Tornou-se legendária uma batalha que pode ter sido de fato apenas uma lenda, conhecida como a Batalha das Canoas. Em julho de 1566, Estácio de Sá saiu com quatro canoas para a praia de Francisco Velho, um dos fundadores de Santo André da Borda do Campo, que se instalara numa das sesmarias que ele distribuíra, e lá estendia plantações para abastecer os portugueses. Um ataque tamoio, divisado ao longe nas guaritas do forte Cara de Cão, fez com que o comandante saísse em seu socorro. Os tamoios teriam reunido, porém, um exército a bordo de 160 igaras – muitas vindas de outros

---

28 Quirício Caxa, carta ao provincial da Companhia de Jesus, Diogo Mirão, 13 de julho de 1565.

lugares, como Cabo Frio. Surgidas de surpresa, o governador se viu em meio a um cerco mortal.

Em desespero, ao disparar um canhonaço, um marinheiro português teria colocado fogo em toda a pólvora. A fumaça negra que se seguiu à explosão da canoa teria assustado a mulher do cacique Guaixará, que amaldiçoou a luta. Com isso, os tamoios, mesmo em esmagadora maioria, abandonaram o combate. Por mais surpreendente que isso possa parecer, existem outros registros de indígenas que abandonaram batalhas praticamente ganhas diante de algum presságio, como afirma Gândavo.[29] Podia ser um mero papagaio:

> [...] A todo tempo [os indígenas] se abalam mui facilmente, ainda que estejam mui perto de alcançar vitória, porque já aconteceu terem uma aldeia quase rendida, e por um papagaio que havia nela falar umas certas palavras que lhe eles tinham ensinado, levantaram o cerco e fugiram sem esperar o bom sucesso que o tempo lhes prometia, crendo sem dúvida que se assim não o fizeram, morreram todos nas mãos de seus inimigos.

Também supersticiosamente, os portugueses creditaram o milagre ao seu santo padroeiro. Diziam que, em meio às volutas de fumaça, tinha sido o próprio São Sebastião quem baixara à terra, surgido dos céus com sua armadura romana, de arco em punho, em meio a uma luz dourada, para abater os tamoios. Sobre a lenda, nasceu a tradição das festas de São Sebastião, em que os barcos saem enfeitados em procissão marítima no dia do santo, 20 de janeiro.

O sobrinho do governador avançava dentro da área da baía. Loteou a Guanabara entre os vitoriosos, a começar pelos jesuítas, que receberam um gordo quinhão. José Adorno, que lutara com Jerônimo Leitão, capitão-mor de São Vicente, recebeu três sesmarias

---

[29] Pero Magalhães Gândavo, *História da Província Santa Cruz a que vulgarmente chamamos Brasil*.

em pagamento por seu apoio: na Carioca, Niterói e no sertão fluminense. Além de distribuir sesmarias, Estácio de Sá traçou onde seria implantada a vila. Os portugueses tomaram como ponto de partida a Casa de Pedra, a antiga olaria francesa que já servira de abrigo e forte improvisado aos protestantes exilados por Villegagnon no continente. Os indígenas a chamavam de Carioca ("casa de branco"), o que pode ter sido a origem da designação dos fluminenses nascidos no Rio de Janeiro. Uma outra versão é de que "carioca" venha de "acarioca" ("casa dos acaris", peixe abundante o rio, que nascia no Corcovado e, depois de formar a ilha onde estava a aldeia de Uruçumirim, desaguava na baía).

Francisco Velho levantou no centro da fortaleza Cara de Cão a igreja jesuíta, batizada de Igreja de São Sebastião. Em 13 de setembro, Estácio de Sá mandou rezar a missa, incumbência entregue ao padre Gonçalo Oliveira. No mesmo dia, nomeou Francisco Dias Pinto como alcaide-mor, cargo tradicional na burocracia portuguesa, advindo dos tempos da ocupação moura, que conferia ao prefeito poderes ao mesmo tempo civis e militares, além de lhe dar a guarda da chave da cidade – costume que se tornou simbólico.

Pinto, que antes servira na capitania de Porto Seguro, foi empossado com uma breve cerimônia. Depois de fechar as portas da fortaleza, incluindo os dois postigos, perguntou ritualmente a Estácio de Sá, postado do lado de fora, quem era e por que desejava entrar. "É o Capitão da cidade de São Sebastião em nome d'el-rei Nosso Senhor", respondeu o comandante, e as portas lhe foram abertas. Na cerimônia de criação da cidade, Estácio de Sá pôs água, terra, pedra e grama nas mãos de João Prosse, português que dali em diante seria o procurador da Câmara, um representante do povo perante o governo.

Mais que fundar uma povoação, o comandante das tropas portuguesas fincava na terra o sinal de que Portugal estava agora disposto a tudo para estabelecer sua hegemonia na terra brasileira. "Ainda que é coisa pequena que se tem feito, contudo é maior", escreveu

Anchieta. "E basta-lhe chamar cidade de São Sebastião para ser favorecida do Senhor, e merecimentos do glorioso mártir; e acrescentada de sua Alteza que lhe tem tanta devoção e obrigação." Logo várias casas foram levantadas, feitas de madeira e barro, e cobertas de palha. E as tropas começaram a ser transferidas das naus para terra firme.

Para proteger as plantações, uma nova paliçada foi erguida na praia de Francisco Velho. Mais tarde, o forte e a enseada tomariam o nome de Botafogo, como era conhecido João Pereira de Sousa, um português foragido de Portugal por conta de dívidas de jogo, que ganhou esse apelido por ser o mais destacado artilheiro da fortaleza. O mestre da pontaria não perdera seu amor ao carteado, que praticava com os colegas e tinha sido proibido por Estácio de Sá. Diante da inocuidade da medida, porém, o comandante acabou sendo obrigado a voltar atrás, anistiando os jogadores.

O forte em Botafogo estava mais próximo da concentração de confederados, e as investidas portuguesas no morro da Carioca fizeram com que os tamoios passassem do ataque para a defesa. Em outubro, uma batalha na Ponta do Carioca terminou com a derrota dos tamoios e a destruição de uma aldeia, de onde foram feitos trezentos indígenas prisioneiros, na maioria mulheres e crianças – os homens estavam todos mortos. Aimberê teve então certeza de que a expedição de Estácio de Sá não vinha para apresar os indígenas. Seu objetivo era a conquista do território pela aniquilação do inimigo.

Uma frota capitaneada por Belchior de Azevedo fez uma incursão mais avançada pela baía, onde fica a ilha de Paquetá. A aldeia do cacique Guaixará foi colocada abaixo e todos os indígenas, executados, incluindo o chefe. Na margem direita da baía, dois bergantins portugueses e os temiminós enfrentaram as aldeias tamoias na região da atual Niterói até sua destruição completa. Com isso, os tamoios ficaram isolados na área que ia da Ponta do Carioca até Paranapuã (a ilha do Governador). Com receio de ataques, os indígenas abandonavam suas aldeias, indo concentrar-se em Uruçumirim.

Ali, resistiram a seguidos assaltos portugueses por cerca de um ano dentro da paliçada, que assim como o Cara de Cão tinha sido reforçada com areia e pedra. Estácio de Sá aguardava os reforços de Salvador. Para ele, apesar dos avanços, a situação se complicava. Eram cada vez mais parcos os recursos naquela zona de guerra, em que plantações tinham sido abandonadas ou destruídas e a caça desaparecera.

Os indígenas prisioneiros resistiam ao trabalho escravo. Mesmo diante de maus-tratos, preferiam a tortura e a morte. Os portugueses e mamelucos queriam a terra, mas tinham pouca disposição para o trabalho na enxada. "O maior inconveniente, além da fome, é que lá estão muitos homens de todas as capitanias", escreveu o padre José de Anchieta. "Desejam voltar para suas casas (com razão)." Estavam num dilema: se abandonassem as terras, perderiam suas sesmarias. Se ficassem, nas palavras de Anchieta, teriam que sobreviver naquela "povoação desamparada e com grande perigo de serem comidos [...]".[30]

Com a dispersão dos portugueses e seu enfraquecimento, os tamoios recuperaram a Ponta do Carioca. Passaram a ameaçar as fortificações em Botafogo e até mesmo o arraial formado ao redor da fortaleza Cara de Cão. "Estácio fez uma vila e a sustentou perto de dois anos com muita guerra e trabalhos, sem outro socorro algum mais que o de Deus e o que eu lhe mandava, sustentando-o sempre à minha custa", lembrou mais tarde Mem de Sá.[31]

Em Salvador, José de Anchieta fez seu relato ao governador-geral sobre a situação. A partir dessa conversa, Mem de Sá voltaria ao Rio de Janeiro, dessa vez com um exército jamais visto nas Américas. E o jesuíta, o homem que, na derrota, dissera aos indígenas terem os portugueses recebido o castigo merecido do Criador, enviaria de volta aos tamoios a última nêmesis.

---

30 José de Anchieta, carta ao padre Mirão, da Bahia, 9 de julho de 1565.
31 Mem de Sá, *Instrumentos dos serviços de Mem de Sá*.

O EXÉRCITO EXTERMINADOR

Em Lisboa, a corte portuguesa acompanhava com apreensão os acontecimentos no Rio de Janeiro. Diante do relato dos jesuítas, partiram do Tejo três galeões, sob o comando do capitão Cristóvão de Barros. A esquadra que aportou na Guanabara em 18 de janeiro de 1567 possuía os três galeões recém-chegados de Portugal, duas outras caravelas bem aparelhadas de artilharia e seis caravelões. Essa esquadra, somada às naus de Estácio de Sá, eram a maior formação de guerra já vista no Novo Mundo.

Os integrantes do comando da frota ancorada na baía da Guanabara refletiam a importância do momento: o bispo dom Pedro Leitão, os jesuítas José de Anchieta, Manoel da Nóbrega, o então chefe da Companhia de Jesus Luiz da Grã, além do "visitador" – um fiscal da Ordem, recém-chegado da Europa para garantir que tudo saísse conforme a Coroa e os jesuítas desejavam: Inácio de Azevedo. Era toda a cúpula do poder colonial. Com ordens diretas da corte, o governador-geral Mem de Sá comandava a frota pessoalmente, apesar das suas dificuldades. Relembrou ele:[32]

> Mandou Sua Alteza outra armada para o Rio e me mandou que fosse em pessoa, por ser informado que os franceses pelo sertão e junto ao mar faziam muitas fortalezas e se tinham já apoderado dos indígenas e estavam já muito fortes e com muita artilharia. Fui o melhor que pude, com muitos gastos da minha fazenda a todos os que levava, e do muito trabalho que levei adoeci no Espírito Santo [a caminho do Rio] e assim doente fui ao Rio e estive à morte. Mas assim dei ordem com que logo se combateu a fortaleza de Biraoaçu Mirim [Uruçumirim].

Diante das forças estacionadas na baía, Aimberê chamou o conselho de guerra em Uruçumirim, agora uma grande fortaleza onde

---

32 Mem de Sá, *Instrumentos dos serviços de Mem de Sá*.

se concentravam as forças dos tamoios. Ofereceu aos franceses, incluindo o genro, Ernesto, a possibilidade de se entregarem aos portugueses, negociando sua volta à França. Ernesto, porém, lhe teria respondido que os franceses já se consideravam tamoios e lutariam com estes.

Uma alternativa seria fugir para o interior, como já vinha acontecendo com muitas comunidades que não tinham se juntado aos confederados, especialmente ao norte de Salvador. Aimberê, porém, anunciou que ficaria. Os tamoios o apoiaram e se prepararam para a batalha final.

Entre os portugueses, também se fizeram os preparativos. Na madrugada de 20 de janeiro de 1567, dia do padroeiro São Sebastião, o cardeal dom Pedro Leitão rezou a missa a bordo e benzeu soldados e canhões. A frota foi dividida em duas, uma sob o comando de Estácio de Sá, outra de Cristóvão de Barros. Para exortar os combatentes, Anchieta fez uma revelação. Em sua pregação, disse às tropas ter sonhado que São Sebastião, um santo morto a flechadas, ressurgiria entre os soldados, combatendo ao lado deles.

Uruçumirim resistiu ao bombardeio cerrado da frota de Estácio de Sá, respondendo também com balas de canhão. Segundo Mem de Sá, Aimberê combateu "num paço mais alto e muito fragoso com muitos franceses e artilharia, a qual foi combatida com tanto ânimo que foram mortos e feridos muitos dos cristãos". Em dois dias, porém, a capital da resistência à colonização portuguesa teve as muralhas abertas e os combatentes foram dizimados.

Tomados pela euforia coletiva da vitória e sedentos de sangue, os soldados de Mem de Sá cortaram a cabeça dos inimigos e as penduraram em estacas, à maneira dos próprios indígenas. Com exceção de "nove a dez franceses", não houve prisioneiros, nem mesmo como escravos. Foram executados os chefes da confederação, entre eles Aimberê, Pindobuçu e Parabuçu. E as mulheres, como Igaraçu e Potira.

Enquanto caía Uruçumirim, a metade da frota comandada por Cristóvão de Barros avançava sobre a aldeia fortificada de

Paranapuã, onde se encontravam "mil homens de guerra e muita artilharia", de acordo com Mem de Sá. O combate durou três dias, até que ela também foi arrasada. A terceira fortaleza, apesar do aparato, caiu sem resistência. Os prisioneiros foram tomados como cativos. O *De gestis* assim resumiu o massacre, fazendo o balanço final da campanha, em tom ufanista:

> Quem poderá contar os gestos heroicos do chefe à frente dos soldados, na imensa mata! 160 as aldeias incendiadas, mil casas arruinadas pela chama devoradora, assolados os campos, com suas riquezas, passado tudo ao fio da espada.

Os tamoios deixaram pesadas baixas do outro lado. Estácio de Sá recebeu no olho uma flechada tamoia. Agonizou durante um mês, até a morte – foi enterrado no Arraial de São Sebastião, a povoação que acabara de implantar. Tinha 22 anos de idade. Na lápide, foram gravados os seguintes dizeres, por ordem de Salvador Correa de Sá, primo de Mem de Sá, a quem o governador-geral também tratava como "sobrinho", e empossou como novo governador do Rio de Janeiro: "Aqui jaz Estácio de Sá, primeiro capitão e conquistador desta terra e cidade".

Com o extermínio dos tupinambás e dos outros confederados, a terra ficava livre para a colonização portuguesa. Mem de Sá integrava o sul do Brasil ao norte mais próspero. "Com esta ajuda cometeu a empresa e acabou de destruir toda a nação dos tamoios", relata Anchieta, "sem lhe ficar aldeia que não se sujeitasse até a ilha de Santa Ana, que é o cabo delas, que são algumas 30 léguas do Rio de Janeiro". Restava trazer progresso àquela terra fecundada com sangue.

Mem de Sá ficou um ano no Rio de Janeiro, até 1º de junho de 1568. Nesse período, o Rio foi virtualmente sede do governo-geral do Brasil. O governador-geral terminou de transferir a aldeia surgida em torno do forte Cara de Cão para o alto do morro do Descanso, que mais tarde se chamaria Castelo. O lugar original da fortaleza de

Estácio de Sá ficou conhecido como Vila Velha. "Por o sítio que Estácio de Sá edificou não ser para mais que para se defender em tempo de guerra, escolhi um sítio que parecia ser mais conveniente para edificar a cidade de São Sebastião", afirmou Mem de Sá.[33]

No Castelo, ele mandou limpar o mato, com suas imensas árvores, tarefa trabalhosa para abrigar uma cidade grande. Ergueu-a toda cercada, "com muitos baluartes e fortes cheios de artilharia". Levantou um colégio e a Igreja da Sé para os jesuítas, com três naves, "telhada e bem consertada", e dote para cinquenta padres. Fez ainda a Casa da Câmara, a cadeia, armazéns e, "para a fazenda de Sua Alteza, telhadas e com varandas". A direção do colégio jesuíta foi inicialmente entregue a Anchieta.

Segundo Anchieta, com a queda das fortalezas tamoias, acabou a resistência. Os demais indígenas se entregaram e fizeram as "pazes com os outros que estavam espalhados por todo o Rio de Janeiro, sua terra possuída de tantos anos".[34] Conforme instruído pela corte portuguesa, o governador-geral instituiu ali uma nova capitania. De acordo com Capistrano de Abreu, embora o Rio de Janeiro, por direito das cartas de doação, originalmente pertencesse a Martim Afonso, por sua importância estratégica tornou-se a segunda capitania ligada diretamente à Coroa, depois de Todos-os-Santos.

Com a notícia de que ainda havia indígenas sublevados no Espírito Santo, Mem de Sá partiu, não sem recomendar ao sobrinho Salvador Correa de Sá, então com 21 anos, que se mantivesse sob o conselho do padre Nóbrega. Nos *Instrumentos*, o governador-geral conta que, na passagem pelo Espírito Santo, sufocou mais uma revolta. "Em mui breve tempo sosseguei os indígenas, que quiseram pazes", afirmou. "Os que não quiseram foram castigados e mortos muitos. E os que escaparam se foram da terra, que ficou mais pacífica do que nunca."

---

33 Mem de Sá, *Instrumentos dos serviços de Mem de Sá*.
34 José de Anchieta, *Informação do Brasil e suas capitanias*.

Com isso, Mem de Sá deu seu trabalho no Brasil por encerrado. O restante dos *Instrumentos* é a tomada de testemunhas, indicadas pelo próprio governador-geral, que ratificam ou complementam as informações dadas por ele, parte do procedimento para a liquidação de suas funções, previstas para serem encerradas em 1570. Tinha vindo ao Brasil para ficar por três anos e ficara doze, até então.

Nesse período, pedira dispensa do trabalho diversas vezes e acumulara reclamações. Em sua carta de 31 de março de 1560, queixava-se do salário ("em paga dos meus serviços me mande ir para o reino", escreveu certa vez ao rei, "e mande vir outro governador porque eu afirmo a Vossa Alteza que não são para esta terra, eu gasto nela muito mais do que tenho de ordenado e o que me pagam é em mercadorias que não me servem"); das despesas com a guerra ("sempre fui ter guerras e trabalhos onde dei de comer aos homens que vão pelejar e morrer sem soldo nem mantimento"). E lamentava também do tratamento recebido. "Sou velho, tenho filhos que estão desagasalhados, uma filha que estava no mosteiro de Santa Catarina de Sena em Évora, mandou frei Luiz de Granada que saísse; não sei quanto serviço de Deus nem de Vossa Alteza foi deitar uma moça do mosteiro na rua, sendo filha de quem o anda servindo no Brasil."

Na realidade, Mem de Sá não se encontrava tão mal assim. Como mandatário máximo, com poder para distribuir terras, o governador-geral criou no Brasil sua própria dinastia, uma casta de aristocratas que teria força, riqueza e influência nos séculos seguintes. Nos anais da Torre do Tombo, pode-se encontrar documentos como a doação de Fernão Roiz de Castello Branco, membro do "conselho d'el-rei", a um filho do governador, Francisco de Sá, de um par de sesmarias que o próprio governador havia lhe outorgado, abrangendo do rio Sergipe até Peruaçu. Como os governadores-gerais não podiam conceder terras a familiares, passavam-nas a terceiros para depois recebê-las de volta na família. O documento era datado de 17 de março de 1562. Em seu testamento, dez anos depois, Mem de

Sá ainda pedia terras aos seus descendentes para dom Sebastião I – que as negou.

Graças a ele, Portugal podia dar uma guinada em sua história, transferindo seus interesses das distantes Índias para uma imensa colônia com grande potencial a ser explorado. "É notório a todos serem tantos e tão evidentes os milagres que se viram na fundação deste negócio e nos combates que houve, que já podem esquecer os da Índia e África", escreveu o padre Leonardo do Valle em São Vicente, em 23 de junho de 1565.

Em 1570, a colônia portuguesa estava estabelecida no litoral brasileiro, com uma população estimada em 35 mil habitantes. Depois dos conflitos com os indígenas, praticamente tinham desaparecido as vilas de Itamaracá, Ilhéus e Porto Seguro, mas vingaram as povoações no Espírito Santo, Rio de Janeiro, São Paulo, Bahia e Pernambuco. Um quarto da população era de portugueses. Ao norte, a língua portuguesa recebia influência das línguas e cultura africanas. Na Vila de São Paulo, onde predominavam os mamelucos, falava-se livremente o tupi. "E assim se mortificaram e quebraram tanto os ânimos dos inimigos que do muito que lá o Senhor obra em favor dos nossos, redunda esta capitania [de São Vicente] não pequena parte da bonança de que já começa a gozar, vendo-se algum tanto desapressada das muitas angústias de que de todas as partes esteve cercada", acrescentava em sua carta o padre Leonardo do Valle.

Ainda haveria conflito com os indígenas. Em 1574, na gestão do governador-geral Antônio Salema, foi sufocado o levante na região de Cabo Frio. Os indígenas foram combatidos com a ajuda do governador da capitania de São Vicente, Jerônimo Leitão. Porém, a situação era oposta. Até Mem de Sá, os portugueses procuravam entrar na terra indígena. Ao tempo de Salema, eram os indígenas que estavam em terra portuguesa.

A aposentadoria do posto de governador-geral, que ele tanto almejava desfrutar em Lisboa, não aconteceu. Encarregado de substituí-lo, quando rumava para o novo emprego, dom Luís de

Vasconcelos foi morto no Atlântico, entre a ilha da Madeiras e as Canárias, em 1570. Os responsáveis foram corsários franceses a serviço da rainha da Navarra, Joana d'Albret, que abordaram as duas naus de sua comitiva. Antes dele, o piratas já tinham em 15 de julho saqueado uma nau mercante enviada na vanguarda. Protestante radical e sanguinário, seu capitão Jacques Sória degolou, passou a fio de espada ou atirou vivos ao mar o futuro governador-geral, sua família e 39 jesuítas.

O grupo de religiosos era chefiado por Inácio de Azevedo, o único que já havia estado no Brasil, como o homem de confiança da Companhia de Jesus na armada que exterminou os tamoios no Rio de Janeiro. Voltava ao Novo Mundo para ocupar o cargo de provincial da Ordem. João Adauto, sobrinho do capitão da nau portuguesa, completou o número dos chamados "quarenta mártires do Brasil", sacrificado no lugar do jesuíta João Sanches – escravizado pelo pirata para servi-lo, depois de reconhecido como o cozinheiro do grupo.

Com isso, Mem de Sá foi obrigado a continuar no Brasil. Morreu no cargo, em Salvador, dois anos depois, em 2 de março de 1572. Dom Sebastião I não via um substituto com a mesma envergadura. Nomeou para seu lugar Luiz de Brito de Almeida, porém mais tarde repartiu o governo-geral em dois. O norte ficou com Luís de Brito, com capital em Salvador, e a missão de controlar os indígenas de Sergipe, Paraíba e Maranhão, que levaria mais duas décadas para se completar. Para administrar o sul, ficou o antigo capitão de Pernambuco, Antônio Salema. Baseado em São Sebastião do Rio de Janeiro, deu guerra aos indígenas de Cabo Frio e pacificou o território entre São Sebastião e Macaé.

Foram mortos os tamoios remanescentes, "escravizados não poucos, e alguns incorporados aos aldeamentos jesuíticos", afirma Capistrano de Abreu.[35] "Quem pôde emigrou para o sertão.

---

35 João Capistrano de Abreu, *Capítulos de história colonial*.

Os franceses desta feita receberam um golpe de que não puderam mais recobrar inteiramente." Ainda haveria focos de resistência, mas o Brasil indígena tinha sido reduzido aos dispersos tapuias, empurrados para o interior.

Segundo Anchieta, nos cinco últimos anos de sua vida, Mem de Sá comungava a cada oito dias e não faltava à missa de domingo, ainda que caíssem tempestades. Deixou para a Igreja terras que possuía em Camamú, "12 léguas em quadra com oito águas para engenhos de açúcar". Sepultado na igreja do colégio jesuíta que construíra às suas próprias expensas, jamais reviu sua terra natal, como desejava. Porém, num berço de sangue, criara outra, indisputada, que tinha sido indígena, e bem poderia ter sido francesa ou espanhola. "Sociologicamente falando, os descobridores do Brasil foram os portugueses", afirma Capistrano de Abreu.[36] "Neles inicia-se a nossa história; por eles se continua por séculos; a eles se devem principalmente os esforços que produziram uma nação moderna e civilizada em território antes povoado e percorrido por broncas tribos nômades."

A ORDEM DO PROGRESSO

Depois de vinte anos de governo, Duarte Coelho retornou em 1554 doente a Portugal, onde morreu. Deixou o comando da capitania de Pernambuco a sua mulher, Brites, e o cunhado Jerônimo de Albuquerque. Em 1560, seus filhos Duarte Coelho de Albuquerque e Jorge de Albuquerque Coelho assumiram o governo. Convocados para a armada de dom Sebastião I, foram feridos na batalha de Alcácer-Quibir, em 4 de agosto de 1578, e nunca mais retornaram ao Brasil. O filho de Jorge, Duarte de Albuquerque Coelho, assumiu a administração da capitania no Brasil.

---

36 *Idem, Descobrimento do Brasil.*

Jerônimo de Albuquerque teve oito filhos com Tabira, e mais dezesseis de outras relações, o que lhe valeria o apelido entre historiadores de "Adão pernambucano". Seu filho, Jerônimo de Albuquerque Maranhão, um dos fundadores de Natal, atual capital do Rio Grande do Norte, lutou na campanha de expulsão dos franceses que invadiram em 1612 o Maranhão, na qual se fundou o forte de São Luís.

* * *

Recompensado pelos portugueses com terras e honrarias, Arariboia reconquistou seu lugar na Guanabara, de onde sua aldeia tinha sido expulsa anos antes pelos tupinambás. O cacique temiminó que andava nu e comia a carne de seus inimigos recebeu sesmarias como recompensa pela aliança com os portugueses para o extermínio dos tamoios. Usava roupas de fidalgo europeu e adotou o nome de Martim Afonso, assim como o falecido Tibiriçá.

Pela carta de sesmaria de 16 de março de 1568, o governador-geral Mem de Sá transferiu ao aliado uma légua de terra junto ao mar e duas sertão adentro no Rio de Janeiro, antes pertencentes ao provedor da Fazenda, Antônio de Mariz Coutinho. Martim Afonso Arariboia levantou ali a aldeia de São Lourenço, que funcionava como uma missão jesuíta. Cresceu tanto que deu seu nome a toda a região e, mais tarde, graças à influência da Companhia de Jesus, ampliou seu território até a serra dos Órgãos.

Como herói da conquista do Brasil, Arariboia recebeu do rei dom Sebastião I o título de Cavaleiro da Ordem de Cristo, uma das mais altas comendas da Coroa portuguesa, além de um ordenado mensal para sustentar sua povoação. Reconhecido como "grande cavaleiro e valente, que ajudou muito os portugueses na tomada deste Rio", nas palavras de Fernão Cardim, ele juntou a pompa portuguesa à majestade e o orgulho dos reis tribais. Em sua *História do Brasil*, de 1627, o frei Vicente Salvador conta dele um episódio exemplar.

Segundo o frei, diante do governador Antônio Salema, que na repartição promovida pela corte portuguesa do governo-geral ficou no comando das capitanias ao sul do Espírito Santo, o capitão-mor de São Lourenço sentou na cadeira que lhe foi oferecida e cruzou as pernas, como era seu hábito. Salema pediu que as descruzasse, lembrando-o da etiqueta diante de alguém que representava a pessoa do rei. Encolerizado, Araribóia retrucou: "Se tu souberas quão cansadas eu tenho as pernas das guerras em que servi el-rei, não estranharas dar-lhes agora este pequeno descanso", disse, segundo o frei. "Mas, já que me achas pouco cortesão, eu me vou para minha aldeia, onde não curamos desses pontos, e não tornarei mais à tua corte."

E encerrou a audiência por ali.

* * *

José de Anchieta morreu no Espírito Santo, em 9 de junho de 1597, na cidade de Reritiba, o "lugar das conchas", hoje Cidade Anchieta. Depois do extermínio dos tamoios confederados, dirigiu o Colégio Jesuíta no Rio de Janeiro e em seguida foi para Salvador, onde terminou estudos teológicos para ser finalmente ordenado padre pelo bispo dom Pedro Leitão, em 1566, aos 32 anos. Foi nomeado provincial de Salvador em 1577 e dirigiu a Companhia de Jesus no Brasil por dez anos. Mais tarde, trabalhou como superior no Rio e no Espírito Santo. No final da vida, voltou a ser um simples missionário. Dos seus 63 anos de idade, dedicou 46 à Companhia de Jesus, 44 deles no Brasil.

Mesmo com idade avançada, caminhava 100 quilômetros duas vezes ao mês de sua casa em Reritiba até Vitória, onde dirigiu o Colégio Jesuíta São Tiago e foi enterrado. No Espírito Santo, fundou Guarapari e Reis Magos. É atribuída a ele a mudança do nome da antiga aldeia indígena de Cricaré, onde Fernão de Sá foi morto, para São Mateus, com a fundação de uma igreja. O sepulcro involuntário do filho do governador-geral seria uma boa mostra do Brasil que seu pai e os jesuítas acabavam de implantar. Nos séculos XVII e XVIII, ali prosperaria uma vila surgida com as fazendas de açúcar e mandioca. O censo de 1827 registrou na vila 478 homens e 475 mulheres brancas, com 2.361 escravos negros (1.228 homens e 1.133 mulheres). Nenhum indígena.

Difundiu-se na população a lenda de que Anchieta era vidente, tendo vaticinado o desaparecimento do rei dom Sebastião I. Dele teve impressão quase sobrenatural o capitão Diego Flores Valdez, almirante da frota que levava Pedro Sarmiento Gamboa, nomeado pela corte espanhola para governar sua província no extremo sul da América. Em março de 1582, a caminho da Terra do Fogo, a esquadra de Valdez fundeou na Guanabara hasteando uma bandeira negra. Levava a bordo quatrocentos doentes e alguns mortos. "A primeira vez em que o vi, nunca tinha sido apresentado a coisa mais abjeta e desprezível", escreveu Valdez a respeito do padre que, com parcos recursos, tratou seus marujos, pedindo em troca apenas que libertasse um prisioneiro. "Depois, nunca me senti tão pequeno diante de ninguém, nem de alguma majestade, como me senti diante dele."

O corpo de Anchieta foi levado de Reritiba para Vitória num cortejo de 3 mil indígenas. Na missa em sua memória, o padre Bartolomeu Simões Pereira lançou a alcunha com a qual ficaria conhecido: o "Apóstolo do Brasil". Beatificado em 1980 pelo papa João Paulo II, Anchieta foi canonizado por Francisco I em abril de 2014, tornando-se o terceiro santo brasileiro, depois de madre Paulina e frei Galvão.

* * *

Na conquista da Guanabara, Manoel da Nóbrega tornou-se reitor do novo colégio da cidade de São Sebastião do Rio de Janeiro, criado por "vontade e dote pelo rei dom Sebastião".[37] Seus últimos anos foram cercados de mistificação e folclore, como a viagem a Bertioga em que ele, como Jonas, personagem da Bíblia, teria escapado milagrosamente com Anchieta do ataque de uma baleia "assanhada", que teria se aproximado do batel no qual se dirigia à praia. De volta

---

37 Padre Antônio Franco, *Vida*.

ao Rio, dividiu o resto de seu tempo entre o colégio, os conselhos ao governador Álvaro de Sá e a meditação, de muitos "colóquios e suspiros",[38] antes de morrer, em 18 de outubro de 1570.

* * *

Após a morte, Estácio de Sá teve em 1583 seus restos trasladados da Igreja de São Sebastião, na Vila Velha, para a nova Igreja de São Sebastião, no morro do Castelo. José de Anchieta atribuiu aos seus ossos odores de santo: "Saía deles um cheiro suave, como sinal de que sua alma goza da felicidade da glória", descreveu. Em 16 de novembro de 1862, eles foram novamente exumados, a pedido do imperador dom Pedro II, que desejava ver com seus próprios olhos o guerreiro que foi o fundador do maior símbolo do Brasil unificado. Em 1922, os ossos de Estácio foram novamente transportados para uma terceira Igreja de São Sebastião, a cargo de monges capuchinhos, no bairro da Tijuca.

O sucessor de Estácio no governo do Rio de Janeiro, Álvaro Correa de Sá, deu início à exploração do açúcar no Rio de Janeiro, a começar pela sesmaria que recebeu, com aval de Lisboa, ocupando metade da ilha de Paranapuã, que assim se tornaria a "Ilha do Governador". Com um sócio, Gaspar Sardinha, plantou cana em terras arrendadas aos jesuítas, em 1577.

Em 3 de abril de 1579, Sardinha reuniu-se com os jesuítas e João Gutierrez Valério, procurador do governador-geral de Angola, Paulo Dias Novais. Propunha utilizar o excedente do açúcar carioca vendido a Portugal como moeda de troca por escravos negros. O padre José de Anchieta, que os recebeu, concordou – ao preço de 10% de participação no valor da operação, ou um mínimo de 1.660 quilogramas do produto. Quatro anos depois, com uma concessão de carga de Salvador, Gaspar Sardinha desembarcou na ilha das Cobras os

---

38 *Ibidem.*

primeiros escravos negros no Rio de Janeiro. Tomaria o modelo das capitanias do Nordeste, com a economia baseada no açúcar e mão de obra escrava negra.

Os jesuítas eram grandes proprietários de terras no Rio de Janeiro, bem como no restante do Brasil. A maior parte de suas datas foram outorgadas como sesmarias quinze dias após a tomada da Guanabara por Mem de Sá, em compensação pelos serviços prestados ao reino na conquista do Brasil. A Companhia de Jesus recebeu datas e sesmarias que iam "da Gávea até São Cristóvão, e pelo litoral até a Serra da Tijuca". As demais lhes foram cedidas por particulares, em especial como pagamento do dízimo. Podiam explorar as terras recebidas em até dez anos, e não em três, como rezava a lei para os sesmeiros comuns. "Tornaram-se os maiores donos da terra carioca, rural e urbana, até o século XVII", afirma a professora Fania Fridman, da Universidade Federal do Rio de Janeiro, em seu trabalho *Donos do Rio em nome do rei*.

A Companhia de Jesus possuía engenhos, fazendas de gado, terrenos e casas de aluguel, boticas, açougues, trapiches e um guindaste para transportar material do porto até o Colégio no morro do Castelo. Utilizava ainda uma embarcação própria para os provinciais inspecionarem seus domínios. Só perderam esse patrimônio ao serem expropriados por Sebastião José de Carvalho e Melo, primeiro conde de Oeiras, e marquês de Pombal, secretário de Estado no reinado de dom José I.

Mais célebre representante do iluminismo e do despotismo esclarecido na corte portuguesa, Pombal desmantelou o poder da Igreja, que julgava competir com os poderes do rei. Extinguiu os privilégios econômicos jesuítas, que tinham transformado a Companhia de Jesus em Portugal e suas colônias em um segundo Estado. Decretou o fim da escravidão em Portugal continental e aboliu a Companhia de Jesus. Em 1759, Pombal expulsou os 670 jesuítas do Brasil, enviados a Lisboa sob a acusação de traição, depois de queimar um deles, o padre Gabriel Malagrida, em praça pública. O Colégio dos Jesuítas no Rio foi transformado em residência dos vice-reis e, depois, no Hospital Militar e Faculdade de Medicina.

Com a morte de João I, que deu apoio a Pombal, os poderes eclesiásticos foram resgatados. Pombal só não foi executado pela rainha Maria I por ser considerado já um condenado à morte pelos seus 78 anos de idade. No entanto, muito do que fez acabou ficando. Foi Pombal quem transferiu a sede do governo da "colônia ultramarina" para o Rio, certamente depois de ter pensado no significado de sua conquista na história da colônia. A cidade ganhou impulso, que aumentou com a descoberta de ouro e prata em Minas Gerais, fazendo dela um movimentado porto. Em 1808, com a fuga de dom João VI e a corte de Lisboa, às vésperas da chegada das tropas do imperador francês Napoleão Bonaparte, o Rio tornou-se capital oficial de todo o Império português, que incluía Angola e Moçambique, na África; Goa, na Índia; Timor, no Sudeste Asiático; e Macau, na China. Com a partida da corte, voltou a ser capital do Estado do Brasil, nome adotado no período colonial entre os anos de 1621 e 1815.

Em 1815, o Rio foi novamente capital do Reino Unido de Portugal, Brasil e Algarves. Recebeu do imperador Pedro I um nome de honra – A Muy Leal e Heroica Cidade de São Sebastião do Rio de Janeiro. Foi sede da corte brasileira depois da independência, como capital do Império do Brasil, entre 1822 e 1889. E a primeira capital da República, até a administração do presidente Juscelino Kubitschek, mineiro que transferiu o centro político do Brasil para o seu centro geográfico, a pretexto de desenvolver o país de forma mais homogênea, com a inauguração de Brasília, em 21 de abril de 1960.

* * *

Em 30 de junho de 1609, por pressão dos jesuítas sobre o governador-geral, foi promulgada a lei de emancipação dos indígenas, que não pegou – eles continuaram a ser utilizados como serviçais nas fazendas em regime de semiescravidão. A medida deflagrou as bandeiras, que buscavam indígenas fora das zonas controladas pela Igreja.

Em 1664, a bula do papa Urbano III proibiu a escravidão dos indígenas, impondo a pena de excomunhão e desterro. Em revolta, a população teve de ser contida pelas tropas do governador Salvador de Sá e Benevides, evitando que o Colégio dos Jesuítas fosse incendiado.

Depois do massacre que dizimou os tamoios, seguiram-se esporadicamente outros. Entre 1683 e 1713, foram exterminados os potiguares e cariris no Rio Grande do Norte, episódio que ficou conhecido como a Guerra dos Bárbaros. Outros foram dizimados no conflito com os bandeirantes e, mais recentemente, os madeireiros, seus sucedâneos na exploração das riquezas naturais do país. Enquanto os africanos eram enviados para o trabalho produtivo nos engenhos, muitos indígenas ainda continuaram sendo utilizados como escravos em funções domésticas, como faxineiros, cozinheiros e carregadores, e na captura dos africanos foragidos (os "quilombolas"). Alguns eram legalmente livres, mas se mantinham em condição servil, por ignorância ou chantagem.

O número de mortes por doença tornou-se exponencial. Em Piratininga, que Anchieta classificava como "fronteira" entre a ocupação cristã e os indígenas do interior, os indígenas se mudaram para casas de taipa que aumentaram o tamanho da Vila de São Paulo, mas foram dizimados por vírus como o da gripe, apesar dos esforços dos jesuítas em salvá-los com orações e sangrias. Boa parte das cartas de Anchieta descreve o esforço dos padres na assistência médica, ao mesmo tempo que procuram trazer para o catolicismo os sobreviventes das moléstias, uma minoria. "Este ano nos castigou a Divina Justiça com muitas enfermidades, principalmente com câmaras de sangue, que deram maximé nos escravos, de que morreram muitos, e tanto que parecia pestilância", descreveu ele em carta de 1561.

O extermínio indígena e o avanço da economia escravista mudaram o perfil da população, num prenúncio da transformação pela qual passava toda a colônia brasileira. Rio de Janeiro, Pernambuco e Bahia, onde se concentrava a maior produção açucareira, se tornariam estados de forte presença africana. Dos 8 mil indígenas sobreviventes na epidemia de varíola, de acordo com Anchieta, em 1585 só restavam 2 mil. Enquanto isso, havia na capitania de Todos-os-Santos 10 mil escravos africanos da Guiné e Angola, trabalhando em 66 engenhos do Recôncavo e nas fazendas de fumo nos campos de Cachoeira. Em Pernambuco, vilas como Olinda e Igaraçu, com mais de 8 mil pessoas, já não tinham indígenas, como afirma Darcy Ribeiro:[39]

> [...] Ia surgir no Nordeste açucareiro uma nova formação de brasileiros [...] Compostos originalmente de mamelucos ou brasilindígenas, gerados pela mestiçagem de europeus com indígenas, logo se desdobrou pela presença precoce e cada vez mais maciça de escravos africanos. Inclusive umas contadas mulheres que passaram a gerar mulatos e mulatas que já nasciam protobrasileiros por carência, uma vez que não eram assimiláveis aos indígenas, aos europeus e aos africanos e aos seus mestiços.

Em 1630, havia mais de trezentos engenhos no Brasil. Esse número dobrou no século seguinte. Entre 1570 e 1730, o número de negros trazidos da África como escravos subiu de 10 mil para 1 milhão, a maior parte destinada à monocultura canavieira, e chegou a 4 milhões em 1850, quando aos engenhos se somavam à exploração do ouro e o café como as principais atividades da economia nacional. Criou-se uma sociedade de castas, que mesclava o emprego do agregado indígena e do escravo negro no trabalho doméstico e na produção, e estabeleceu uma rica aristocracia, que trazia azeite e farinha de Portugal para sua mesa, enquanto os criados comiam o pão que faziam da farinha de mandioca.

Com o estímulo dos jesuítas, que procuravam unificar a comunicação da catequese, o tupi foi adotado como língua comum entre as comunidades indígenas e os próprios colonos portugueses. Ficou

---

39 Darcy Ribeiro, *O povo brasileiro*.

conhecido como nheengatu ("língua boa", ou "língua geral"). Falado entre os paulistas e corrente do planalto de Piratininga até o Maranhão, teve seu uso proibido em 1757, na primeira reforma instituída pelo marquês de Pombal, que considerava absurda sua sobrevivência. "Sempre foi máxima de todas as nações que conquistaram novos domínios introduzir nos povos conquistados seu próprio idioma", afirmou o secretário de dom José I.

Nos colégios, incluindo as vinte escolas levantadas pelos jesuítas entre 1550 e 1750, o uso da "língua geral" foi completamente substituído pelo português, "na forma em que sua majestade tem recomendado em repetidas ordens que até agora se não observaram, com total ruína espiritual e temporal do Estado". Porém, deixou marcas importantes no português usado no Brasil, diferenciando-o do idioma em Portugal. Muitas das suas palavras são de origem tupi, de jabuti ("aquele que come pouco"), jararaca ("que tem bote venenoso") e jacaré ("que olha torto") a nomes de estados e acidentes geográficos como Marajó ("procedente do mar"), Paraná ("rio grande como o mar") e Sergipe ("rio dos siris"). Todas são de uso corrente no Brasil contemporâneo.

A descoberta de ouro na serra do Espinhaço, em Minas Gerais, em 1690, marcou uma nova fase da economia colonial. As expedições em busca de pedras preciosas, realizadas por aventureiros privados ("bandeiras"), e outras financiadas pelo governo português ("entradas"), se tornariam a empresa dos paulistas, desbravadores rudes e determinados. Em sua jornada, continuaram o extermínio indígena pelos sertões além da serra da Mantiqueira e, mais ao norte, no Brasil central, chegando às missões e reduções jesuítas espanholas, onde eram reunidos milhares de indígenas para serem preservados e catequizados.

Os grandes ataques às missões do sul levaram à morte ou escravização mais de 200 mil nativos.[40] Entre os portugueses, cerca de

---

40 Francisco M. P. Teixeira, *História concisa do Brasil*.

4 mil teriam sido mortos pelos tapuias somente na rota entre São Paulo e Cuiabá, de acordo com a estimativa de Francisco Rodrigues do Prado, membro da Comissão de Limites da América de Hispânica, em 1839.[41] No final, as missões jesuítas, que originalmente tinham sido criadas para desenraizar os indígenas de sua cultura, foram um último reduto para a sua preservação.

Em 17 de julho de 1873, o Ministério de Agricultura, Comércio e Obras Públicas do Império Brasileiro decretou o fim das aldeias indígenas no Brasil, dada a sua progressiva extinção. Na prática, foi uma maneira de legalizar a tomada de suas terras pelo Estado, que passou a considerá-las sem dono, e repassá-las em leilões à iniciativa privada. Com isso, os indígenas foram espoliados.

***

Nascido em Viana de Alvito, em Évora, o jesuíta Fernão Cardim serviu no Brasil pela primeira vez como secretário do padre-visitador, em 1583, depois de trabalhar em Lisboa como desembargador dos agravos da Casa de Suplicação – cargo que requeria um homem honesto, de preferência rico, e de "sã consciência". Ao embarcar de volta para Lisboa, a nau que o levava foi capturada por Francis Cook, corsário inglês armado no porto de Darthmouth, que poupou a vida dos passageiros, as armas dos homens e a honra das mulheres, mas levou-lhes todos os pertences. Apesar de melhor sorte que a de seu irmão Lourenço, também jesuíta, trespassado seis anos antes agarrado ao seu crucifixo pela bala de um pirata sem compaixão, Cardim perdeu na viagem o bem que lhe valeria o reconhecimento póstumo – anotações que compunham parte dos *Tratados da terra e da gente do Brasil*, escritos em 1584. Nunca mais viu seus manuscritos, vendidos na Inglaterra pelo corsário por 20 xelins.

Os textos foram encontrados mais tarde nas mãos de um colecionador londrino, Samuel Purchas, que atribuiu sua autoria a um

---

41 Citado por Darcy Ribeiro, *O povo brasileiro*.

auxiliar de cozinheiro do colégio jesuíta da Bahia, que assinava ao final das anotações algumas receitas culinárias que o jesuíta levava com carinho para Portugal. Graças ao historiador Varnhagen, que percebeu a semelhança do documento com outros na Biblioteca da Ajuda, a autoria do trabalho foi restituída a Cardim. E ratificada mais tarde por Capistrano de Abreu.

Além da ampla descrição da terra e dos costumes indígenas, Cardim redigiu nos *Tratados* um precioso relato das principais capitanias pela quais passou, como acompanhante de Christovão de Gouvea, o padre-visitador – enviado de Lisboa pelo padre-geral Claudio Aquaviva para supervisionar os trabalhos missionários em terra brasileira. Na sua narrativa de viagem, Cardim constrói o mais preciso painel que se tem do Estado do Brasil após a ocupação portuguesa. Em 1583, de acordo com ele, havia na baía de Todos-os-Santos 36 engenhos, onde se fazia "o melhor açúcar de toda a costa".

Salvador, que abrigava a corte do Brasil, com o bispo, governador, ouvidor-geral e "outros oficiais de Justiça de Sua Majestade", era terra "farta de mantimentos, carnes de vaca, de porco, galinha, ovelha e outras criações". Possuía 3 mil habitantes portugueses, 8 mil indígenas cristãos e "3 ou 4 mil escravos da Guiné". O colégio jesuíta encontrava-se quase acabado, feito todo de "pedra e cal de ostra, que é tão boa como a de pedra de Portugal". Abrigava relíquias de santos entre "ornamentos de damasco branco e roxo, veludo verde e carmesim". Salas grandes, com portais de pedra e portas de angelim, forradas de cedro, davam a ideia da riqueza da qual a Igreja se apropriara.

Na viagem com o padre-visitador, Cardim conheceu o segundo homem "em riquezas" da Bahia, dono de "7 ou 8 léguas" da costa, que em apenas um ano teria recebido pela colheita de cana "8 mil cruzados, sem lhe custar nada". Possuía tanto gado que não sabia o número de cabeças, "e só do bravo e do perdido sustentou as armadas d'el-rei". Este senhor de engenho de primeira geração ofereceu aos padres um repasto com peru e manjar branco e os "acomodou na sua casa armada de gudamecins com uma rica cama". "Ele mesmo, desbarretado, servia à mesa e nos ajudava à missa, em uma sua capela, a mais formosa que há no Brasil, feita toda de estuque e timtim de obras maravilhosa de molduras, laçarias e cornijas [...]", relata Cardim.

Em Pernambuco, a vila de Olinda era um bom casario de "pedra e cal, tijolo e telha", com vista "eminente sobre o mar", com 2 mil habitantes portugueses e outros 2 mil escravos da Guiné. "Os indígenas da terra já são poucos", relatou o jesuíta. Ele destacava a "formosa igreja matriz, de três naves, com muitas capelas ao redor", com vigário e dois clérigos. Os outros padres distribuíam-se pelas fazendas ao redor, sustentados pelos fazendeiros, que lhes davam um ordenado, "afora outras vantagens". O progresso devia-se à "fertilidade dos canaviais". A capitania contava 66 engenhos, cada qual "uma boa povoação". Produziam 200 mil arrobas de açúcar, que enchiam com sobras "quarenta ou mais navios" enviados anualmente para Portugal. Cardim, no entanto, observa que muitos "homens grossos [ricos]" perdiam grandes somas com a "escravaria da Guiné, que lhes morrem muitos, e pelas demasias e gastos que têm com seu tratamento".

Embora se queixassem do custo dos escravos, os senhores de engenho modelavam no comportamento uma nova e esbanjadora aristocracia. Cardim fala de mulheres "mui senhoras", mas que não frequentavam a missa, e de homens que compravam ginetes a peso de ouro, frequentavam corridas de touros e davam banquetes nos quais uma dúzia de senhores de engenho se revezavam como anfitriões. "Vestem-se, e as mulheres e filhos, de toda sorte de veludos, damascos e outras sedas, e nisto têm grandes excessos", escreveu o padre. "[...] Enfim, em Pernambuco se acha mais vaidade que em Lisboa", acrescentou.

Na mesma época, o padre José de Anchieta, que Cardim conhecera na Bahia, fazia em suas cartas comentário semelhante sobre o fausto dos portugueses, incluindo os da capitania de

Todos-os-Santos. "Todos, assim homens como mulheres, como aqui vêm se fazem senhores e reis por terem muitos escravos e fazendas de açúcar, por onde reina o ócio e lascívia e o vício de murmuração geralmente", afirma. Já os indígenas "andam nus e quando muito vestem alguma roupa de algodão ou de pano baixo [...] Quando casam vão às bodas vestidos e à tarde se vão passear somente com o gorro na cabeça sem outra roupa e lhes parece que vão assim mui galantes".

De Pernambuco, Cardim seguiu para a capitania do Espírito Santo, rica de "gado e algodões", com seis engenhos de açúcar e comércio de madeira-cedro e bálsamo. Na Vila de Nossa Senhora da Vitória, "mal situada em uma ilha cercada de grandes montes e serras", habitavam 150 portugueses, incluindo o vigário, que tinha para cuidar uma igreja "nova e capaz".

No Rio, os padres foram recebidos pelo reitor do Colégio Jesuíta, Ignacio Tolosa, outros padres e o governador Salvador Correa de Sá, "manco de um pé", que mandou celebrar a visita com uma salva de tiros de arcabuz. Seguiram para cidade em barcas enfeitadas de flâmulas e santos e com remos coloridos. Passaram as noites alegrando-se com o berimbau do irmão Barnabé Telo e, em janeiro, assistiram à festa e procissão marítima de São Sebastião, reproduzindo em barcos a célebre batalha naval em que o santo teria salvado os portugueses, a cidade e o Brasil.

Cardim registrou no Rio que os jesuítas tinham duas missões com 3 mil indígenas, uma mais próxima da vila, em São Lourenço, e outra mais distante, a de São Barnabé. A vila de São Sebastião do Rio de Janeiro abrigava 150 portugueses e "muita escravaria da terra". Louvava a proverbial beleza da baía ("bem parece que a pintou o supremo pintor e arquiteto do mundo") com o Colégio dos Jesuítas, no melhor lugar da cidade, onde se construíam as novas instalações, um novo edifício de pedra e cal, já com treze "cubículos forrados de cedro, que não dão vantagem aos de Coimbra, antes lha levam na boa vista", e a nova igreja, que substituiria a velha, de taipa.

Na capitania de São Vicente, Cardim passou primeiro pela fortaleza de Bertioga, depois pela Vila de Santos, que por conta de seu porto se destacava em importância. Com um segundo forte, construído por Diogo Flores, e a Matriz de Nossa Senhora da Anunciação, abrigava oitenta portugueses e um vigário. São Vicente decaía. Da mais antiga povoação de portugueses ao sul do Brasil, disse Cardim: "Já foi rica, agora é pobre por se lhe fechar o porto de mar e barra antiga, por onde entrou Martim Afonso de Sousa; e também por estarem as terras gastas e faltarem indígenas que as cultivem". Seis jesuítas, segundo ele, viviam ali como eremitas, "por toda a semana não haver gente, e no domingo [de missa], pouca". Mais ao sul no litoral, ele visitou a terceira da quatro povoações da capitania: a Vila de Nossa Senhora de Itanhaém, com cinquenta colonos, sem vigário.

Por fim, os jesuítas subiram a serra de Paranapiacaba até o planalto de Piratininga. Ficaram todo o mês de fevereiro de 1584 na Vila de São Paulo, então com 120 portugueses e "muita escravaria da terra". "Seis ou sete" jesuítas cuidavam da igreja e do colégio, sustentados pelos moradores "em grande abundância". Os cidadãos vestiam-se "de burel, e pelotes pardos e azuis, de pertinas compridas, como antigamente"; plantavam uvas, figos e marmelos.

De todas as capitanias visitadas, havia somente duas em que a Pax Romana à moda dos portugueses não imperava. Ilhéus, do donatário Francisco Giraldes, com três engenhos e cinquenta portugueses na Vila de São Jorge, com um vigário, não possuía outras povoações. Porto Seguro, do Duque de Aveiro, tinha dois povoados. A Vila de Porto Seguro, no alto do morro onde Cabral plantara a cruz do rei, "um crucifixo da estatura de um homem, o mais bem acabado, proporcionado e devoto que já vi", tinha igreja com vigário e quarenta portugueses, gente "pobre, por estar a terra já gastada", que dependia de um único engenho de açúcar. Mais ao norte, na Vila de Santa Cruz, segundo Cardim um pouco mais próspera, havia mais quarenta habitantes. Ali os portugueses não se arriscavam muito além do litoral, com receio dos aimorés, últimos moicanos brasileiros, que ainda fustigavam os colonos como nos velhos e bons tempos.

* * *

Com mais de setenta anos, João Ramalho não parecia velho. Porém, não podia estar mais desiludido. Apesar de ter servido a Portugal, e aos jesuítas, era ainda considerado um pária na terra que ele havia conquistado. Seu tempo tinha acabado antes de sua morte. O extermínio dos tamoios não representou, para ele, uma vitória. Na prática, liquidou com o comércio de escravos indígenas, o que significava o triunfo do ideário jesuíta. O negócio que mais sustentara Piratininga se extinguia.

No fim da vida, abandonou o planalto que levou o seu nome, dominado pelos jesuítas, e se instalou em uma rústica cabana no vale do Paraíba, onde morreu entre tupiniquins. Em seu testamento, ditado ao tabelião da Vila de São Paulo, Lourenço Vaz, datado de 3 de maio de 1580, a mulher Bartira, batizada com o nome de Isabel, aparece como sua criada. Diferentemente de Tibiriçá, o indígena incensado pelos jesuítas, João Ramalho foi varrido pelos portugueses para baixo do tapete da história. Seu testamento, no qual narrava a própria vida, e poderia conter o passado oculto de sua extradição de Portugal, convenientemente desapareceu dos arquivos da Vila de São Paulo.

"Os hábitos, adquiridos em decênios de vida solta, incompatibilizaram-no com os jesuítas, de cujas crônicas saiu mal notado", escreveu Capistrano de Abreu. "Muito deu o que falar seu testamento, do qual sonsamente deduziu frei Gaspar da Madre de Deus que fora ele o verdadeiro descobridor da América; o documento não foi visto só por frei Gaspar, mas até agora não reapareceu." O homem sem passado, que ocultou sua biografia para escrever uma nova no Brasil, continuou desconhecido.

Ramalho não sabia, mas a aversão ao escravismo que marcaria as vilas e depois cidades de Piratininga no seu rastro seria determinante para o progresso e a transformação de São Paulo em uma das grandes capitais do mundo. Ele foi o fundador da dinastia de portugueses e mamelucos que empreenderia no século seguinte a maior aventura comercial-militar brasileira dos séculos XVII a XVIII, a partir da cidade que ele ajudou a nascer e protegeu. Enquanto no Rio de Janeiro, na Bahia e Pernambuco se desenvolvia uma sociedade agrária, escravocrata e mais ligada à corte, a partir de uma raça miscigenada, primeiro com o indígena e depois com o negro, os paulistas buscaram riqueza cada vez mais sertão adentro de forma independente.

Primeiro, por vocação do sangue indígena. "A enxada é que não se firmou nunca na mão do indígena nem na do mameluco; nem o seu pé de nômade se fixou nunca em pé de boi, paciente e sólido", afirmou Gilberto Freyre.[42] Em segundo lugar, sem escravos, nem terras tão adequadas para a cana como as da Bahia e Pernambuco, a estirpe de João Ramalho buscava uma nova atividade econômica. Os paulistas aproveitaram-se de uma particularidade fluvial – o rio Tietê nascer próximo da serra do Mar, passando pela Vila de São Paulo, e dirigir-se para o interior adentro, desaguando 1.010 quilômetros depois no rio Paraná, saída para o rio do Prata. Em canoas, percorriam o rio em um grande semicírculo até desaguar ao sul novamente no Atlântico, cruzando um vasto território que se tornaria quase todo brasileiro, na margem esquerda, e na direita, de onde partiriam para explorar a bacia Amazônica e o planalto Central.

Os bandeirantes estenderam para dentro do continente os limites do Brasil português, que deixaria de ser somente a colônia estabelecida ao longo da costa por Mem de Sá para se tornar um país de proporções continentais. "A expansão do domínio português terra adentro, na constituição do Brasil, é obra dos brasilindígenas e mamelucos", afirma Darcy Ribeiro. Eles "dilataram o domínio português exorbitando a dação de papel das Tordesilhas, excedendo a

---

42 Gilberto Freyre, *Casa-grande e senzala*.

tudo o que se poderia esperar".[43] Pela sua formação e natureza, os paulistas desvincularam-se mais das ordens diretas da corte portuguesa, enquanto prosperava a era do açúcar.

Na sociedade multirracial e multifacetada que se construía no Brasil, a imposição militar, a absorção da cultura nativa e o esforço unificador dos jesuítas e primeiros colonos criaram à força uma raiz única dentro da diversidade. Essa identidade nacional "se desenvolveria defendida menos pela consciência de raça, quase nenhuma no português cosmopolita e plástico, do que pelo exclusivismo religioso desdobrado em sistema de profilaxia social e política", como definiu Gilberto Freyre:[44]

> Os portugueses não trazem para o Brasil nem separatismos políticos, como os espanhóis para o seu domínio americano, nem divergências religiosas, como os ingleses e franceses para as suas colônias. Os marranos em Portugal não constituíam o mesmo elemento intransigente de diferenciação que os huguenotes na França ou os puritanos na Inglaterra. Eram uma minoria imperecível em alguns dos seus característicos, economicamente odiosa, porém não agressiva nem perturbadora da unidade nacional.

A partir dessa origem, formou-se um país despreocupado com a pureza das raças ou diferenças religiosas e mesmo sociais, uma noção que só viria muito tempo mais tarde, primeiro com a reação à dominação portuguesa e, no capitalismo, com a percepção da luta de classes. Como afirma Freyre:[45]

> Híbrida desde o início, a sociedade brasileira é de todas da América a que se constituiu mais harmoniosamente quanto às relações de raça: dentro de um ambiente de quase reciprocidade cultural que resultou

---

43 Darcy Ribeiro, *O povo brasileiro*.
44 Gilberto Freyre, *op. cit.*
45 *Ibidem*.

no máximo de aproveitamento dos valores e experiências dos povos atrasados pelo adiantado; no máximo de contemporização da cultura adventícia com a nativa, da do conquistador com a do conquistado. Organizou-se uma sociedade cristã na superestrutura, com a mulher indígena, recém-batizada, por esposa e mãe de família; e servindo-se em sua economia e vida doméstica de muitas das tradições, experiências e utensílios da gente autóctone.

Desde seu berço, o Brasil foi um país mais acostumado a resolver seus problemas "menos pela ação oficial do que pelo braço e pela espada do particular". Formou uma aristocracia de famílias proprietárias e autônomas, "donos de terras e de escravos, que dos senados de Câmara falaram sempre grosso aos representantes d'el-rei e pela voz liberal dos filhos padres ou doutores clamaram contra toda espécie de abusos da metrópole e da própria Madre Igreja".

Em 22 de março de 1681, São Paulo teve sua importância política reconhecida, quando para lá foi transferida a sede de governo da capitania de São Vicente, por decreto do marquês de Cascais, que dela se apossou depois das disputas que se seguiram à administração da família de Martim Afonso de Sousa por três gerações. Pouco acostumados à subordinação a Portugal, primeiro em função do distanciamento do donatário e depois pela sua indefinição, os paulistas ganharam força econômica justamente quando a indústria do açúcar começou a declinar, depois do fim da escravidão – a falência de todo o sistema produtivo antecedente ao capitalismo, que deixaria uma população negra pobre e uma aristocracia falida naqueles que eram os grandes centros econômicos.

São Paulo então lideraria o avanço de um Brasil diferente. Quatro séculos depois de seu surgimento, os primeiros escravocratas do Novo Mundo, que com a resistência a João Ramalho também foram os primeiros a se afastar do escravagismo, se tornariam economicamente hegemônicos a partir de uma economia agrícola e depois industrializada, baseada no trabalho imigrante, assalariado e livre.

***

A vinda da corte real, em 1808, um episódio peculiar na história dos povos em que a colônia passa a ser sede de governo, foi o apogeu da era colonial. Esse momento, que consolidou a abertura dos portos, a permissão para a indústria e o fortalecimento de uma administração autóctone, deu impulso inicial ao Brasil como nação. O berço do Brasil republicano, democrático e liberal, onde a livre iniciativa é temperada por um Estado demagógico e paternalista que lhe emprestou um viés mais social, porém, não é esplêndido como sugere o hino nacional, nem está fundado na aura cordial, tolerante e livre de conflitos raciais, sociais e políticos. Está fundado, isso sim, em conflitos religiosos, raciais e civilizatórios que deixaram marcas profundas na sociedade brasileira, mediante os quais todas as diferenças foram erradicadas na base da repressão. Como afirma Darcy Ribeiro em *O povo brasileiro*:

> A unidade nacional, viabilizada pela integração econômica sucessiva dos diversos implantes coloniais, foi consolidada, de fato, depois da independência, com um objetivo expresso, alcançado através de lutas cruentas e da sabedoria política de muitas gerações. Essa unidade resultou de um processo continuado e violento de unificação política, logrado mediante um esforço deliberado de supressão de toda identidade étnica discrepante e de repressão e opressão de todas as tendências virtualmente separatistas.

A tendência das elites de suprimir qualquer sugestão ou nuance de rebelião, apoiada em um comportamento aprendido e introjetado desde o período colonial, seria a fonte dos movimentos de repressão que resultariam, por instigação civil e vias militares, nos regimes ditatoriais da história recente da América Latina, em alternância com a democracia demagógica que também serve ao propósito de manter a elite livre de ameaças à sua situação e seus desejos de realizar a profecia do "país do futuro", ou do "gigante adormecido", antevista já pelos primeiros colonos, que trocaram a consolidada sociedade europeia por essa visão de uma civilização maior.

* * *

O Brasil colônia terminou em 7 de setembro de 1822, quando dom Pedro de Alcântara proclamou a independência. Em março de 1826, com o falecimento de seu pai, dom João VI, ele se tornou ao mesmo tempo rei da ex-colônia e de seu país natal. Como Pedro IV, abdicou do reino português em favor da filha mais velha, Maria II. Depois que seu irmão novo, Miguel, tomou o trono, abdicou novamente, desta vez no Brasil, em favor de seu filho, dom Pedro II, então com apenas cinco anos, para retomar o trono português. Invadiu o país à frente de um exército, em 1834, com sucesso – e morreu logo depois, de tuberculose.

Os portugueses resistiram o quanto puderam para manter suas terras além-mar, que formaram o primeiro império colonial da história, iniciado na conquista de Ceuta, em 1415, e espalhado por territórios em cinco dezenas de países da África, na Índia e na China. Goa só foi retomada pela Índia à força, em 1961. Timor-Leste se tornou independente em 2002, depois de uma longa campanha de apoio internacional. Macau foi devolvida à China em 1999. Restaram como territórios ultramarinos, politicamente ligados a Portugal, os arquipélagos da Madeira e dos Açores.

* * *

Da população de 3 milhões de indígenas anterior ao período colonial, restaram pouco mais de 200 mil na entrada do século XXI, a maior parte habitantes de reservas como o Parque do Xingu. Criado em 1961 pelo presidente Jânio Quadros, como coroamento do trabalho dos irmãos Leonardo, Orlando e Cláudio Villas-Bôas, o parque abrigou remanescentes dos povos tapuias, que, ocultos no sertão, foram mais preservados, como os calapalos, os cuicuros e os camaiurás.

No litoral, restaram poucos remanescentes das comunidades originais, cuja população, morta ou convertida, desapareceu durante o período colonial. "As sociedades do litoral, primeiras a entrar em contato com os europeus, também são as primeiras a desaparecer: bem no começo do século XVIII, já não subsiste uma única tribo tupi em toda a faixa costeira", afirmou Hélène Clastres, em *A terra sem mal*. Os indígenas remanescentes em São Paulo, cuja miscigenação com o branco resultava numa população nativa que vivia da pesca, artesanato e pequenos serviços – os chamados caiçaras –, são descendentes de guaranis, resultado de correntes migratórias mais recentes. O censo de 2006 mostrava que os guaranis se tornaram, pela extinção dos outros, o maior povo indígena no Brasil, com 45.787 indivíduos, de acordo com dados da Funasa, a Fundação Nacional de Saúde. Distribuíram-se na fronteira do Brasil com o Paraguai e a Argentina e no litoral de São Paulo, Santa Catarina e Paraná.

Em sua mitologia, assim como os tupis, os guaranis acreditavam no paraíso terrestre – a "terra sem mal". Com isso, levas de guaranis marcharam do território das missões, na fronteira com a Argentina e o Paraguai, em direção ao litoral de São Paulo. A última marcha de que se tem registro aconteceu em 1947, quando algumas dezenas de indígenas mbya foram conduzidos por um caraíba até a região de Santos, onde foram detidos pelo mar, conforme registra Pierre Clastres.[46] Movimento parecido já havia ocorrido em 1934, quando um grupo de guaranis insistia em atravessar o mar, movimento testemunhado pelo antropólogo brasileiro Egon Schaden, que estudou amplamente os guaranis nas décadas de 1930 e 1940, conforme relatado em seminário da Universidade de São Paulo. Para evitar

---

46 Pierre Clastres, *Mitos e ritos dos indígenas da América do Sul*.

perturbações, por ordem do presidente Getúlio Vargas, o grupo foi embarcado num navio cargueiro e desembarcado no litoral da Bahia, com a informação de que teriam passado para o "outro lado"[47]. Na Bahia, encontraram o que Américo Vespúcio já definia em 1503 como o "paraíso terreal".

Para eles, como para muitos, a Ilha do Paraíso, na realidade bem maior do que uma ilha, ainda fica no Brasil.

---

[47] Citado em Noemi Martínez Diaz, *La migration mbya (guarani)*.

Leituras

ABREU, João Capistrano de. *Descobrimento do Brasil*. Rio de Janeiro, 1976.
_____. *Capítulos de história colonial*. Rio de Janeiro, 1954.
ANCHIETA, José de. *De gestis Mendi de Saa*. Rio de Janeiro, 1958.
_____. *Cartas, informações, sermões e fragmentos históricos*. Rio de Janeiro, 1933.
CARDIM, Fernão. *Tratados da terra e gente do Brasil*. São Paulo, 2009.
CLASTRES, Hélène. *Terra sem mal – o profetismo tupi-guarani*. São Paulo, 1978.
CLASTRES, Pierre. *Arqueologia da violência – pesquisas de antropologia política*. São Paulo, 2004.
_____. *A sociedade contra o Estado*. São Paulo, 2012.
DESMARQUETS, Charles. *Mémoires chronologiques pour servir à l'Histoire de Dieppe et à celle de la navigation française*. Paris, 1785.
FAUSTO, Boris. *História do Brasil*. 2. ed. São Paulo, 1995.
FREYRE, Gilberto. *Casa-grande e senzala*. São Paulo, 2003.
FRIDMAN, Fania. *Os donos do Rio em nome do rei*. Rio de Janeiro, 1999.
Gaffarel, Paul. *Histoire du Brésil français au seizième siècle*. Paris, 1878.
GÂNDAVO, Pero Magalhães. *História da Província Santa Cruz a que vulgarmente chamamos Brasil*. Lisboa, 1858.
LÉRY, Jean de. *Viagem à Terra do Brasil*. Belo Horizonte, 1980.
MACHADO, Antônio de Alcântara. *Anchieta na Capitania de São Vicente*. Rio de Janeiro, 1929.

MADRE DE DEUS, Gaspar. *Memórias para a História da capitania de São Vicente*. São Paulo, 1920.
NÓBREGA, Manoel da. *Cartas do Brasil: 1549-1560*. Rio de Janeiro, 1931.
_____. *Informação da Terra do Brasil*, 1549.
QUINTILIANO, Aylton. *A guerra dos tamoios*. 2. ed. rev. Rio de Janeiro, 2003.
RIBEIRO, Darcy. *O povo brasileiro*. São Paulo, 1995.
SÁ, Mem de. *Instrumentos dos serviços de Mem de Sá*. Rio de Janeiro, 1905.
SCHMIDEL, Ulrich. *Viagem ao rio da Prata*. Frankfurt, 1567.
SOUSA, Manuel de Faria e. *Ásia Portuguesa*. Lisboa, 1666.
SOUSA, Pero Lopes de. *Diário de navegação – pela costa do Brasil até o rio Uruguai*. Lisboa, 1839.
STADEN, Hans. *Duas viagens ao Brasil*. Porto Alegre, 2010.
TAQUES, Pedro. *História da capitania de São Vicente*. Brasília, 2004.
TAUNAY, Afonso d'Escragnolle. *História da cidade de São Paulo*. São Paulo, 1953.
_____. *História geral das bandeiras paulistas*. São Paulo, 1950.
TEIXEIRA, Francisco M. P. *História concisa do Brasil*. São Paulo, 1993.
THÉVET, André. *Singularidades da França Antártica*. São Paulo, 1944.
_____. *Cosmografia universal*. Rio de Janeiro, 2009.
VARNHAGEN, Francisco Adolfo de. *História geral do Brasil*. Rio de Janeiro, 1854.
VASCONCELOS, Simão de. *Crônica da Companhia de Jesus no Estado do Brasil*. Lisboa, 1663.